# Haftung innerhalb von Konzernstrukturen auf horizontaler Ebene der Konzerne

# Europäische Hochschulschriften
Publications Universitaires Européennes
European University Studies

**Reihe II**
**Rechtswissenschaft**

Série II   Series II
Droit
Law

**Bd./Vol. 4065**

## PETER LANG
Frankfurt am Main · Berlin · Bern · Bruxelles · New York · Oxford · Wien

Tom-Eric Möller

# Haftung innerhalb von Konzernstrukturen auf horizontaler Ebene der Konzerne

## Eine Betrachtung am Beispiel des GmbH-Konzerns

PETER LANG
Europäischer Verlag der Wissenschaften

**Bibliografische Information Der Deutschen Bibliothek**
Die Deutsche Bibliothek verzeichnet diese Publikation in der
Deutschen Nationalbibliografie; detaillierte bibliografische
Daten sind im Internet über <http://dnb.ddb.de> abrufbar.

Zugl.: Hannover, Univ., Diss., 2004

Gedruckt auf alterungsbeständigem,
säurefreiem Papier.

D 89
ISSN 0531-7312
ISBN 3-631-53203-2

© Peter Lang GmbH
Europäischer Verlag der Wissenschaften
Frankfurt am Main 2004
Alle Rechte vorbehalten.

Printed in Germany 1 2 3 4 5   7

www.peterlang.de

# Danksagung

Ich möchte die Gelegenheit nutzen, meiner Frau Christina und meiner Familie für die nicht nur im Rahmen dieser Arbeit erfahrene liebevolle Unterstützung zu danken.

Mein Dank gilt ebenso Herrn Prof. Dr. Thomas Abeltshauser für die hervorragende Betreuung der Dissertation und Frau Prof. Dr. Petra Buck die schnelle Erstellung des Zweitgutachtens.

# Inhaltsverzeichnis

# 1. Teil: Einleitung, Zielsetzung und Gang der Arbeit

## § 1 Einleitung

Gegenstand der vorliegenden Arbeit ist die Erstellung eines Beitrages zum bisher nicht kodifizierten Konzernhaftungsrecht der GmbH im Bereich der horizontalen Haftung zwischen Schwestergesellschaften. Die Konzernhaftung hat sich zu einem Brennpunktthema des deutschen Gesellschaftsrechtes entwickelt[1]. Der Begriff „Konzern" ist dem englischen Wort „concern" entlehnt, was soviel wie Handelsgeschäft und Unternehmung bedeutet[2]. Es gab und gibt unterschiedliche Versuche in der Betriebswirtschaftslehre[3] und der Rechtswissenschaft[4] hinsichtlich der Definition des Konzerns an sich. Von einem Konzern wird man sprechen können als eine Organisationsform für ein gegliedertes Unternehmen, welche aus einzelnen rechtlich selbständigen Organisationselementen besteht, die einem unternehmerischen Gesamtinteresse dienen[5]. Die Konzernhaftung dient letztlich als Refelx zum Ausschluss oder Eindämmung der spezifischen Verbundsgefahr, welche sich durch die Konzernierung ergibt[6]. Im Rahmen dieser Arbeit soll analysiert werden, ob gegebenenfalls die Entwicklung eines Anspruches gegen andere Konzernunternehmen der gleichen Stufe innerhalb eines GmbH-Konzerns (Konzernschwesterunternehmen) möglich ist.

Die Unternehmensform der „GmbH" wurde und wird dadurch bestimmt, dass gem. § 13 Abs. 2 GmbHG für die Verbindlichkeiten einer Gesellschaft mit beschränkter Haftung prinzipiell nur ein Zugriff auf das Gesellschaftsvermögen dieser Gesellschaft möglich ist. Dieser Grundsatz nach dem Trennungsprinzip[7]

---

[1]  Beleg hierfür ist die umfangreiche Rechtsprechung und Literatursammlungen bei *Hirte,* Der qualifiziert faktische Konzern, Bd. 1 u. 2.

[2]  *Eschenbruch,* Konzernhaftung, Rz. 2002.

[3]  *Kirchner,* ZGR 1985, 214 ff.

[4]  *Theisen,* Der Konzern, S. 19 ff.

[5]  In diesem Sinne *Schneider,* ZGR 1984, 497, 508.

[6]  *Altmeppen,* DB 1994, 1912; *Krieger,* ZGR 1994, 375, 378.

[7]  Siehe *Hueck,* in: Baumbach/Hueck, GmbHG § 13 GmbHG, Rdnr. 8. Der *Bundesgerichtshof* führt diesbezüglich aus „...darf...über die Rechtsfigur einer juristischen Person nicht leichtfertig und schrankenlos hinweggegangen werden.", siehe z. B. BGHZ 78, 318, 333.

ist in der Vergangenheit durch die rechtsfortbildende Spruchpraxis der Gerichte[8] und die Fortbildung durch die Rechtswissenschaft[9] stark zurückgedrängt worden.

Ausgangslage war die Erkenntnis, dass nach Konzernbildung eine externe Planungs- und Entscheidungsgewalt in die Entscheidungsfreiheit und die Unabhängigkeit eines beherrschten Unternehmens eingreifen kann und i. d. R. auch wird[10] und somit ein Gleichklang zwischen Rechtsmacht und Verantwortung wieder hergestellt werden muss[11]. Grundsätzlich besteht die Gefahr, dass die Mehrheit in der Gesellschaft zum Nachteil der Minderheit oder zum Nachteil der Gläubiger ihre eigenen Interessen und Ziele unter Ausnutzung der Ressourcen der beherrschten Gesellschaft zu erreichen versucht[12]. Dies kann dazu führen, dass in der Konsequenz die Konzerninteressen durch den herrschenden Gesellschafter über das Eigeninteresse der beherrschten Gesellschaft gestellt werden[13]. Die Bewahrung einer rechtlichen Selbständigkeit trotz wirtschaftlicher Verbundenheit und einheitlicher Leitung durch eine Obergesellschaft geht somit mit der Gefährdung auch von Gläubigerinteressen einher[14]. Eine für das Erfordernis eines Gläubigerschutzes relevante Lage ergibt sich insbesondere dann, wenn der eigentliche Vertragspartner eines Gläubigers innerhalb des Konzerngebildes insolvent wird und bei ihm für die Gläubiger keine ausreichende Haftungsmasse zur Verfügung steht.

Maßgeblich bei der Unterscheidung der verschiedenen Problemkreise war u. a. *Schneider*, welcher die Spannungsfelder in gesellschaftsinterne, konzernexterne sowie konzerninterne Verhältnisse aufteilte[15].

Kurzgefasst ist zu sagen, dass die Konzernhaftung im Ergebnis den Schutz der mitgliedschaftlichen Treuepflichten (Gesellschafterbezug) und der Kapitalerhaltung (Gläubigerbezug) bei Unternehmensgruppen gewährleisten muss[16].

---

[8]   Zum generellen Streit hinsichtlich der Berechtigung der Gerichte zur Rechtsfortbildung im GmbH-Konzernrecht siehe *Boujong*, in: FS Brandner, S. 23 ff. und *Kleinert*, in: FS Helmrich, S. 667 ff.

[9]   Siehe *Habersack*, in: Emmerich/Sonenschein, KonzernR, § 29, vor Rdnr. 1 m. umfangreichen Nachweisen.

[10]  *Goette*, Die GmbH, § 9, Rdnr. 2, 12; *Decher*, in: MünchHb. GmbH, § 69, Rdnr. 4.

[11]  *Eschenbruch*, Konzernhaftung, Rz. 2092.

[12]  *Habersack*, in: Emmerich/Sonnenschein, KonzernR, § 1, S. 12 f.

[13]  *Koppensteiner*, in: Rowedder, GmbHG, Anh. n. § 52, Rdnr. 1.

[14]  So auch *Geitzhaus*, GmbHR 1989, 397, 400.

[15]  *Schneider*, BB 1981, 249.

[16]  Vgl. zur Ratio der Konzernhaftung *Altmeppen*, DB 1994, 1912 ff.; *Ensthaler/Kretzer*, BB 1995, 1422 ff.

Gerade die maßgeblichen Gefahren innerhalb des Konzerngeflechtes wurden schon frühzeitig erkannt, so dass sich die Konzernhaftung entwickelte, welche unter bestimmten Voraussetzungen einen Haftungsdurchgriff auf die hinter einer GmbH stehende Muttergesellschaft zulässt[17]. Die Aufgabenstellung des Konzernrechtes bzw. des Rechtes der verbundenen Unternehmen ist hauptsächlich, konzernspezifische Gefahren für die Gläubiger und Mitgesellschafter der abhängigen Gesellschaft abzuwehren[18]. Der Anfang der Entwicklung der höchstrichterlichen Rechsprechung zum GmbH-Konzernrecht ist in der „Autokran"-Entscheidung des *Bundesgerichtshofes*[19] zu sehen, auf die im Verlauf der Arbeit noch näher einzugehen sein wird. In diesem Fall hat der *Bundesgerichtshof* erstmals die Notwendigkeit eines besonderen Konzernhaftungsrechtes bejaht[20] und dieses Konzept letztlich bis heute fortentwickelt[21].

Zugegebenermaßen lassen sich bei Anwendung der bis heute entwickelten Haftungstatbestände hinsichtlich der vertikalen Beziehung zwischen Konzernunternehmen viele der existierenden Haftungsprobleme lösen. Allerdings ist auffällig, dass man sich fast ausschließlich auf den Haftungsbereich der herrschenden Muttergesellschaft beschränkte und andere Haftungsvarianten, insbesondere eine horizontale Haftung zwischen Schwestergesellschaften nicht berücksichtigte, sondern im Gegenteil die Frage nach einer derartigen Haftung überwiegend zu umgehen versuchte[22]. Ob aber auch eine horizontale Haftung zwischen den einzelnen Konzerngesellschaften auf gleicher Ebene notwendig und überhaupt zulässig ist, wurde ausdrücklich trotz einiger Ansätze bis heute nicht abschließend geklärt[23].

---

[17]  Den allgemein gesehenen Gefahren sollte durch die Schaffung eines eigenständigen GmbH-Konzernrechtes begegnet werden. Der in der 6. und wieder in der 7. Legislaturperiode vorgelegte Regierungsentwurf, welcher sich hinsichtlich des konzernrechtlichen Regelungen am AktG orientierte, wurde jedoch Mitte der siebziger Jahre aufgegeben; siehe BT-Drucks. VI/3088=7/253.

[18]  *Hüffer*, GesellschaftsR, § 35, S. 374; *Eschenbruch*, Konzernhaftung, Rz. 2002; *Altmeppen*, DB 1994, 1912, 1913, welcher die Konzernhaftung als Ausfluss der spezifischen Konzerngefahr sieht.

[19]  BGHZ 95, 330.

[20]  Dies galt zumindest bis zur „Bremer Vulkan"-Entscheidung des *Bundesgerichtshofes* in ZIP 2001, 1874.

[21]  BGHZ 107, 7 „Tiefbau"; BGHZ 115, 187 „Video"; BGHZ122, 123 „TBB"; BGH ZIP 2001, 1874 „Bremer Vulkan"; BGH NJW 2002, 1803; BGH ZIP 2002, 1578 „KBV":

[22]  Ausführlichst hierzu *Schmidt*, ZHR 155 (1991), 417 ff.

[23]  *Eschenbruch*, Konzernhaftung, Rz. 2102.

In der Literatur wurde und wird seit geraumer Zeit diskutiert, inwieweit sich Gläubiger von Konzernunternehmen zur Begleichung ihrer Forderungen an andere Konzernunternehmen wenden können[24]. Ausgangspunkt für diese Diskussion war die bereits erwähnte „Autokran"-Entscheidung des *Bundesgerichtshofes*[25], durch welche erneut die Diskussion in Gang kam, ob nicht den Gläubigern einer konzernierten GmbH wahlweise oder nebeneinander ein Anspruch gegen die Konzernspitze oder die Konzernschwestergesellschaften zugesprochen werden sollte[26].

Grundsätzlich ist jedoch zu sagen, dass der Bereich der horizontalen Haftung innerhalb der Rechtswissenschaft und -sprechung bisher eher vernachlässig worden ist. Lediglich einige Autoren befassen sich mit diesem komplexem Bereich des Konzernrechtes[27]; in der Rechtsprechung wurde der Gedanke des horizontalen Haftungsdurchgriffes nur vereinzelt aufgegriffen und dannsogar bejaht[28]. Zwar gab es in der Vergangenheit einige Ansätze, diese Haftungsfrage stärker zu problematisieren und die Diskussion in Gang zu bringen[29], allerdings ist die Resonanz darauf weitgehend ausgeblieben. Auch wurde die „Autokran"-Entscheidung des *Bundesgerichtshofes*[30] nicht kritiklos hingenommen, da teilweise das Ergebnis der persönlichen Haftung der Konzernspitze[31], welche in diesem Fall eine natürliche Person war, sowie die Begründung[32] angegriffen wurde. Enttäuscht stellte *K. Schmidt* diesbezüglich einmal fest, dass die Diskussion um die horizontale Haftung in dem letzten Jahrzehnt kaum weiterentwickelt hat und auch die Chance, die sich aus der „Autokran"-

---

[24] Siehe zum Beispiel u. a. *Schmidt*, ZHR 155 (1991), 417, 441 ff.; *Raiser*, ZGR 1995, 156, 160 f.

[25] BGHZ 95, 330.

[26] Vergl. insbesondere *Ehlke*, DB 1986, 524 f.; *Ziegler*, WM 1989, 1041 f.

[27] Siehe z. B. *Ehlke*, DB 1986, 523; *Jaschinski*, Die Haftung von Schwestergesellschaften im GmbH-Unterordnungskonzern; *Raiser*, in: FS Ulmer; *Schmidt*, ZHR 155 (1991), 417; *ders.*, in: FS Wiedemann; mittlerweile problematisiert auch *Emmerich*, in: Emmerich/Sonnenschein, KonzernR, § 4, S. 71 die horizontale Haftung; hierzu auch *Lutter*, ZGR 1982, 244 ff., welcher zwar jeweils von einer Haftung der Gruppenmitglieder eines Konzerns für die Verbindlichkeiten eines anderen Gruppenmitgliedes spricht, dies letztlich jedoch nur im Verhältnis Mutter- und Tochterunternehmen festmacht.

[28] Siehe AG Eisenach AG 1995, 519, 520; OLG Dresden NZG 2000, 598.

[29] Z. B. *Schmidt*, ZHR 155 (1991), 417, 441 ff.

[30] BGHZ 95, 330.

[31] So z. B. *Heinsius*, AG 1986, 99, 100.

[32] Vgl. *Lutter*, ZIP 1985, 1425, 1435; *Ulmer*, AG 1986, 123, 129; *Schmidt*, ZIP 1986, 146, 149.

Entscheidung ergeben hat, nicht genutzt wurde[33]. Dies ist unverständlich, da sich aufgrund der heutigen Wirtschaftslage und der zunehmenden Globalisierung immer größere und u. U. auch grenzüberschreitende Konzernstrukturen bilden, welche z. B. für den Gläubiger einer Konzerngesellschaft nicht immer transparent sind und sich daher aufgrund ihrer selbst gewählten Komplexität strengeren Haftungskonzepten unterwerfen lassen müssen. Auch die starke Tendenz zu Ausgliederungen und zur Bildung von Holdinggesellschaften verstärkt die Gefahr der Vermögensverschiebungen und damit verbunden zwangsläufig auch die Gefahr der Beeinträchtigung der Gläubigerrechte und der Rechte eventuell vorhandener Mitgesellschaftern[34]. Insbesondere die Rechtsform der GmbH wird aufgrund der Haftungsbegrenzung benutzt, eventuell risikoreiche Geschäftsvorhaben oder nur mäßig profitable Geschäftsbereiche auszugliedern, da sich auf diesem Wege das Haftungsrisiko für einen Gesamtkonzern begrenzen lässt[35]. Diese Maßnahmen führten dazu, dass schon früh erkannt wurde, dass die Verfassung eines Konzernrechtes die verschiedenen Spannungsbereiche erfassen und reglementieren muss, wobei der horizontale Bereich bei der Normierung des vorhandenen Konzernrechtes bisher, wie bereits angesprochen, ausgeklammert blieb.

Die Diskussion um die horizontale Haftung zeichnet sich durch diesen besonderen Nachholbedarf aus. Zum Beispiel muss es in einer Holdingstruktur nicht immer zu einer Beeinträchtigung der Interessen der Tochtergesellschaft durch Maßnahmen oder Entscheidung der Muttergesellschaft kommen. Vielmehr können u. U. auch Tochtergesellschaften auf andere Tochtergesellschaften auf gleicher Ebene im Konzern (Schwestergesellschaft) nachteilig einwirken oder zumindest die Begünstigte einer derartigen Einwirkung auf eine andere Konzernschwestergesellschaft sein[36]. Dies kann erfolgen, wenn für bestimmte geschäftspolitische Entscheidungen den Interessen des einen Tochterunternehmens der Vorrang eingeräumt wird und diese berechtigt ist, zuerst ihre Interessen im Konzern durchzusetzen[37]. Weiterhin besteht die Möglichkeit, dass eine Vermögensverlagerung nicht nur im vertikalen Verhältnis zum Nachteil der Tochtergesellschaft und zum Vorteil der Muttergesellschaft stattfindet, sondern Vermögensmassen auch horizontal

---

[33]  *Schmidt*, in: FS Wiedemann, S. 1200.

[34]  *Zöllner*, in: Baumbach/Hueck, GmbHG, Schlussanhang I GmbH-KonzernR, Rdnr. 7.

[35]  *Decher*, in: MünchHb. GmbH, § 69, Rdnr. 2; *Roth*, GesellschaftsR, §19, S. 248.

[36]  Eine derartige Sachlage nimmt des *Bundesarbeitsgericht* in BAG ZIP 1999, 723 an.

[37]  Grundsätzlich zur Möglichkeit von diametralen Interessen im Konzern *Scheffler*, in: FS Goerdeler, S. 470, 474.

verschoben werden[38]. Sofern einer Tochtergesellschaft gestattet ist, z. B. durch „kreative" Rechnungsgestaltung den Liquiditätsfluss zwischen den Konzerngesellschaften zu beeinflussen, wird man allenfalls einen mittelbaren Einfluss der herrschenden Muttergesellschaft durch die Gestattung oder zumindest Duldung dieses Verhaltens feststellen können[39]. Ob diese lediglich mittelbare Einflussnahme oder das Unterlassen einer Einflussnahme noch ausreicht, einen vertikalen Konzernhaftungstatbestand zu erfüllen, ist fraglich. In der Konsequenz bedeutet dies für Gläubiger von Tochtergesellschaften, dass sie sich immer der Gefahr ausgesetzt sehen, dass ihnen, durch konzerninterne Maßnahmen ausgelöst, lediglich ein nahezu vermögensloser Mantel als Vertragspartner bzw. Schuldner gegenübersteht[40]. Dies ist die Ausgangslage, die es erforderlich macht zu untersuchen, inwieweit Alternativen zur vertikalen Haftungsstruktur im Konzern bestehen und eine Antwort auf die Frage nach der Haftung der Konzernschwestergesellschaften zu finden.

## § 2 Zielsetzung und Ansatzpunkte

Als Ausgangspunkt für diese Betrachtung wurde aufgrund der Bedeutung in der Praxis, der Notwendigkeit einer Rechtsfortbildung und aufgrund fehlender normierter Konzernhaftungsregeln der GmbH-Konzern gewählt.
Bei der Problemstellung der horizontalen Haftung geht es um die Frage der korrekten Zuordnung eines rechtlich aufgespaltenen Haftungsfonds zu jener Gläubigergemeinschaft, die Forderungen gegenüber einer wirtschaftlichen „Unternehmenseinheit" hat. Als zwangsläufige Folge ergibt sich das Spannungsverhältnis zwischen den Gläubigern der unterschiedlichen Konzernunternehmen[41]. Die Statuierung einer horizontalen Haftung würde bezogen auf einen Unterordnungskonzernen zu einem Haftungsausgleich auf derselben Ebene führen[42]. Dies bedingt aber auch, dass die Gläubiger der Obergesellschaft aufgrund der Verschiebung der Gläubigeransprüche bei einer derartigen Konstruktion weder bevorzugt noch benachteiligt werden dürfen. Neben der eventuellen Festlegung der Haftungsvoraussetzungen wird diesem Punkt

---

[38]    Generell zur Problematik von Konzernen siehe *Zöllner*, in: Baumbach/Hueck, GmbHG, Schlussanhang I GmbH-KonzernR, Rdnr. 1; *Eschenbruch*, Konzernhaftung, Rz. 2003.

[39]    Siehe *Decher*, in: MünchHb. GmbH, § 69, Rdnr. 2, welcher grundsätzlich Vorteile eines Unternehmensverbandes aufzählt.

[40]    *Decher*, in: MünchHb. GmbH, § 69, Rdnr. 3; in diesem Sinne auch *Roth*, NZG 2003, 1081, 1083.

[41]    *Hommelhoff*, ZGR 1994, 395, 398.

[42]    In diesem Sinne *Jaschinski*, Die Haftung von Schwestergesellschaften im GmbH-Unterordnungskonzern, S. 217 f.

entscheidende Bedeutung zukommen, da aufgrund der mit Blick auf die Benachteiligung fehlenden gesetzlichen Regelung die Interessen aller Gläubiger grundsätzlich als gleichrangig anzusehen sind.

Hinsichtlich der Themenstellungen werden Fragen einer Konzernbildungskontrolle, d. h. die Zulässigkeit der (qualifizierten) faktischen Konzernierung und die damit verbundenen Rechtsschutzmöglichkeiten der Minderheitsgesellschafter der abhängigen GmbH nicht Gegenstand dieser Arbeit sein. Auf Aspekte des Minderheitenschutzes wird im Einzelfall dann eingegangen, wenn sich parallele Problematiken oder andere relevante Verknüpfungen zum Gläubigerschutz ergeben.

Der Hauptschwerpunkt der Arbeit liegt auf den Beziehungen zwischen den einzelnen Konzerngesellschaften und deren externen Gläubigern. Insbesondere soll der Frage nachgegangen werden, inwieweit es dem Gläubiger einer Konzerntochtergesellschaft möglich ist, sich zur Begleichung seiner Forderung an andere Konzernunternehmen, insbesondere solche auf gleicher Ebene, zu halten. Die fehlende gesetzliche Regelung im Bezug auf ein umfassendes GmbH-Konzernrecht erweist sich hierbei sowohl als Problem als auch als Chance, eine interessengerechte Lösung zu konzipieren und zu implementieren.

Mittlerweile hat sich sowohl in der Rechtsprechung als auch der Wissenschaft die allgemeine Meinung durchgesetzt, dass sich der Gläubiger einer abhängigen Gesellschaft innerhalb eines Über-/ Unterordnungskonzerns unter bestimmten Umständen an das herrschende Unternehmen wenden kann[43]. Die Einfachheit der Konzernrechtsmodelle, wie sie anscheinend teilweise unterstellt wird, ist heute jedoch nicht mehr gegeben. Vielmehr stellen sich die heutigen Konzerne als beinahe organisch wachsende „Organismen" dar, welche nicht unbedingt immer klare Strukturen einhalten[44].
Beispielhaft sei hier eine angestrebte Beteiligungsstruktur nach einer Betriebsaufspaltung erwähnt[45]. Unterhalb einer Muttergesellschaft sollen die Tochtergesellschaften jeweils eigenständige Geschäftsfelder bearbeiten, wobei die eine Gesellschaft das gesamte Eigentum der Unternehmensgruppe in sich vereint und die anderen Gesellschaften dieses Eigentum lediglich zur Erzielung von Umsätzen nutzen. Hier stellt sich plastisch die Frage nach der Einordnung der einzelnen Gesellschaften und der auf diese Struktur anzuwendenden

---

[43]  Bis zur „Bremer Vulkan"-Entscheidung des Bundesgerichtshofes in NJW 2001, 3622 allgemein anerkannt; siehe besonders *Hüffer*, AktG, § 302, Rdnr. 7 ff. m. w. N.

[44]  In diesem Sinne *Lutter*, in: FS Stimpel, S. 825, 826.

[45]  Identisch stellen sich die Haftungsfragen, wenn eine derartige Struktur schon bei der Gründung vorgesehen ist.

Konzernhaftungsregeln. Im Verhältnis der beiden direkten Tochtergesellschaften auf gleicher Konzernebene ist zu erwägen, unter gewissen Umständen einen horizontalen Haftungsausgleich zuzulassen. Gleichzeitig wäre dies ein typischer Fall der vertikalen Konzernhaftung, da die Muttergesellschaft und die Tochtergesellschaften einen vertikalen Konzernstrang bilden. Dies zeigt deutlich, dass auch Regelungen zu schaffen sind, die ein Zusammentreffen beider Konzernhaftungsarten ermöglichen. Diese Kumulation verschiedener Konzernstrukturen ist in der Literatur umstritten[46]. Dies wirft die Frage auf, inwiefern ein Zugriff eines Gesellschaftsgläubigers gegen ein Konzernunternehmen der gleichen Stufe innerhalb eines verschachtelten Horizontal- und Vertikalkonzerns überhaupt stattfinden kann. Insbesondere wird auf die Feststellung Wert gelegt werden müssen, welchen Einfluss die Art der vertikalen und der horizontalen Konzernierung auf die Haftungsansprüche im verschachtelten Konzern nimmt. Zumeist wird diese Konstellation abgelehnt, wobei eine detaillierte Begründung der Ablehnung fehlt[47]. Im Ergebnis ist ein Konzernhaftungsmodell zu entwerfen, welches sich u. U. von der typischen vertikalen und horizontalen Betrachtung löst und auf die jeweiligen Gegebenheiten hinsichtlich der Intensität der Beherrschung bzw. Einflussnahme abstellt.

Die horizontalen Strukturen wurden bislang bei den Diskussionen der konzerninternen Strukturen weitgehend ausgeblendet. Wie *Karsten Schmidt* zutreffend festgestellt hat, wird teilweise krampfhaft versucht, beim Vorhandensein von den Grundlagen eines horizontalen Konzerns die Haftungsregeln des vertikalen Konzerns anzuwenden, um auf diese Weise einer Entscheidung bzw. Auseinandersetzung mit der horizontalen Haftung aus dem Wege zu gehen[48]. Im Zuge der Betrachtung der Rechtsprechung zum Komplex der vertikalen Konzernhaftung ist auffällig, dass sich die Rechtsprechung bislang noch nicht ernsthaft um die Möglichkeit der Begründung einer horizontalen Haftung bemüht hat[49]. Dies ist insbesondere deswegen beachtlich, da z. B. im Kartellrecht die Haftung und das Recht der Schwestergesellschaften in einem Konzern schon längere Zeit eine nicht unerhebliche Rolle spielen[50].

---

[46] *Emmerich*, in: Emmerich/Sonnenschein, KonzernR § 4, S. 65; *Krieger*, in: MünchHb. AG, § 68, Rdnr. 83; *Hüffer*, AktG, § 17, Rdnr. 13 ff.

[47] So z. B. bei *Krieger*, in: MünchHb. AG, § 68, Rdnr. 83; mit Blick auf Mehrstufige Konzernbindungen siehe *Hüffer*, AktG, § 18, Rdnr. 13; ablehnend auch *Emmerich*, in: Emmerich/Sonnenschein, KonzernR, § 4, S. 66.

[48] *Schmidt*, GesellschaftsR § 39 IV 1) b), S. 1238.

[49] Eine Ausnahme bildet hier das *Amtsgericht Eisenach*, welches eine horizontale Haftung bejaht, AG Eisenach AG 1995, 519, 520; ebenso OLG Dresden NZG 2000, 598.

[50] Siehe beispielhaft BKartA AG 1996, 477.

Problematisch erscheint jedoch, dass Schwesterunternehmen auf derselben Hierarchiestufe in der Regel weder durch Beherrschungsverträge miteinander verbunden noch voneinander abhängig sind oder sonst anderweitig aneinander beteiligt sind.

Ansätze für eine derartige Herleitung von horizontalen Haftungsvarianten finden sich - wenn auch zum größten Teil nicht tiefgründiger behandelt oder bewusst negiert[51] - seit Beginn der Diskussion um die Stellung und Beurteilung des Konzerns. Die Wirtschaftswissenschaften sind schon heute so weit, dass sie den Konzern als ein einheitliches Gebilde betrachten[52], was aus betriebswirtschaftlicher Sicht mit Sicherheit auch vertretbar ist, allerdings die rechtlichen Voraussetzungen und Probleme beiseite schiebt. Nur im Bereich der Konzernrechnungslegung wird die Betrachtung einer wirtschaftlichen Einheit als Vorverständnis benötigt, um eine funktionale Konzernrechnungslegung zu ermöglichen[53]. Dies soll aber nicht bedeuten, dass ein Konzern de facto und de jure als juristische Einheit kommentarlos anzunehmen ist.

Auf dem Weg zu einer generellen Konzernhaftung wurden schon frühzeitig die verschiedensten Ansätze diskutiert, welche hier zunächst nur exemplarisch für die Diskussion um die horizontale Haftung aufgezeigt werden sollen.
In der früheren Rechtsprechung zur Konzernhaftung wurde vom *Reichsgericht*[54] und anfangs auch vom *Bundesgerichtshof*[55] versucht, missbräuchliche Konzernleitungspraktiken über § 826 BGB zu lösen. Dieser Ansatz hatte aber mit der Problematik zu kämpfen, dass der Vorsatz einer sittenwidrigen Schädigung seitens des herrschenden Unternehmens meist nicht nachweisbar war.
Um die Schwäche zu überwinden, begründete vor allem *Serick*[56] die „Durchgriffshaftungslehre", nach dessen Konzeption jedweder Missbrauch der juristischen Person oder der Nichtbeachtung der rechtlichen Selbständigkeit der abhängigen Gesellschaft dazu führen sollte, dass die Gültigkeit der Haftungsbegrenzung des § 13 Abs. 2 GmbHG aufzuheben ist[57].

---

[51]  *Schmidt*, ZHR 155 (1991), 417 ff. ausführlich zur Strategie der Vermeidung von Konzernhaftungsdiskussionen im Gleichordnungskonzern.

[52]  *Mestäcker*, Acp 168, 235, 256 ff.

[53]  *Hüffer*, AktG, § 18, Rdnr. 10.

[54]  Ständige Rechtsprechung seit RGZ 99, 232.

[55]  Zunächst ständige Rechtsprechung seit BGHZ 20, 12.

[56]  *Serick*, Rechtsform und Realität juristischer Personen, 1955.

[57]  *Serick*, aaO., S. 203.

Andere Stimmen in der Literatur versuchten das Problem der Konzernierung und deren Gefahren zu lösen. Hierbei wählten insbesondere *Rudolf Isay*[58] und *Heinrich Kronstein*[59] nicht den Weg *Serick*`s über die Rechtsfolgen und Haftungsebene, sondern versuchten, über die rechtliche Einordnung des Konzerns an sich zu einem Haftungsmodell zu gelangen.

In diesem Zusammenhang erscheint es u. a. sehr fragwürdig, *Isay* und *Kronstein* kritik- und erklärungslos als Vertreter einer sog. Einheitstheorie zu bezeichnen, so stellen sie doch die Ansatzpunkte für die Entwicklung für die Konzernrechtsdiskussion dar. Die Einheitstheorie versuchte schon früh, bei einer Bündelung von rechtlich eigenständigen Unternehmen oder von Teilbereichen in der Hand eines weiteren Unternehmens einen einheitlichen Körper anzuerkennen[60]. Hierdurch stellt sie einen guten Ansatz für die Entwicklung eines horizontalen Haftungsmodells dar. Eine Haftungsmasse würde dem Gläubiger eines Konzernunternehmens zur Verfügung stehen. Zwangsläufig wäre damit auch ein horizontaler Haftungsgriff auf ein Konzern-schwesterunternehmen seines Vertragspartners möglich, wenn sich Teile dieser Haftungsmasse bei diesem Unternehmen befinden würden.

Grundlage der Herleitung der Einheitstheorie ist u.a. der Gedanke bei *Bälz*, dass im Bereich des Vertragskonzerns durch den Beherrschungsvertrag und die Eingliederung ein neues Rechtssubjekt geschaffen wird[61]. Gleichzeitig wird aber vorgetragen, dass ein Erhalt der eigenen Rechtssubjektivität der beteiligten Unternehmen gewährleistet sein soll[62]. Genau dieses Modell eignet sich vordergründig exzellent als Grundlage des horizontalen Haftungsmodells, da es scheinbar die Vorteile des Erhaltes der rechtlichen Eigenständigkeit der Konzernunternehmen gewährleistet und andererseits die Möglichkeit einer einheitlichen Haftungsmasse schafft und damit auch den Zugriff auf die Vermögensmassen der Schwestergesellschaften für Gläubiger der Konzern-gesellschaften ermöglicht. Allerdings schränkt *Bälz* sein Modell sogleich dadurch ein, dass er im Wege der Haftungssegmentierung klarstellt, Ansprüche und Verpflichtungen träfen nur jeweils das wirkende Mitgliedsunternehmen[63]. Hier zeigt sich wiederholt deutlich die Scheu, sich konsequent mit der Konzernhaftung über alle Ebenen zu beschäftigen.

So verlockend es ist, diesen Ansatz direkt zu übernehmen, so verstößt es doch zumindest in der direkten Anwendung gegen die Rechtsbestimmungen der §§ 15

---

[58]   *Isay*, Das Recht am Unternehmen, S. 7 ff.

[59]   *Kronstein*, Die abhängige juristische Person, S. 4 ff.

[60]   *Isay*, aaO., S. 105; *Kronstein*, aaO., S 2 ff.

[61]   *Bälz*, in: FS Raiser S. 287, 329.

[62]   *Bälz* aaO., S. 319 f.

[63]   *Bälz* aaO., S. 331.

ff. AktG. Eine Rechtsfähigkeit darf es nur dort geben, wo sie gesetzlich normiert worden ist[64]. Auch die Notwendigkeit eines Publizitätsaktes darf nicht aus den Augen verloren werden. Dieser ist jedoch mangels Eintragungsfähigkeit bei Konzernen nicht möglich. Unterlegt wird dies dadurch, dass einige Rechtsnormen in der Anwendung den Konzern als eine Einheit ansehen[65]. Meines Erachtens wird gerade dadurch deutlich, dass ein Konzern grundsätzlich kein eigenständiges Rechtssubjekt ist. Ansonsten wären diese Regelungen verzichtbar.

Neue Bewegung entsteht in diesem Bereich durch die Neuorientierung des *Bundesgerichtshofes* im Bezug auf die Gewährung der Rechtsfähigkeit der (Außen-) Gesellschaft bürgerlichen Rechts[66]. Diese Rechtsprechung steht im Gegensatz zu der vorab getroffenen Feststellung, dass die Rechtsfähigkeit explizit vom Gesetz vorgesehen werden muss. Dies ist bei der BGB-Gesellschaft aber gerade nicht der Fall.

Inwieweit diese Änderung der Rechtsprechung konkrete Auswirkungen auf das Konzernrecht zeigt, bleibt abzuwarten. Für den Bereich der Gleichordnungskonzerne wäre es u. U. denkbar, in Anwendung der neuen BGH-Rechtsprechung über Treuepflichten hin zu Schadensersatzansprüchen und zu einer horizontalen Haftung zu gelangen[67]. Bei Über-/Unterordnungskonzernen sieht es dagegen völlig anders aus. Besonders problematisch erscheint im Zusammenhang mit diesen Arten von Konzernen die notwendige Annahme eines gemeinsamen Zweckes zwischen den Gesellschaften. Nach der weiterhin gültigen Definition muss es sich bei der Zweckbestimmung um einen gemeinsamen Zweck handeln. Per Definition ist dieser nur dann gegeben, wenn jeder Gesellschafter die Förderung der Zweckbestimmung von dem anderen fordern kann[68]. Besonderes Augenmerk ist hier darauf zu legen, dass die abhängige Gesellschaft diesen Gesellschaftsvertrag nur deswegen abschließen wird, weil sie von der anderen Gesellschaft beherrscht wird. Deutlich erkennbar wird dies im Bereich der GmbH, da der herrschende Gesellschafter über die Gesellschaftsversammlung direkten Einfluss auf den Geschäftsführer zum Abschluss des Vertrages nehmen kann. Diesen Zustand als Zusammenschluss gleichwertiger Partner anzusehen, ist unrealistisch und zu Recht auf starke Kritik gestoßen[69].

---

[64] So z. B. *Bork,* ZGR 1994, 237, 244.

[65] Zum Beispiel §§ 23 Abs. 1 S. 2 GWB, 290 ff. HGB oder § 5 MitbestG.

[66] BGH NJW 2001, 1056.

[67] Zum Spannungsfeld der Treuepflicht und der faktischen Gleichordnung siehe z. B. *Orth,* DStR 1994, 250, 253.

[68] *Sprau,* in: Palandt, BGB § 705, Rdnr. 21.

[69] Z. B. *Ulmer,* ZHR 134 (1970), 265, 266.

Innerhalb der Suche nach Ansatzpunkten für die Herleitung der horizontalen Haftung soll auch das Institut der „Treuepflichten" in Konzernverbindungen näher betrachtet werden[70].
Die Gültigkeit von Treuepflichten der Gesellschafter zu der Gesellschaft ist heute unbestritten[71]. Allerdings bedarf es einer Weiterentwicklung dieser Treuepflichten für den Bereich des Konzerns, da diese Pflichten grundsätzlich nur zwischen Gesellschaftern und der Gesellschaft bestehen, nicht aber im Verhältnis zu außenstehenden Gesellschaften bzw. Gläubigern. Weiterhin zeichnet sich der Konzern gerade dadurch aus, dass zumindest die herrschende Gesellschaft i. d. R. unmittelbar bzw. mittelbar über andere Gesellschaften an den abhängigen Konzernunternehmen beteiligt ist. Nun stellt sich zunächst die Frage, inwieweit aus der Treuepflicht im Innenverhältnis ein einklagbarer Anspruch außenstehender Gläubiger entwickelt werden kann. Dabei ist zu beachten, dass die Treuepflicht innerhalb des Gesellschaftsverhältnisses wirken soll und eine allgemeine Loyalitäts- und Förderungspflicht statuiert[72], die jedoch ausschließlich auf das Innenverhältnis gerichtet sind. Diese Treuepflicht als Treuepflicht mit Schutzwirkung zugunsten Dritter weiterzuentwickeln, sprengt den Anwendungsbereich der Treuepflicht.

Aber auch die herrschende Konzernverschuldenshaftung[73], welche im Grunde einen Mischtatbestand darstellt, da neben der Konzernierung noch Verhaltens- bzw. Verschuldenselemente vorliegen müssen, verschließt den Weg zur horizontalen Haftungsherleitung nur vordergründig. Das Merkmal des objektiven Missbrauchs als Tatbestandsmerkmal wird i. d. R. nicht von der Schwestergesellschaft erfüllt, so dass die Voraussetzungen nicht vorliegen. Allerdings ist zu beachten, dass ebenso die Schwestergesellschaft Teil des Konzerns ist und auch von der Konzernobergesellschaft beherrscht wird. Mittelbar ist somit sehr wohl eine Beeinträchtigung der Interessen der einen Schwestergesellschaft durch die andere Schwestergesellschaft quasi als Arm der Obergesellschaft zu erkennen. In der Folge wird dann zu problematisieren sein,

---

[70]   *Schmidt,* GesellschaftsR, § 20 IV 1.), S. 587 f., welcher die Treuepflicht nicht nur in konzernrechtlichen Sachverhalten berücksichtigt, sondern sie als Ausdruck des Loyalitätsgedankens sieht.

[71]   *Lutter/Hommelhoff,* GmbHG, § 14, Rdnr. 18 ff. m. w. N.; *Emmerich,* in: Scholz, GmbHG, § 13, Rdnr. 36 f.

[72]   *Hueck,* in: Baumbach/Hueck, GmbHG, § 13, Rdnr. 22.

[73]   Siehe hierzu z. B. *Lutter,* ZIP 1985, 1425, 1433; *Stodolkowotz,* ZIP 1992, 1517, 1521 f.; *Rehbinder,* AG 1986, 85, 96; *Drygala,* GmbHR 1993, 317, 319.

ob und wie gegebenenfalls ein solches Verhalten der Muttergesellschaft zuzurechnen ist[74].

Besonders interessant wird die Beleuchtung der Haftungsregeln für die vertikale Konzernebene. Hier findet sich bereits ein strukturiertes Haftungsmodell, welches an besondere Voraussetzungen geknüpft ist. Die Anwendbarkeit der Regelungen des Aktienrechts auf die GmbH-Konzernhaftung war bis zur „Bremer Vulkan"-Entscheidung[75] durch die oben besprochenen Urteile des *Bundesgerichtshofe*s nahezu allgemein anerkannt[76]. Der Rechtsgedanke der angewandten §§ 302, 303 AktG ist auf den Schutz des Kapitals der abhängigen Gesellschaft gerichtet. Der Schutz wäre aber ungenügend, wenn man den Gläubiger allein auf die herrschende Gesellschaft verweisen würde, unabhängig davon, ob dieser auch der Vorteil aus der Einflussnahme zugeflossen ist. Wo aber die Kapitalerhaltung nicht mehr gewährleistet ist, besteht auch keine Legitimation mehr für die Haftungsbeschränkung auf das Vermögen[77].

Die Ratio der §§ 302, 303 AktG als Schutzvorschrift für den außenstehenden Gläubiger einer abhängigen Gesellschaft verneint nicht per se die Übertragbarkeit auf die horizontale Ebene.

Aus der Begründung im Regierungsentwurf des Aktiengesetzes zu den haftungsrechtlichen Regelungen der §§ 300 ff. AktG wird deutlich, dass der Rechtsgedanke statuiert werden sollte, dass derjenige, welcher einen maßgeblichen Einfluss auf die wirtschaftliche Entwicklung eines Unternehmens ausübt, auch für dessen Verluste einzustehen hat[78].

Sofern der Einzelausgleich aufgrund schädigenden Verhaltens nicht mehr möglich ist, ist eine Vergleichbarkeit mit einem vertraglichen Unterordnungskonzern erkennbar, was in diesen Fällen zu einer Behandlung des Gleichordnungskonzerns als Unterordnungskonzern führen könnte.

Durch die Entscheidung des *Bundesgerichtshofes* im Fall des „Bremer Vulkan" wurde die Diskussion über die Haftungsherleitung in GmbH-Konzernen wieder eröffnet[79]. Bezüglich einer Übertragung der Haftung aufgrund der Stellung des Gesellschafters in der abhängigen GmbH erscheint eine Übertragung auf die

---

[74] In diesem Sinne *Drygala*, Der Gläubigerschutz bei der typischen Betriebsaufspaltung, S. 122.

[75] BGHZ 149, 10.

[76] Siehe statt aller: *Zöllner*, in: Baumbach/Hueck, GmbHG, Schlussanhang I GmbH-KonzernR, Rdnr. 2, 5 m. w. N.; *Emmerich*, in: Scholz, GmbHG, Anhang KonzernR, Rdnr. 12.

[77] *Wellkamp*, DB 1993, 2517, 2520; BGHZ 107, 7, 18.

[78] Begr. RegE, in *Kropff*, AktG, S. 394.

[79] BGH ZIP 2001, 1874.

horizontalen Haftungsstrukturen problematisch, weil innerhalb dieser keine gesellschaftsrechtliche Verbindung zwischen den gleichgeordneten Unternehmen existieren darf, die zu einer Abhängigkeit führen kann[80]. Inwieweit gesellschaftsrechtliche Haftungsregeln dennoch einschlägig sind, bleibt zu untersuchen. Dies gilt ebenso für einen eventuellen Gleichlauf der Haftungsregeln im Gleichordnungs- und Unterordnungskonzern.

Unbemerkt blieb, dass im Bereich des GmbH-Rechts eine Art horizontaler Haftung angenommen wird, welche aber ausdrücklich nie jedoch in diesem Sinne als konzernrechtliche Haftung bezeichnet wird.

Wenn in einem GmbH-Konzern Vermögenswerte durch Veranlassung der herrschenden GmbH von einer Tochtergesellschaft auf die andere Tochtergesellschaft transferiert werden, liegt oberflächlich betrachtet kein typischer Fall der §§ 30 ff. GmbHG vor, da keine Auszahlung direkt an einen Gesellschafter der betroffenen Gesellschaft erfolgt.
Allerdings ist fraglich, ob nicht aufgrund des Einflusses der herrschenden Gesellschaft mittelbar eine Leistung an sie geflossen ist.
Die Literatur nimmt allgemein bezogen auf die Fälle einer Vermögens-übertragung zu Lasten einer Gesellschaft eine Anwendbarkeit der §§ 30 ff. GmbHG an, eine Nähebeziehung zwischen den Beteiligten reiche aus[81] und solle bei Leistung an mit einem Gesellschafter verbundenen Unternehmen gegeben sein[82]. Genau dieses Ergebnis ist vergleichbar mit dem Sinn und Zweck einer horizontalen Konzernhaftung, nämlich dem Schutz der Gläubiger einer Gesellschaft vor Verlagerung von Vermögen innerhalb des Konzerns. An-spruchsgegner wäre dann die begünstigte Konzerngesellschaft, wie es auch im Fall des § 31 Abs. 1 GmbHG außerhalb des Konzernrechtes normiert ist[83].
Für den Bereich des Gleichordnungskonzerns mag sich eine Übertragung insofern als problematischer erweisen, als dass hier keine herrschende Gesellschaft im typischen Sinne identifizierbar ist. Vielmehr wäre auf die Begünstigung der übrigen Mitgliedsunternehmen im Gleichordnungskonzern abzustellen.
Für den Bereich des Über-/Unterordnungskonzerns hingegen ist dieser Ansatz zu übertragen, da eine vergleichbare Interessenlage existiert.

---

[80]  In diesem Sinne argumentierend *Vetter*, ZIP 2003, 601, 609.

[81]  *Westermann*, in: Scholz, GmbHG, § 30, Rdnr. 28 f.; *Hueck/Fastrich*, in: Baumbach/Hueck, GmbHG, § 31, Rdnr. 12.

[82]  BGHZ 81, 311; 315 f.; 81, 365, 368; BGH NJW 1991, 357; 1991, 1057, 1059.

[83]  Siehe *Hueck*, in: Baumbach/Hueck, GmbHG, § 31, Rdnr. 10 f., nach dem der Dritte als Schuldner zu sehen ist, wenn der Gesellschafter mittelbar begünstigt wird.

Diese vielschichtigen Ansatzpunkte in Literatur und Rechtsprechung sind auf ihre Fähigkeit hin zu untersuchen, ob sie eine maßgebliche Rolle bei der Entwicklung einer horizontalen Haftung zu übernehmen vermögen. Dies allein wird jedoch nicht ausreichen, um eine generelle Haftung zwischen Konzernschwestergesellschaften zu statuieren. In dem heutigen Wirtschaftsleben gewinnt man den Eindruck, dass die klassischen Konzernformen immer weiter auf dem Rückzug sind. Diverse Über-kreuzbeteiligungen, Joint-Venture-Unternehmen in der Hand von mehreren von einander unabhängigen Konzernen etc. bestimmen immer mehr das Bild. Hieraus ergibt sich das Erfordernis, auch zu untersuchen, wie sich eine derartige Konzernierung auf die Haftungsverfassung des Konzerns und insbesondere auf eventuelle horizontale Haftungsansprüche auswirkt.

Die Betrachtung eines verschachtelten Konzerns ist die zwangsläufige Folge der Statuierung eines horizontalen Haftungsansatzes, da die Komplexität heutiger Konzernstrukturen i. d. R. nichts mehr mit den teilweise rein wissenschaftlichen Modellen der Rechtswissenschaft gemein hat. Besondere Beachtung bei Beantwortung dieser Frage muss der „EDV-Peripherie"-Entscheidung[84] des *Bundesgerichtshofes* zukommen, da bereits hier eine Möglichkeit der Haftung der Schwestergesellschaften untereinander zumindest angedacht worden ist. Eine Besprechung dieser Haftungsvariante konnte damals unterbleiben, weil der Senat eine vertikale Inanspruchnahme nicht durch eine horizontale Haftung ausgeschlossen sah[85]. Aus dieser Erkenntnis des Senates folgte zugleich die Erkenntnis, dass er sich gedanklich mit einer derartigen Haftung auseinander gesetzt hat[86].

Eine einfache Klärung der Frage nach den Auswirkungen des Zusammentreffens zwischen horizontaler und vertikaler Konzernierung einschließlich der jeweils gültigen Haftungsvoraussetzungen erscheint nicht möglich[87]. Vielmehr sind unterschiedliche Konstellationen zu untersuchen, wobei besonderer Wert auf die Erarbeitung der unterschiedlichen Leitungsstränge zu legen ist.

Eine Eigenständigkeit und damit Unabhängigkeit der Entscheidungen der Tochtergesellschaften müsste nachzuweisen sein, damit noch Raum für eigene konzernleitende Entscheidungen gegeben ist[88]. Jedoch auch dies ist kritisch zu

---

[84]  BGH NJW 1994, 446.

[85]  BGH aaO.

[86]  Ebenfalls *Raiser*, ZGR 1995, 156, 161.

[87]  Siehe hierzu nur *Hüffer*, AktG, § 17, Rdnr. 13 ff., *Emmerich*, in: Emmerich/Sonnenschein, KonzernR, § 4, S. 65; *Krieger*, in: MünchHb. AG, § 68, Rdnr. 83; generell ablehnend *Koppensteiner*, in: Rowedder, GmbHG, Anh. nach § 52, Rdnr. 18; *Windbichler*, in: GroßKomm AktG, § 18, Rdnr. 86.

[88]  *Bayer*, ZGR 1977, 173, 183 ff.

hinterfragen und wird unter Berücksichtigung einer eventuell Gleichschaltung der Interessen und damit einer Gleichschaltung der Leitungsmacht an sich in Konzernen zu untersuchen sein[89].

Für den Bereich des § 5 Abs. 1 MitbestG wird die Möglichkeit eines „Konzerns im Konzern" anerkannt, wenn es darum geht, dass der Mitbestimmung der Arbeitnehmer ein möglichst umfassender Anwendungsbereich für den Fall eingeräumt werden soll[90]. Dies soll insbesondere im Falle einer mitbestimmungsfreien Konzernspitze gegeben sein.

Die Untersuchung in dieser Arbeit anhand der dargestellten Problemkreise und -lösungsansätze wird im Ergebnis die Fragen klären, ob und in welcher Art von Konzernierung eine horizontale Haftung zwischen Konzernschwestergesellschaft existiert und welche Implikationen ein Zusammentreffen von vertikaler und horizontaler Konzernstruktur auf die Konzernhaftung mit sich bringt.

Seit jeher werden grundsätzliche Bedenken gegen eine horizontale Haftung innerhalb eines Konzerngefüges vorgebracht[91]. Im Mittelpunkt der Kritik steht die drohende Benachteiligung der Gläubiger der unbeteiligten Schwestergesellschaften[92].

Da die Schwestergesellschaften und deren Gläubiger Horizontaldurchschläge nicht abschätzen können, soll eine derartige Haftung schon aus diesen Gründen keine Anwendungen finden können. Ebenfalls ist zu beachten, dass sich die Gläubiger grundsätzlich die entsprechende Schwestergesellschaft als Vertragspartner gewählt haben. Dieser Auswahl liegt immer auch die Erwägung zu Grunde, dass der Vertragspartner in der Lage sein wird, seine Verpflichtungen zu erfüllen.

Einem umfassenden horizontalen Haftungskonzept mag auch entgegenstehen, dass die Interessen der Aktionäre und Gläubiger der Schwestergesellschaften in unzulässiger Weise beeinträchtigt werden, wenn eine generelle Haftungseinheit zwischen allen Konzernunternehmen hergestellt wird[93]. Im Rahmen einer Insolvenz einer Konzernobergesellschaft würden die zu verteilenden Vermögenswerte inklusive der Beteiligung an den Schwestergesellschaften nach

---

[89]    Ähnlich *Milde*, Der Gleichordnungskonzern im Gesellschaftsrecht, S. 102 f.

[90]    BAG AG 1988, 106; BAG NJW 1996, 1691.

[91]    *Schmidt*, in: FS Wiedemann, S. 1202, welcher die Haftung und Verlustausgleichspflicht im Konzern generell als Spielverderber beim Sandkastenspiel der Konzernarchitekten bezeichnet.

[92]    *Ulmer*, in: Hachenburg, GmbHG Anh. § 77, Rdnr. 115; *Hommelhoff*, ZGR 1994, 395, 398; *Stimpel*, in: FS Goerdeler, S. 601, 607; *Eschenbruch*, Konzernhaftung, Rz. 2103.

[93]    Vergl. hierzu *Hommelhoff*, ZGR 1994, 395, 398.

Abzug der Verbindlichkeiten gegenüber deren Gläubigern insgesamt zur Verfügung stehen[94].

Beiden Gläubigergruppen, der der Obergesellschaft und der der benachteiligten Untergesellschaft, stünde die Haftungsmasse nach Abzug der regulären Verbindlichkeiten gemeinsam zu.

Bei einer Verschiebung der Ansprüche der Gläubiger einer Schwestergesellschaft hin zu einer anderen Schwestergesellschaft steht den Gläubigern der Obergesellschaft nun nicht nur die Haftungsmasse der Tochtergesellschaft gekürzt um die regulären Verbindlichkeiten zur Verfügung, welche in dem Geschäftsbetrieb angefallen sind, sondern eine Haftungsmasse, welche zusätzlich bereits um die Ansprüche der Gläubiger einer anderen Schwestergesellschaft gemindert ist.

Vorgenannten Erwägungen ist zunächst vordergründig zuzustimmen, allerdings stellen sie nur eine einseitige Betrachtung der Sachlage dar und es wird sich mit dieser Erwägung noch zu beschäftigen sein.

Die Gefahren der Beeinträchtigung bzw. Belastung der Schwestergesellschaften mit Ansprüchen Dritter im Rahmen der Konzernhaftung sind dem vertikalen Haftungssystem ebenfalls nicht unbekannt. Die Gläubiger der Obergesellschaft sehen ihren Vertragspartner auch Ansprüchen Dritter, nämlich denen der Gläubiger der Untergesellschaft, ausgesetzt. Damit bestehe eine der horizontalen Haftung vergleichbare Lage deren Auswirkungen im Rahmen der Vertikalhaftung nicht in Zweifel gezogen werden.

Für den Gleichordnungskonzern gilt dies analog. Dass die horizontale Konzernhaftung ausschließlich das Ergebnis eines wesentlich früheren Ereignisses ist, darf nicht unberücksichtigt bleiben. Sie dient dem Ausgleich einer nachteiligen und für die anderen Schwestergesellschaften vorteilhaften Einflussnahme auf die benachteiligte Gesellschaft und bildet damit einen Ausgleichsmechanismus. Den anderen Konzerngesellschaften fließen durch diese Einflussnahme Vorteile zu, welche wiederum die horizontalen Haftungsansprüche nach sich ziehen.

Dass diese horizontale Haftung unter Umständen auch Schwestergesellschaften trifft, welche keine Vorteile erlangt haben oder negativen Einflussnahmen ausgesetzt waren, sich aber im Leitungsgremium nicht durchsetzen konnten, spielt keine Rolle. Sie haben sich freiwillig zu diesem Gleichordnungskonzern zusammengeschlossen und sich dadurch einem gemeinsamen Ziel verschrieben. Wenn es bei dieser Zielerreichung jetzt zu Benachteiligungen und daraus resultierenden Bevorteilungen anderer Schwestergesellschaften kommt, liegt

---

[94] In diesem Sinne auch *Eschenbruch*, Konzernhaftung, Rz. 2103.

dies weiterhin im Rahmen der gemeinsamen Interessen und ist letztlich die Konsequenz ihrer Beteiligung.

Dieses System der Einflussnahmen führt zu Finanzierungseffekten zu Lasten der einen und zu Gunsten der anderen Gesellschaft. Dies wiederum kommt ebenso den Gläubigern der begünstigten Gesellschaften zu Gute.

Alles in allem ist in der horizontalen Konzernhaftung nur ein Korrektiv der entstehenden Vorteile aufgrund einer nachteiligen Einflussnahme zu sehen. Wenn aber die Gläubiger anderer Konzerngesellschaften durch die Einflussnahme mittelbar durch die Besserstellung ihres Vertragspartners (Schwestergesellschaft) Vorteile erlangen, müssen sie sich grundsätzlich auch den Nachteilen stellen.

Ein Hinweis auf die Konzernrechnungslegung vermag nicht zu überzeugen. *Hommelhoff* führt an, dass die Rechnungslegung nicht auf die Erfassung der Horizontalhaftungsansprüche ausgelegt ist[95].

Festzuhalten ist, dass eine Konzernhaftung nicht davon abhängig gemacht werden kann, ob eine ordnungsgemäße Darstellung innerhalb der Rechnungslegung möglich ist.

Auch sind im Konzernabschluss die Vermögens- und Finanzlage der einbezogenen Unternehmen mit darzustellen. Hieraus lässt sich nicht ableiten, ab wann konkret mit dem Eintritt eines Haftungsfalles zu rechnen ist. Die umfassende Berücksichtigung in der Konzernrechnungslegung ist nicht möglich, da zwischengesellschaftliche Geschäftsvorfälle in der Konzernrechnungslegung eliminiert werden.

Durch die Zulassung eines horizontalen Haftungsausgleiches zwischen den Schwestergesellschaften kann sich im Ergebnis ein Dominoeffekt ergeben, der ggf. dazu führen kann, dass alle beteiligten Gesellschaften letztlich insolvent werden[96].

Hinsichtlich der Gefahr einer „Konzerninsolvenz" ist herauszustellen, dass es nicht um eine Haftung „des Konzerns" geht. Die Konzernhaftung mit den daraus resultierenden Einstandspflichten ist an konkrete haftungsbegründende Voraussetzungen geknüpft, welche jeweils bei den Gesellschaften positiv festgestellt werden müssen[97]. Ein Automatismus ist nicht gegeben, da die Haftung nicht an der strukturellen Einheit des Konzerns ansetzt[98] und ein

---

[95]   *Hommelhoff*, ZGR 1994, 395, 398.

[96]   *Eschenbruch*, Konzernhaftung, Rz. 2103.

[97]   Siehe *Prütting*, in: FS Metzeler, S. 3, 5 f.

[98]   In diesem Sinne *Timm*, ZIP 1983, 225, 237; ebenso *Prütting*, in: FS Metzeler, S. 3, 6.

Konzerninsolvenzrecht *de lege lata* fehlt[99]. Gerade in dem hier entwickelten Model einer Haftung auch derjenigen Schwestergesellschaften, welche nicht aktiv an der Benachteiligung mitgewirkt haben, kann dieser Zustand unter Umständen eintreten, da den Gläubigern letztlich die Wahl des Anspruchsgegners offen steht.

Weiterhin muss die Schwestergesellschaft, mit der der Gläubiger zunächst vertragliche Beziehungen eingegangen ist, haftungsrechtlich ausgefallen sein. Allerdings setzt dies voraus, dass die durch die Benachteiligung erlangten Vorteile derart verbraucht worden sind, dass den Haftungsansprüchen kein Vermögenswert mehr entgegensteht. In einem solchen Fall ist eine Insolvenz aber auch in Nichtkonzernunternehmen naheliegend.

Im Ergebnis muss deutlich gemacht werden, dass eine Benachteiligung der Gläubiger anderer Schwestergesellschaften nicht stattfindet, da durch die Konzernhaftung als korrigierender Ausgleichsmechanismus nur die Aufhebung der Vorteile erfolgt. Etwas Anderes würde nur für den Fall gelten, dass man horizontale Haftungsansprüche zwischen Konzernschwestergesellschaften eines Unterordnungskonzerns zugestehen würde.

Im Rahmen einer Insolvenz der Konzernobergesellschaft würden die zu verteilenden Vermögenswerte inklusive der Beteiligung an den Schwestergesellschaften nach Abzug der Verbindlichkeiten gegenüber grundsätzlich deren Gläubigern zur Verfügung stehen.

Beiden Gläubigergruppen, der der Obergesellschaft und der der benachteiligten Untergesellschaft, stünde die Haftungsmasse nach Abzug der regulären Verbindlichkeiten gemeinsam zu. Bei einer Verschiebung der Ansprüche der Gläubiger einer Schwestergesellschaft hin zur anderen Schwestergesellschaft, steht den Gläubigern der Obergesellschaft nun nicht nur die Haftungsmasse der Tochtergesellschaft gekürzt um die regulären Verbindlichkeiten, welche in dem Geschäftsbetrieb angefallen sind, zur Verfügung, sondern eine Haftungsmasse, welche zusätzlich bereits um die Ansprüche der Gläubiger einer anderen Schwestergesellschaft gemindert ist.

Die Herausarbeitung der horizontalen Haftung in GmbH-Konzernen unter Berücksichtigung sowohl der Interessen der Gläubiger der beteiligten Konzernunternehmen als auch der unterschiedlichen Konzernstruktur ist somit Schwerpunkt dieser Arbeit.

---

[99]   *Kort*, ZIP 1988, 681; Ansatzweise wird in der insolvenzrechtlichen Literatur diskutiert, die getrennten Insolvenzverfahren bei Konzernierung zusammenzuführen, vgl. hierzu *Ehricke*, DZWiR 1999, 359 ff.; *Uhlenbruck*, NZI 1999, 43 ff.

# § 3 Gang der Arbeit

Die vorliegende Arbeit gliedert sich in vier Bereiche. Im Anschluss an die Einleitung werden im 2. Teil zunächst verschiedene Ansatzpunkte auf ihre Übertragbarkeit beziehungsweise ihre Möglichkeit der Hilfestellung hinsichtlich einer horizontalen Haftung im GmbH-Konzern hin untersucht. Besonderes Augenmerk wird hierbei u. a. auf die dogmatische Diskussion des Konzernrechtsbildes an sich gelegt. Für die gesamte Betrachtung und die Entwicklung eines allgemein gültigen Konzernhaftungsmodells bezüglich der horizontalen Haftung sollen ebenfalls die anerkannten Haftungslagen und - voraussetzungen der Unterordnungskonzerne analysiert werden. Hierbei wird untersucht, ob Ansatzpunkte für eine horizontale Haftung zu erkennen und ggf. zu übernehmen sind.

Weiterhin wird im Hinblick auf die alte und die neue Rechtsprechung zum qualifiziert faktischen GmbH-Konzern auch die gesellschaftsrechtliche vermittelte Haftung analysiert. In diesem Zusammenhang ist ebenfalls ein Augenmerk auf den Gleichordnungskonzern zu legen, denn obwohl diese Konzernform nicht im Mittelpunkt der konzernrechtlichen Diskussionen steht, ist sie aufgrund der Stellung der einzelnen Konzerngesellschaften auf einer Ebene prädestiniert, eine Grundlage für die horizontale Konzernhaftung zu bilden. Nachfolgend soll auch anhand der Entscheidung des *Bundesarbeitsgerichtes*, des Umwandlungsgesetzes sowie einer Billigkeitshaftung die Statuierung einer Horizontalhaftung versucht werden.

Inwieweit die gewonnenen Kenntnisse der horizontalen Haftung auch dann anwendbar sind, wenn die Konzerntochtergesellschaften z. B. als Gleichordnungskonzern auf einer Konzernebene definiert werden, aber selbst nur einen Teil eines Gesamtkonzerns darstellen, der auch Über-/ Unterordnungsstrukturen beinhaltet, wird folgend im 3. Teil untersucht. Gerade dies ist im Hinblick auf die genannten, sich immer komplexer gestaltenden Unternehmensstrukturen von Bedeutung. Eine einfache "Schwarz und Weiß-Sicht" ist im heutigen Wirtschaftsumfeld auch in der Rechtswissenschaft nicht mehr haltbar. Die Einordnung der Konzernschwestergesellschaft als Gleichordnungskonzern innerhalb eines Unterordnungskonzerns ist umstritten. Im Falle einer Ablehnung dieser Annahme muss versucht werden, unabhängig von der Einstufung als gleichgeordnete Unternehmen eine abweichende Herleitung der horizontalen Haftung zu entwickeln.

Als Abschluss der Arbeit erfolgt dann im 4. Teil eine Zusammenfassung der Ergebnisse und Pointierung in Thesenform.

## 2. Teil: Ansatz und Herleitung der horizontalen Haftung

Es stellt sich die Frage, ob sich in der bereits vorhandenen Konzern-haftungsverfassung Ansätze herausgebildet haben, welche geeignet sind, als Grundstock für die Herleitung der horizontalen Haftung zu dienen. Das Hauptaugenmerk muss sich zwangsläufig auf die normierten und anerkannten Konzernarten richten, welche durch die umfassende Diskussion ihrer Voraussetzungen und Haftungskonsequenzen nahe legen, ihre Ansätze aus der vertikalen Haftung auf die horizontale Haftung zu übertragen. Insoweit ist zu untersuchen, bei welchen Tatbeständen eine horizontale Konzernhaftung zwischen Schwestergesellschaft bereits existiert bzw. bei welchen Haftungs-tatbeständen Ableitungen hin zu einer horizontalen Haftung sich finden lassen.

## § 1 Entwicklung des Konzernrechtes in Deutschland

Die rechtlichen Grundlagen der Konzerne unterliegen, wie die meisten Rechtsverhältnisse, einem ständigen Wandel sowie einer permanenten Überprüfung durch Rechtswissenschaft und Rechtsprechung. Die Entwicklung bis zum heutigen Konzernrecht ist ein langer Weg gewesen.

### A) Entwicklung vor dem Aktiengesetz von 1937

Im Zuge der zunehmenden Industrialisierung und der hierdurch induzierten Weiterentwicklung der Unternehmensverbindungen wurde schon frühzeitig erkannt, dass sich die Notwendigkeit einer gewissen rechtlichen Lenkung und Kontrolle dieser Entwicklung ergibt. In den zwanziger Jahren setzte eine umfassende und analytische Betrachtung der damit verbundenen Gefahren bzw. Konstellationen ein[100]. Diese Betrachtung erfolgte zwar aus der Blickrichtung des Gesellschaftsrechtes der Unternehmensgruppe, ist allerdings sehr stark geprägt vom Ziel, eine steuerrechtliche Erfassung dieser Verbindungen zu gewährleisten[101].
Diese Diskussion entwickelte sich sehr zügig weiter, so dass man heute sagen kann, die damals dringlichsten Probleme des Konzernrechtes, die uns noch heute beschäftigen, wurden entdeckt und diskutiert. Eine vollständige Lösung wurde jedoch bislang nicht gefunden. Exemplarisch sind in diesem Kontext z. B. das Konzernaußenrecht und die Konzernverfassung zu nennen. Allerdings sind die Ergebnisse dieser Entwicklungen von Teilen der Literatur nur rudimentär in die

---

[100]  *Nörr,* ZHR 150 (1986), 155, 168 ff.

[101]  *Habersack,* in: Emmerich/Sonnenschein, KonzernR, § 1, S. 4 f.

Gesetzgebung bei der kleinen Aktienrechtsreform von 1931 eingeflossen[102]. Die aufgrund ihrer Dringlichkeit eingeführten Regelungen der §§ 260a, 261a und 261 d HGB a. F. stellten jedoch weder eine umfassende noch eine klar strukturierte Regelung des Konzernrechtes dar.

## B) Das AktG von 1937

Erst mit dem Aktiengesetz von 1937 wagte sich der Gesetzgeber weiter ins Konzernrecht hinein, ohne wiederum eine umfassende Regelung zu schaffen[103]. Die vereinzelt auftretenden Regelungen des Konzernrechtes konnten in ihrem Wesensgehalt nicht für eine Normierung spezifische Fragen der Konzernrechtsdiskussion sorgen. Zwar schrieb man in § 15 AktG eine Konzerndefinition sowie eine Zustimmungspflicht der Hauptversammlung beim Abschluss von z. B. Gewinnabführungsvereinbarungen und eine Schadensersatzpflicht bei verbotener Einflussnahme auf die Gesellschaft (§ 101 AktG) nieder. Zentrale Fragen hingegen, wie die Regelung der Interessen einer abhängigen Gesellschaft, die Gültigkeit von Organschaftsverträgen und das Ausmaß der Weisungsbefugnis an die abhängige Gesellschaft, blieben weiterhin unbeantwortet. Teile dieser Fragen werden noch heute in Österreich und der Schweiz diskutiert, da dort ein kodifiziertes Konzernrecht ebenfalls nicht zur Verfügung steht[104].

## C) Das AktG von 1965

Nach Ende des 2. Weltkrieges wurde die allgemeine Aufbruchstimmung genutzt, über die lückenhaften Regelungen des AktG von 1937 zu diskutieren. Der Einigung über die Notwendigkeit einer umfassenden Reform des Konzernrechtes stand eine tiefe Zerstrittenheit über Einzelfragen wie z. B. Minderheiten- und Gläubigerschutz, Konzernverfassung und Konzernbildungskontrolle gegenüber.
Der Gesetzgeber hatte geplant, grundsätzlich nur Vertragskonzerne zu legitimieren und faktische Konzerne zurückzudrängen[105]. Hierzu sollte im faktischen Konzernrechtsverhältnis eine strenge Erfolgshaftung des herrschenden Unternehmens für seine nachteiligen Weisungen an die ab-

---

[102]  Notverordnung des Reichspräsidenten über Aktienrecht vom 19.09.1931, RGBl. I, S. 493.

[103]  Nachweise zur Kommentierung bei *Hoffmann-Becking*, in: MünchHb. AG, § 1, Rdnr. 14.

[104]  *Druey*, ZSR 121 II, 273, 300 ff.

[105]  *Hoffmann-Becking*, in: MünchHb. AG, § 1, Rdnr. 15 ff.

hängigen Gesellschaften gelten, um auf diesem Wege die Ausübung von Leitungsmacht ohne Beherrschungsvertrag zu verhindern und diese den Unternehmen als unvorteilhaft vorzustellen[106]. Maßgeblich auf die Kritik von *Flume* hin[107] wurde eine sog. „Nachteilszufügung" zu Lasten der abhängigen Gesellschaft zugelassen, sofern sich diese Nachteile im Gegenzug durch Vorteile kompensieren lassen. Im Ergebnis wurde trotz diverser Diskussionspunkte im AktG von 1965 erstmals eine Normierung des Konzernrechtes erreicht, welches umfassende, aber nicht allumfassende Regelungen beinhaltet und damit als Grundlage der weiteren Konzernrechtsdiskussion herangezogen werden kann[108].

### D) Entwicklung bis zur Gegenwart

Bis heute findet im Konzernrecht eine lebhafte Diskussion[109] und Entwicklung statt. Für die jüngste Zeit ist hier besonders das Gesetz zur Kontrolle und Transparenz im Unternehmensbereich von 1998 (KonTraG)[110] hervorzuheben, wodurch einige neue Regelungen, z. B. bei der Prüfung von Unternehmensverträgen, eingeführt worden sind.

So wird heute auch vermehrt die Frage aufgeworfen, inwiefern ein Konzernrecht ausreicht, welches sich auf den Ausgleich von Nachteilen bei Weisungen herrschender Unternehmen und den Versuch des Gläubigerschutzes konzentriert. Vielmehr sollte bereits im Vorfeld die sog. Konzernbildungskontrolle als Kontrollmechanismus eingreifen[111].

Anerkanntermaßen wird derzeit das AktG durch den *Bundesgerichtshof* und dessen Rechtsprechung ergänzt. Das Problem der Konzernbildungskontrolle ist von ihm in einigen herausragenden Entscheidungen thematisiert worden[112]. Auch im Bereich der qualifizierten faktischen Konzerne sind einige viel diskutierte Entscheidungen[113] ergangen.

---

[106]  *Geßler*, in: FS Schmidt, S. 251 f.

[107]  *Flume*, RefE AktG, S. 24.

[108]  *Hoffmann-Becking*, in: MünchHb. AG, § 1, Rdnr. 17.

[109]  Umfassende Literaturdarstellung bei *Emmerich*, in: Scholz, GmbHG, Anh. KonzernR § 44, S. 1968 ff.

[110]  BGBl. I, S. 786 ff.

[111]  *Habersack*, in: Emmerich/Sonnenschein, KonzernR, § 1, S. 8 f.

[112]  U. a. herausragend: BGHZ 80, 69 „Süssen"; 83, 122 „Holzmüller"; 89, 162 „Heumann/Oglivy".

[113]  BGHZ 95, 330 „Autokran"; BGHZ 115, 187 „Video".

Die Entwicklung im Konzernrecht ist insofern bis heute nicht abgeschlossen. Insbesondere der Druck durch die Realität erfordert eine ständige Verifizierung der gefundenen Wege, denn die weiter zunehmende Globalisierung und die damit einhergehende Verflechtung der verschiedensten Unternehmen und Unternehmensformen auch über die Grenzen des Geltungsbereiches des deutschen AktG hinweg sorgen für einen ständigen Nachholbedarf der Rechtswissenschaft und der Gerichte, um ihre Grundsätze, wie beispielsweise den Gläubiger- und Minderheitenschutz, weiter durchsetzen zu können.

## E) Konzernrecht der GmbH

Das GmbH-Konzernrecht gestaltet sich im Vergleich zum Aktienkonzernrecht vielschichtiger. Dies lässt sich insbesondere darauf zurückführen, dass für die GmbH kein zusammenfassend geregeltes Konzernrecht existiert und die Rechtsfortbildung in diesem Bereich für eine ständige Anpassung an die auftretenden Konzernrechtsprobleme sorgt[114].

### I.) Herleitung und Rechtsquellen

Nach der Regelung des Konzernrechtes für Aktiengesellschaften blieb das GmbH-Konzernrecht einige Zeit lang unbeachtet. Erst durch den Versuch der damaligen Bundesregierung, in den Jahren 1973 und 1974 ein neues GmbHG zu erlassen, ergab sich eine Änderung.

Angestrebt wurde damals, die aktienrechtlichen Regelungen ebenfalls in das GmbHG zu übernehmen[115]. Beide Entwürfe sind allerdings niemals Gesetz geworden. In der späteren GmbH-Novelle von 1980 verzichtet der Gesetzgeber dann auf den Versuch einer Regelung des GmbH-Konzernrechtes[116]. Auch das später erlassene Bilanzrichtlinien-Gesetz von 1985 regelt lediglich einzelne Teilaspekte.

Dass der vermeintlich naheliegende Weg der Übernahme der aktienrechtlichen Regelungen in das GmbH-Konzernrecht nicht beschritten werden darf, ist heute anerkannt[117]. Die starken Wesens- und Strukturunterschiede zwischen AG und GmbH verbieten dies, wodurch in Teilbereichen allerdings eine analoge Anwendung aktienrechtlicher Vorschriften möglich und ggf. sogar vorteilhaft sein kann.

---

[114]   *Decher*, in: MünchHb. GmbH, § 69, Rdnr. 5 ff.

[115]   BT-Drucks. VI (1972) / 3088; VII (1973)/253.

[116]   BGBl. I, S. 836.

[117]   Siehe z. B. *Decher*, in: MünchHb. GmbH, § 69, Rdnr. 6.

Die fehlende Regelung lässt sich heute nicht als nachteilig bewerten, denn durch den damit geschaffenen Freiraum konnten die Wissenschaft und Rechtsprechung in Anlehnung an das AktG versuchen, diese Lücke zu schließen. Eine rechtsschöpfende Praxis führte u. a. durch einige aufsehenerregende Entscheidungen des *Bundesgerichtshofes*[118] dazu, dass Schritt für Schritt ein komplexes GmbH-Konzernrecht entwickelt wurde.

Diese GmbH-spezifische Entwicklung strahlt heute teilweise sogar zurück auf das AktG und dessen Auslegung[119].

## II.) Systematik des GmbH-Konzernrechtes

Trotz fehlender gesetzlicher Regelung des GmbH-Konzernrechtes konnte sich ein umfassendes System des Konzernrechtes herausbilden. Hierbei zeigen sich neben den Unterschieden zum Aktienkonzernrecht auch deren Gemeinsamkeiten.

Die enge Anlehnung an das Aktienrecht wird bei der allgemeinen Begriffsbestimmung des Konzerns nach den §§ 15 ff. AktG erkennbar. Die jeweiligen Definitionen besitzen nach allgemeiner Ansicht auch im GmbH-Konzernrecht ihre Gültigkeit[120]. Ebenso ist im Konzernrecht der GmbH die Möglichkeit der Begründung eines Vertragskonzerns durch den Abschluss eines Beherrschungsvertrages anerkannt.

Wesentliche Unterschiede zeigen sich mit Blick auf die Konzernbildungskontrolle. Während das AktG einen gebildeten Konzern voraussetzt, wurde im Bereich des GmbH-Rechtes die Notwendigkeit eines Präventivschutzes gesehen[121] und die Begründung einer Abhängigkeit an einer Beschlussfassung der Gesellschafter gekoppelt.

Auch besteht beispielsweise im GmbH-Konzernrecht neben dem Abschluss eines Beherrschungsvertrages die Option, die Ausübung von Konzernleitungsmacht vertraglich durch eine Vereinbarung zwischen herrschendem Mehrheitsgesellschafter und den Minderheitsgesellschaftern zu legitimieren.

---

[118] In diesem Zusammenhang sind besonders hervorzuheben die folgenden Entscheidungen des Bundesgerichtshofes, auf die teilweise noch näher einzugehen sein wird: BGHZ 65, 15 „ITT"; BGHZ 89, 162 „Heumann/Ogilvy"; BGHZ 95, 330 „Autokran"; BGHZ 103, 1 „Familienheim"; BGHZ 105, 324 „Supermarkt"; BGHZ 107, 7 „Tiefbau"; BGHZ 122, 123 „TBB".

[119] *H. P. Westermann*, in: FS Pleyer 1986, S. 421.

[120] *Decher*, in: MünchHb. GmbH, § 69, Rdnr. 8; *Zöllner*, in: Baumbach/Hueck, GmbHG Schlussanhang I GmbH-KonzernR, Rdnr. 7 ff.; *Hüffer*, GesellschaftsR, § 35, S. 349, 365.

[121] BGHZ 80, 69 „Süssen".

Zusammenfassend ist festzuhalten, dass das GmbH-Konzernrecht trotz seiner fehlenden ausdrücklichen Kodifizierung im Zeitablauf einen Stand erreicht hat, in dem es eine Vielzahl von gesellschaftsrechtlichen Problemen zu lösen in der Lage ist. Seine Stärke hat es in der schöpferischen Rechtsfortbildung durch die Rechtsprechung und die Wissenschaft sowie die Übertragbarkeit anwendbarer Vorschriften aus dem AktG ins GmbH-Recht gewonnen. Mit Sicherheit macht gerade diese fehlende Regelung des GmbH-Konzernrechts dieses zu einem flexiblen Recht, welches schnell auf Änderungen reagieren kann.

## § 2 Das Konzernrechtsbild als dogmatische Grundlage für eine horizontale Haftung

Das Konzernrechtsbild wird in der heutigen Zeit in Abhängigkeit vom Fokus des jeweiligen Betrachters unterschiedlich dargestellt. Zu Recht hat *K. Schmidt* darauf hingewiesen, das Grundverständnis des Konzerngesellschaftsrechtes sei aufgrund des schwierigen Verhältnisses zwischen Konzernwirklichkeit und Konzernrecht selbst heute noch in Teilen ungeklärt[122]. Der Wunsch der einzelnen Mitglieder der Rechtswissenschaft, den Konzern als (nahezu) eigenes Rechtssubjekt zu betrachten, zieht sich durch die gesamte Diskussion des Konzernrechtsbildes.

Gerade diese Bestrebung vermag u. U. Ansatzpunkte zu offenbaren, wie auf dogmatischem Wege eine horizontale Haftung zwischen Konzernschwester-gesellschaften hergeleitet werden könnte. Aus diesem Grunde ist zunächst eine nähere Betrachtung der Entwicklung des Konzernrechtsbildes angebracht.

### A) Die „klassische Einheitstheorie"

In den Wirtschaftswissenschaften herrscht heute die Betrachtung des Konzerns als einheitliches Gebilde vor[123]. Dies soll sich besonders in der Übernahme der meist gesamten wirtschaftlichen Planung und Steuerung des Konzerns durch die jeweilige Konzernmuttergesellschaft zeigen.

Die Rechtswissenschaft konnte damals diese Sichtweise partiell akzeptieren. Als Hauptvertreter werden heute in diesem Zusammenhang zumeist *Rudolf Isay* und *Heinrich Kronstein* genannt. Ausgangspunkt für *Isay* waren Konzerne, die sich entweder als „zusammengesetzte" (als Beispiel führt dieser ein Groß-eisenunternehmen mit mehreren hintereinander geschalteten Betrieben der verschiedenen Produktionsstufen an) oder „komplexe" Unternehmen (Filialunternehmen mit im wesentlichen selbständigen Filialen) darstellen[124].

---

[122]   *Schmidt,* GesellschaftsR, § 17 I 1. a) und b), S. 486 ff.

[123]   *Mestmäcker,* AcP 168 (168), 235, 256 ff.; *Lehmann,* GmbHR 1992, 200, 204.

[124]   *Isay,* Das Recht am Unternehmen, S. 7 ff.

Meines Erachtens ist in Frage zu stellen, ob *Isay* und *Kronstein* als Verfechter der klassischen Einheitstheorie bezeichnet werden können. *Isay* zieht in seinem Beispiel des zusammengesetzten Unternehmens, welches sich formell aus verschiedenen rechtlichen selbständigen Unternehmen bildet, die aber alle in der Hand eines Rechtssubjektes liegen, die Verbindungslinie zum Konzern(recht). Er führt aus, dass in einem solchen Fall zwei rechtlich eigenständige Unternehmen nicht mehr anzunehmen seien[125], „denn der Begriff des Unternehmens ist dem Leben entnommen, er ist aus tatsächlichen Verhältnissen abstrahiert, und daher kommt es für ihn nur auf die wirkliche Sachlage, ....., nicht auf die juristische Gestaltung an,... .“[126]. Für den Bereich des von ihm entwickelten „komplexen“ Unternehmensbegriffes bezeichnet er den Konzern ausdrücklich als einen „einheitlichen Körper“[127]. Zu beachten ist allerdings, dass *Isay* seine Untersuchungen ausdrücklich auf die Frage fokussierte, inwieweit der Konzern ein Rechtsobjekt darstellen kann[128]. Ausgangspunkt seiner Untersuchungen, inspiriert durch das Reichsgericht, welches „ein Recht am eingerichteten und ausgeübtem Gewerbebetrieb“ anerkannt hatte[129], war die Frage, ob ein solches Recht überhaupt existiert. Ausdrücklich äußerte er sich niemals zur Frage, inwieweit der Konzern selbst ein Rechtssubjekt bilden kann[130]. Dies wird durch *Kronstein* bestätigt, der ebenfalls den Konzern untersuchte[131]. Schwerpunkt seiner Arbeit war aber keinesfalls die Feststellung, ob der Konzern per se eine Einheit darstellt. Vielmehr wollte er ausdrücklich Teilbereiche und einzelne Bestimmungen als Einheit betrachten[132]. Er wandte sich sogar nachdrücklich gegen die Anerkennung einer vollständig umfassenden Einheitstheorie[133].

Das Reichsgericht hielt damals ebenfalls keine einheitliche Linie durch. Während es zu Beginn der Entscheidungen mit konzernrechtlichem Aspekt explizit auf die Selbständigkeit der Mutter- und Tochtergesellschaften bestand und dies hervorhob[134], wurde der Konzern später zunächst als rechtliche Einheit

---

[125]  *Isay*, aaO., S. 98.

[126]  *Isay*, aaO., S. 103.

[127]  *Isay*, aaO., S. 105.

[128]  *Hommelhoff*, Die Konzernleitungspflicht S. 10.

[129]  *Isay*, aaO., S. 7.

[130]  *Schüler*, Die Wissenzurechnung im Konzern, S. 129; anders: *Bork*, ZGR 1994, 237, 243.

[131]  *Kronstein*, Die abhängige juristische Person, S. 3.

[132]  *Kronstein*, aaO., S. 4.

[133]  *Kronstein*, aaO., S. 2.

[134]  RGZ 103, 67.

angesehen[135]. Von dieser Ansicht wurde jedoch schnell wieder Abstand genommen und die rechtliche Selbständigkeit der Konzerngesellschaften hervorgehoben[136].

Die Schwierigkeiten, die Literatur und Rechtsprechung in der damaligen Zeit hatten, lassen sich zum Teil darauf zurückführen, dass zu diesem Zeitpunkt noch kein normiertes Konzernrecht zur Verfügung stand und man dadurch gezwungen war, sich ausschließlich auf Teilbereiche zu konzentrieren und diese zu diskutieren.

Diese klassische Einheitstheorie wird in der heutigen Zeit meist dahingehend charakterisiert, dass dieser Theorieansatz bemüht war, die rechtliche Selbständigkeit der verbundenen Unternehmen auszuschalten und den Konzern als solchen zum selbständigen Rechtssubjekt zu erklären. Als Grundlage für diese Ansicht wird, wie oben erwähnt, meist *Isay* herangezogen und auf Grundlage seiner rechtlichen Folgerungen aus der wirtschaftlichen Einheit von Unternehmen Rückschlüsse auf eine mögliche generelle Lösung des Konzernproblems gezogen. Als Standardgrundlage der Diskussion einer Einheitstheorie wird die Eigenschaft des Konzerns als nahezu eigenständiges Rechtssubjekt[137] mit unselbständigen Tochtergesellschaften[138] gebildet. Durch die hier vertretene Ansicht wird ein großer Vorteil in der Entwicklung des Konzernhaftungsrechtes erreicht, da sich die Herleitung des Bestehens einer einheitlichen Haftungsmasse zwischen den einzelnen Konzernunternehmen aus dieser Konstruktion relativ unproblematisch gestaltet[139].

Im Bezug auf die Frage der Möglichkeit einer Haftung von Konzernschwestergesellschaften untereinander besitzt dieser konzernrechtliche Ansatz zunächst eine gute Ausgangslage. Die Annahme einer einheitlichen Haftungsmasse würde die Entwicklung des horizontalen Haftungsdurchgriffes deutlich erleichtern. Wenn das gesamte Vermögen des Konzerns als eine Einheit behandelt werden könnte, ergäbe sich als logische Konsequenz die Haftung dieser gesamten Vermögensmasse auch für die Verbindlichkeiten der einzelnen Konzernuntergesellschaften. Die Aufteilung einzelner Vermögenswerte und Verbindlichkeiten auf die verbundenen Gesellschaften hätte dann lediglich organisatorischen Charakter, welcher im Außenverhältnis keine Bewandtnis erlangen würde. Den Gläubigern stünde in der Folge ein Wahlrecht zu, gegen welche Konzerngesellschaft sie vorgehen möchten. Grundlage ihrer Wahl würde

---

[135]   RGZ 108, 41, 43.

[136]   Ausdrücklich klarstellend RGZ 115, 246, 253.

[137]   *Ehricke*, ZGR 1996, 300, 307.

[138]   *Bork*, ZGR 1994, 327, 243.

[139]   *Wiedemann*, Gesellschaftsrecht I, § 13 III 2 c.

dann aller Wahrscheinlichkeit nach die Höhe des Konzernvermögens bei der ausgewählten Gesellschaft sein. Eine horizontale Haftung wäre auf den ersten Blick auf Grundlage dieser Theorie begründbar.

Dass die klassische Einheitstheorie schon heute aufgrund der gesetzlichen Regelungen keine Anwendung mehr finden kann, muss klar festgestellt werden. Der Gesetzgeber hat sich in den §§ 15 ff. AktG eindeutig zu Gunsten der rechtlichen Selbständigkeit der konzernverbundenen Unternehmen ausgesprochen[140]. Diese Selbständigkeit bleibt auch innerhalb des Konzerns erhalten, wird aber mitunter durch die Unternehmensverträge wie Beherrschungs- oder Gewinnabführungsvertrag überlagert. Allerdings findet diese Einflussnahme nur intern zwischen den Unternehmen statt und berührt das Auftreten der verbundenen Unternehmen und ihre rechtliche Eigenständigkeit nach außen nicht. Selbst bei Anerkennung des Konzerns als neben den einzelnen Konzernunternehmen auftretendes Rechtssubjekt, würde dies unweigerlich zu Eingriffen in die rechtliche Selbständigkeit der verbundenen Unternehmen führen, da die Handlungen des Konzerns unmittelbar auch immer die Konzernglieder betreffen und dadurch eine Gefährdung der gesetzlich vorgeschrieben rechtlichen Selbständigkeit[141] auftreten würde.

Des weiteren darf nur dort eine Rechtsfähigkeit gegeben sein, wo sie gesetzlich vorgesehen und normiert worden ist[142]. Dies ist z. B. ausdrücklich für die GmbH in § 13 GmbHG und für die Aktiengesellschaft in § 1 AktG geschehen. Weiterhin ist i. d. R. immer ein Publizitätsakt erforderlich[143], welcher gerade beim Konzern mangels Eintragungsfähigkeit in das Handelsregister nicht darstellbar ist, auch wenn bereits versucht wird, ein sog. Konzernregister einzuführen[144].

Zwar existieren unbestreitbar einige Regelungen, welche festlegen, wann und unter welchen Umständen der Konzern als Einheit zu behandeln ist. Hier sind exemplarisch die Regelungen der §§ 23 Abs. 1 S. 2 GWB, 290 ff. HGB und § 5 MitbestG zu erwähnen. Aber gerade diese Regelungen stellen im Umkehrschluss einen Beleg für die grundsätzliche rechtliche Selbständigkeit der verbundenen Konzernunternehmen dar. Welchen Sinn machten diese Regelungen, wenn der Konzern ohnehin grundsätzlich eine rechtliche Einheit bildete[145]. Grundlage der Existenz dieser Normierungen ist der Wunsch nach

---

[140] Allgemeine Meinung; siehe *Hüffer*, AktG, § 15, Rdnr. 15; *Krieger*, in: MünchHb. AG, § 68, Rdnr. 15.

[141] *Wiedemann*, Die Unternehmensgruppe im Privatrecht, S. 15.

[142] *Schmidt*, GesellschaftsR, § 8 II 5 b, S. 193 f.; *Bork*, ZGR 1994, 237, 244.

[143] *Schmidt*, JuS 1985, 249, 255 f.

[144] Vergl. dazu *Schneider*, WM 1986, 181, 182.

[145] *Bork*, ZGR 1994, 237, 244.

Regelung eines Ausnahmetatbestandes, nämlich dem der rechtlichen Einheit des Konzerns als Ausnahme.

Nicht vollständig ausgeblendet werden darf die laufende Diskussion um die Rechtsfähigkeit von der Gesamthand, da eine Entwicklung, die in der Zukunft dazu übergeht, den Konzern als wirtschaftliche und rechtliche Einheit zu behandeln, nicht auszuschließen ist. Bei der BGB-Gesellschaft wird dies von Teilen der Literatur mit dem Argument befürwortet, die BGB-Gesellschaft könne sich ohne Publizitätsakt in eine teilrechtsfähige OHG oder KG wandeln. Da dies auch umgekehrt geschehen kann und damit die Teilrechtsfähigkeit wiederum entfallen würde, sollte der Gesamthandsgesellschaft als BGB-Gesellschaft auch die Teilrechtsfähigkeit zugesprochen werden[146]. Während die Teilrechtsfähigkeit für die OHG und KG in §§ 124, 161 II HGB gesetzlich normiert ist, sollte dies bei der BGB-Gesellschaft ohne eine notwendige Normierung und Publizität möglich sein[147].

Ob diese Ansicht für die BGB-Gesellschaft überhaupt zutreffend ist, sei dahingestellt. Auch eine Vertiefung der Frage, inwieweit dieses Modell auf das Konzernhaftungsrecht zu übertragen ist, ist an dieser Stelle verzichtbar. Grundlage dieser Bestrebungen ist, unhaltbare Ergebnisse auszuschließen und zu einem sachgerechten Ergebnis zu kommen. Ließen sich derartige Ergebnisse schon über das entwickelte Konzernhaftungsrecht erzielen, bestünde kein Bedarf an einer solchen oder an anderen Konstruktionen.

## B) Konzern als Korporation *sui generis* (moderne Einheitstheorie)

In Anlehnung an die Einheitstheorie hat sich eine sog. moderne Einheitstheorie herausgebildet[148]. Hierbei wird versucht, an der rechtlichen und organisatorischen Selbständigkeit aller Konzernunternehmen festzuhalten, aber dem Gesamtkomplex eine Konzernverfassung zu geben, welche die gegenseitigen Auswirkungen der Konzerngesellschaften untereinander und gegenüber außenstehenden Dritten regeln kann. Als Korporation *sui generis* soll dem Konzern jedoch keine (Teil)Rechtsfähigkeit zugesprochen werden[149]. Zentraler Punkt dieses Ansatzes ist überwiegend die Problemdarstellung und –

---

[146]  *Schmidt*, GesellschaftsR, § 8 III 4. d), S. 203 f.

[147]  *Schmidt*, GesellschaftsR, § 8 III 4. d), S. 203 f.

[148]  *Wiedemann*, Die Unternehmensgruppe im Privatrecht, S. 16; *Lutter,* in: FS Westermann, S. 347; *ders.* in: Die Rechte der Gesellschafter beim Abschluss fusionsähnlicher Unternehmensverbindungen, S. 5 ff.

[149]  Vergl. hierzu *Emmerich*, in: Emmerich/Sonnenschein, KonzernR, § 4, S. 60 f., andeutet, dass sich in Zukunft die Stimmen mehren wird, die eine rechtliche Einheit des Konzern annehmen werden.

lösung der Konzernsituation für die Obergesellschaft[150]. Wobei aber dieses Problem nur eines von vielen innerhalb des zu etablierenden Konzernverfassungsrechtes darstellen soll[151].

Ziel eines derartigen Ansatzes ist nicht, ein konkretes und allgemein gültiges Konzernrechtsbild zu entwickeln. Vielmehr soll versucht werden, die rechtliche „Vielheit" mit der wirtschaftlichen „Einheit" zu verbinden und sachgerecht zu lösen[152].

Allerdings ist festzuhalten, dass es der sog. modernen Einheitstheorie nicht gelingen kann, ein fertiges Konzept vorzulegen. Vielmehr werden nur einzelne Punkte herausgegriffen und anhand dieser ein Konzernverfassungsrecht herausgearbeitet. Aufgrund der Unvollständigkeit in vielen Bereichen - u. a. auch im Bereich des horizontalen Konzernhaftungsrechtes - lässt sich für dessen Herleitung im Hinblick auf das Haftungsverhältnis zwischen Konzernschwestergesellschaften wenig aus diesem Ansatz ableiten.

## C) Das polykorporative Unternehmen

Ähnliche Ergebnisse, wie die der oben erwähnten Einheitstheorie, sollen durch die Darstellung des Konzerns als polykorporatives Unternehmen erreicht werden. Dies setzt allerdings die Anerkennung zumindest der Teilrechtsfähigkeit des Konzerns und der „Rechtspersönlichkeit sui generis" voraus[153].

## I.) Entwicklung des polykorporativen Unternehmens

Ähnlich der Sicht des Konzerns im Rahmen der klassischen Einheitstheorien hat sich ein Konzerngedanke herausgebildet, der nicht den Konzern an sich, sondern das sog. polykorporative Unternehmen subjektiveren will. Entwickelt wurde dieses Modell von *Bälz*, der das polykorporative Unternehmen als eine Fortentwicklung der juristischen Person ansieht und seinen Ansatz auf den Vertragskonzern beschränkt.

Während eine juristische Person die Zusammenfassung zahlreicher natürlicher Personen darstellt, werden im polykorporativen Unternehmen auf einer höheren Stufe mehrere juristische Personen konzerniert[154]. Grundlage seiner Herleitung

---

[150] Vergl. hierzu besonders *Timm*, Die Aktiengesellschaft als Konzernspitze; *Hommelhoff*, Die Konzernleitungspflicht; *Semler*, Die Überwachungsaufgabe des Aufsichtsrates .

[151] *Schneider*, BB 1981, 249, 250.

[152] So auch *Ehricke*, ZGR 1996, 300, 301.

[153] *Bälz*, in: FS Raiser S. 287, 300 ff.

[154] *Bälz*, aaO., S. 329.

ist der Gedanke, dass eine weitere Rechtsform durch die Möglichkeiten des Beherrschungsvertrages gem. § 291 I AktG und die der Eingliederung gem. § 319 AktG geschaffen werden kann[155]. Hierbei soll diese geschaffene Gesellschaftsform selbst ein Rechtssubjekt bilden, gleichzeitig aber den Erhalt der eigenen Rechtssubjektivität der Einzelgesellschaften gewährleisten[156]. Obwohl *Bälz* darauf besteht, dass sich sein geschaffenes polykorporatives Unternehmen von der juristischen Person unterscheidet, ist auffällig, dass sich die gesamte Anlage und Argumentation seiner Theorie an den klassischen Elementen der juristischen Person orientiert. Dies zeigt sich z. B. an der „eigengearteten" Mitgliedschaft innerhalb dieses polykorporativen Unternehmens[157]. Eine inhaltliche Abgrenzung lässt sich u. a. mangels klarer Abgrenzungskriterien hingegen nicht feststellen.

Im Hinblick auf die horizontale Haftung innerhalb dieses Gebildes kann die Ansicht von *Bälz* nicht weiterführen. Er weist ausdrücklich darauf hin, dass sein polykorporatives Unternehmen organschaftlich durch die Mitgliedsunternehmen handeln soll[158], verneint jedoch trotz der existierenden Norm des § 31 BGB, die eine Zurechnung des Organhandels auf die jeweilige juristische Person ermöglicht, ein wie auch immer geartetes Einstehenmüssen des polykorporativen Unternehmens für die Handlungen der einzelnen Mitgliedsunternehmen. Für die zu klärende Frage der horizontalen Haftung bei Schwesterunternehmen bedeutet dies, dass sich gegenseitige Einstandspflichten und haftungsrechtliche Verbindungen zwischen den Schwesterunternehmen nicht begründen lassen. Seiner Meinung nach soll das Prinzip der Haftungssegmentierung innerhalb des Gesamtunternehmens gelten, wonach alle Ansprüche, Verpflichtungen und Handlungen nur jeweils das mitwirkende Mitgliedsunternehmen treffen[159]. Im Ergebnis kommt sein Ansatz der allgemein geltenden Haftungsregelung im Gesellschaftsrecht gleich. Ansatzpunkte für die Herleitung einer horizontalen Haftung lassen sich nicht zwangsläufig aus der Arbeit von *Bälz* ableiten, so dass sich sein Theorieansatz aufgrund der Vermischung der Rechtspersönlichkeiten von Konzern und der eigenständigen Unternehmen auf dem Weg zur Begründung einer horizontalen Haftung bei Konzernschwestergesellschaften von vorne herein als nicht förderlich erweist.

---

[155]  *Bälz*, aaO., S. 319 f.

[156]  *Bälz*, aaO., S. 329.

[157]  *Bälz*, AG 1992, 277, 301.

[158]  *Bälz*, AG 1992, 277, 301.

[159]  *Bälz*, in: FS Raiser S. 287, 331.

## II.) Fortschreibung des polykorporativen Unternehmens als Netzwerk

Als Weiterentwicklung innerhalb der Sicht des Konzerns als polykorporatives Unternehmen muss man das „polykorporative Netzwerk" von *Teubner* verstehen[160]. Während *Bälz* noch von einem gewissen Über-/Unterordnungsverhältnisses innerhalb seines Konzernrechtsbildes ausgeht, lehnt *Teubner* dies gerade ab. Er negiert eine auf allen Ebenen stattfindende Konzernierung und nimmt lediglich einen partiellen Verbund an, der sich jeweils dort herauskristallisieren soll, wo im Einzelfall eine Koordinationsarbeit zwischen den einzelnen Gliedern des Netzwerkes stattfindet[161]. Hierbei sollen die Interorganisationsbeziehungen nicht stets in gleicher Richtung verlaufen, sondern sich immer an den aktuellen Bedürfnissen des Einzelfalles orientieren. Dies führt im Ergebnis dazu, dass bei jeder neuen Zusammenarbeit neue Beziehungen zwischen den Unternehmen begründet werden. Hierbei könnten sich dann bei jedem Einzelvorgang andere Unternehmen innerhalb des Netzwerkes zeitlich begrenzt zusammenschließen.

Gerade diese Koordinierung zwischen autonomen Aktionszentren soll das Rechtsbild des Konzerns bestimmen und dazu führen, dass der Konzern als ein Rechtssubjekt eigener Art betrachtet werden soll[162]. Selbst *Teubner* erkennt das damit entstehende Paradoxon, dass man das Netzwerk als Rechtssubjekt qualifizieren soll, ohne dieses zugleich als Rechtsperson zu begreifen[163].

Gewollt ist, dass sich durch die wechselnden partiellen Zusammenschlüsse innerhalb des polykorporativen Netzwerkes immer neue Haftungseinheiten bilden können. Haftungsgrund innerhalb dieser entstehenden Haftungseinheiten soll dann die sog. „simultane Vielfachzurechnung" sein[164]. Während die juristische Person Ausgangs- und Zurechnungspunkt für die Handlungen war, soll sich der Zurechnungspunkt hier nach den sich immer neu ergebenden partiellen Zusammenschlüssen richten.

Im Ergebnis könnte dies dazu führen, dass im Innenverhältnis zwischen den Konzernschwestergesellschaften - zeitlich und organisatorisch begrenzt und immer einzelfallspezifisch neu - gewisse Einstandspflichten und Ausgleichsansprüche entstehen. Sollten die Konzernschwestergesellschaften innerhalb dieses Modells einmal nach außen eine Haftungseinheit darstellen, würde dies

---

[160] *Teubner*, ZGR 1991, 189 ff.

[161] *Teubner*, ZGR 1991, 189, 204 f.; ähnlich *Ensthaler/Gesmann-Nuissl* BB 2000, 2265 ff., welche von „polyzentrischen Netzwerken sprechen. Auch hier wird eine Konzernierung verneint. Vielmehr sollen die Unternehmen in Form einer Symbiose nur abgestimmt aufeinander agieren, *Ensthaler/Gesmann-Nuissl* BB 2000, 2265, 2267.

[162] *Teubner*, aaO., S. 203.

[163] *Teubner*, aaO., S. 204.

[164] *Teubner*, aaO., S. 204.

im Innenverhältnis eine Einstandspflicht zwischen den Schwestergesellschaften auslösen.

Allerdings stellt sich die Frage, ob die Anwendung von *Teubners* Theorie im Ergebnis nicht zu einer inakzeptablen Rechtsunsicherheit führt. Eine klare Linie sowie Anhaltspunkte, welche geeignet sind, ein schematisches Konzept zur Fallbearbeitung zu liefern, lehnt *Teubner* ausdrücklich ab. Seiner Meinung nach soll die Einzelfallmethode die effektivste Art der Lösung der Konzernprobleme sein[165]. Um einem Einwand der Rechtsunsicherheit zu begegnen, möchte *Teubner* lediglich das Merkmal der einheitlichen Leitung als Minimalatbestand anerkennen[166].

Wie bei näherer Prüfung richtig festgestellt werden muss, würde den Entscheidungen und der Annahme von partiellen Zusammenschlüssen innerhalb des Netzwerkes die Nachvollziehbarkeit fehlen[167]. Verständlich erscheint der Vorwurf *Wiedemanns* gegenüber den Vertretern des Einheitsgedankens nach „mehr Ordnung statt mehr Recht"[168], da dies gegenüber den Vertretern eines polykorporativen Konzernbildes noch stärker zutrifft.

Aufgrund dieser Unsicherheiten, der Definitionsschwierigkeiten und Entstehung von nahezu unendlichen Haftungsvarianten aufgrund diverser partieller Zusammenschlüsse innerhalb des polykorporativen Netzwerkes ist diese Theorie eindeutig abzulehnen[169]. Diese Weiterentwicklung des Modells von *Bälz* kann im Ergebnis ebenfalls von vorne herein nicht überzeugen und bietet keinen klaren Ansatz zur Schaffung einer allgemein gültigen Grundlage für die horizontale Haftung im Konzern.

### III.) Praktische und rechtliche Anwendbarkeit dieser Einordnung des Konzerns

Wie oben bereits teilweise angesprochen, sind die Ansätze von *Bälz* und *Teubner* nicht geeignet, für die Herleitung einer horizontalen Haftung bei Konzernschwestergesellschaften eine geeignete Ausgangslage zu schaffen. Selbst das Zugeständnis der Akzeptanz des Merkmals der einheitlichen Leitung beseitigt nicht die Rechtsunsicherheit des Modells von *Teubner*. Für Außenstehende ist gerade dieses Merkmal in aller Regel nicht klar zu erkennen, da aufgrund fehlender Publizierungen nicht feststellbar ist, wer zu welchem Zeitpunkt welche Leitungsbefugnisse ausgeübt hat. Neben den erwähnten

---

[165]  *Teubner*, aaO., S. 205.

[166]  *Teubner*, aaO., S. 206.

[167]  So auch *Wittmann*, in: Staudinger, BGB, § 675, Rdnr. A167, A 171.

[168]  *Wiedemann*, Die Unternehmensgruppe im Privatrecht, S. 15.

[169]  Ebenso *Schüler*, Die Wissenzurechnung im Konzern, S. 131.

Kritikpunkten ist bei beiden Ansichten ebenfalls die Annahme einer Rechtssubjektsqualität mit den gleichen Argumenten wie bei der Einheitstheorie abzulehnen.

## D) Konzernrechtsbild als Gesellschaft bürgerlichen Rechtes

Naheliegend ist der Versuch, ein Konzernrechtsbild anhand anerkannter Regelungen des BGB zu der Gesellschaft bürgerlichen Rechtes zu entwickeln. Dies hätte den Vorteil, dass bei Anwendung der Regeln der §§ 705 ff. BGB Treupflichten mit den daraus resultierenden Schadensersatzverpflichtungen nach Verstößen sowie allgemein die Anwendbarkeit der §§ 705 ff. BGB hergeleitet werden könnten und auch die Statuierung einer Außenhaftung in vertikaler und horizontaler Richtung möglich erscheint.

Eindeutig unproblematisch gestaltet sich auf den ersten Blick die Anwendung vorgenannter Regelungen zunächst für einen Gleichordnungskonzern. Der Zusammenschluss der einzelnen Unternehmen zu einem Gleichordnungskonzern beruht i. d. r. auf einem zumindest konkludent geschlossenen Vertrag, der meist auch zugleich die einheitliche Leitung regelt[170]. Neuerdings wird im Bereich der vergleichbaren rechtlichen Einordnung von Industriekonsortien die Annahme einer GbR ebenfalls befürwortet[171].

Fraglich ist jedoch, ob die Regelung auch auf Über-/Unterordnungskonzerne übertragbar ist. Hierbei erscheint es notwendig, zwischen Vertragskonzernen und faktischen Konzernen zu differenzieren. Hauptansatzpunkt für die Annahme einer Gesellschaft bürgerlichen Rechtes muss die Anwendbar- und Erfüllbarkeit der Merkmale einer GbR sein.

## I.) Vertragskonzern als Gesellschaft bürgerlichen Rechts trotz Über-/ Unterordnung

Unproblematisch erscheint zunächst die Annahme eines Gesellschaftsvertrages zwischen den beteiligen Konzerngesellschaften. Der zur Begründung des Vertragskonzerns notwendigen Beherrschungsvertrages gem. § 291 I AktG bietet den Ansatzpunkt, hierin zugleich den notwendige Gesellschaftsvertrag i. S. d. §§ 705 ff. BGB zu sehen.

Einer genaueren Betrachtung bedarf bei der Annahme eines Gesellschafts- vertrages nachfolgend das Merkmal der gemeinsamen Zweckverfolgung. Dieses wird teilweise bejaht, da sowohl das herrschende als auch das abhängige

---

[170]  *Emmerich*, in: Emmerich/Sonnenschein, KonzernR, § 4, S. 88f.

[171]  *Vetter*, ZIP 2000, 1041, 1043.

Unternehmen einem gemeinsamen Konzerninteresse verpflichtet sein sollen[172]. Dass das Interesse des herrschenden Unternehmens teilweise weiterreichen soll als das Interesse des abhängigen Unternehmens, sei unschädlich[173]. Die Vertreter dieser Ansicht beziehen sich zur Untermauerung ihrer These auch auf den *Bundesgerichtshof*, der zu dem Ergebnis kam, dass der Organvertrag[174] zwischen den streitenden Konzerngesellschaften auch ein Gesellschaftsverhältnis i. S. d. GbR darstelle[175]. Im Ergebnis ließe sich hieraus der Schluss ableiten, man könne im Bezug auf die Konzernschwestergesellschaften feststellen, dass bei Annahme einer GbR im Außenverhältnis aufgrund der allgemeinen Haftungsregeln sowie im Innenverhältnis bei Verstößen gegen den Gesellschaftsvertrag oder im Falle nachteiliger Weisungen Ausgleichspflichten entstehen könnten.

Die Annahme eines Gesellschaftsvertrages i. S. d. GbR-Vorschriften beim Konzern sowie die Begründung des gemeinsamen Konzernzweckes sind jedenfalls zu Recht auf starke Kritik gestoßen[176]. Man muss festhalten, dass dem Beherrschungsvertrag durch das abhängige Unternehmen doch nur zugestimmt wird, weil die Obergesellschaft durch einen mitgliedschaftlich maßgeblichen Einfluss aufgrund einer mehrheitlichen oder zumindest sehr großen Beteiligung darauf hinwirkt[177]. Zwar mag es auch andere Konstellation geben, diese stellen jedoch nicht den Regelfall dar.

Ebenso zweifelhaft ist die Unterstellung, der Zweck der verbundenen Unternehmen gehe immer in die gleiche Richtung. Es mag zwar auch diesbezüglich Ausnahmen geben, jedoch ist zu beobachten, dass das herrschende Unternehmen maßgeblich das Konzernziel wie auch sein eigenes Ziel verfolgt. Unter Umständen kann dieses deckungsgleich mit dem Ziel der abhängigen Gesellschaft sein, was aber nicht zwingend der Fall sein muss. Vielmehr gewährleistet der Beherrschungsvertrag von Rechts wegen sogar den Vorrang des Konzerninteresses vor dem der abhängigen Gesellschaft[178].

---

[172]  *Harms*, Konzerne im Recht der Wettbewerbsbeschränkungen, S. 154; *Werner*, JuS 1977, 141, 142; *Birlenbach*, Die Begriffe des herrschenden und abhängigen Unternehmens im Recht des Unterordnungskonzerns im Aktiengesetz 1965, S. 33.

[173]  *Werner*, JuS 1977, 141, 142; *Harms*, aaO., S. 154.

[174]  Vor Kodifizierung der Beherrschungs- und Gewinnabführungsverträge im Aktiengesetz von 1965 wurden diese Vertragstypen jeweils als Organvertrag bezeichnet.

[175]  BGH WM 1955, 413 ff.

[176]  *Huber*, ZHR 131 (1968), 193, 206; *Emmerich*, ZHR 132 (1969), 370, 371; *Ulmer*, ZHR 134 (1970), 265, 266; *Reuter*, ZHR 146 (1982), 1, 10 f.

[177]  Praxisbeispiele bei *Poeche*, DB 1971, 1 ff.

[178]  *Lutter/Hommelhoff*, GmbHG, Anh. § 13, Rdnr. 50.

Weiterhin ist darauf hinzuweisen, dass die Unterwerfung der untergeordneten Gesellschaft durch einen Beherrschungsvertrag nicht im Sinne des Gesellschaftsvertrages der GbR sein kann. Grundgedanke der Gesellschaft bürgerlichen Rechtes ist die Gleichrangigkeit der beteiligten Rechtsträger[179]. Die mit dem Abschluss des Beherrschungsvertrages gekoppelte Unterwerfung verbietet es, einen Gesellschaftsvertrag anzunehmen[180]. Der Schwerpunkt der Wirkung dieser Verträge liegt nicht auf der Begründung wechselseitiger Rechte und Pflichten, sondern in der unmittelbaren Gestaltung der gesellschaftsrechtlichen Beziehungen aller beteiligten Unternehmen[181]. Diese Ansicht hat sich heute mittlerweile auch in der Literatur[182] und der Rechtsprechung[183] durchgesetzt.

Im Ergebnis ist das Vorliegen der Voraussetzungen für einen Gesellschaftsvertrag i. S. d. §§ 705 ff. BGB abzulehnen und festzuhalten, dass der Vertragskonzern nicht als Gesellschaft bürgerlichen Rechts angesehen werden kann.

## II.) Faktische Konzerne als GbR

Zum Teil wird bei faktischen Konzernen die Einordnung als GbR befürwortet[184]. Hierbei soll der Schluss eines Gesellschaftsvertrags konkludent durch die Befolgung der Weisungen des herrschenden Unternehmens konstruiert werden. Abgesehen davon, dass der Geschäftsführer der abhängigen Gesellschaft innerhalb eines GmbH-Konzerns den Weisungen der Gesellschafter gem. § 37 GmbHG ohne Wahlmöglichkeit zu folgen hat und damit letztlich automatisch konkludent den Gesellschaftsvertrag abschließen müsste, setzt §18 Abs. 1 S. 3 AktG die Abhängigkeit gem. § 17 AktG schon ab dem Zeitpunkt der Möglichkeit der Weisungserteilung voraus, da die Erfahrung gezeigt hat, dass i. d. R. die Einflussmöglichkeit auch genutzt wird[185]. Ab diesem Punkt ist bereits

---

[179]    *Rehbinder*, Konzernaußenrecht und allgemeines Privatrecht, S. 78; *Huber*, ZHR 131 (1968), 193, 206.

[180]    *Geßler*, in: G/H/E/K, AktG, § 18, Rdnr. 37; *Koppensteiner* in KK AktG, § 18, Rdnr. 7.

[181]    *Habersack*, in: Emmerich/Sonnenschein, KonzernR, § 8, S. 160 ff.

[182]    Z. B. *Kropff*, BB 1965, 1282; *Bälz*, AG 1992, 277, 286 ff.; *Schmidt*, GesellschaftsR, § 31 III 1a, S. 948 f.

[183]    BGHZ 105, 324 „Supermarkt"; BGHZ 116, 37 „Stromlieferung"; BGH AG 1992, 192 „Siemens"; BayObLGZ 1988, 201; OLG Frankfurt AG 1988, 267, 270.

[184]    *Harms*, Konzerne im Recht der Wettbewerbsbeschränkungen, S. 148; *Wilhelm*, Rechtsform und Haftung bei der juristischen Person, S. 221 ff., 227, 243 f.

[185]    *Hüffer*, AktG, §18, Rdnr. 17.

ein Konzern anzunehmen, ohne dass es auf eine Reaktion der beherrschten bzw. der herrschenden Gesellschaft ankommt.

Man könnte allerdings erwägen, den Konzern bis zur Reaktion als nicht rechtliche Einheit anzusehen und erst ab der erfolgten Reaktion bzw. Handlung auf die Weisung hin als eine Einheit anzuerkennen. An dieser Stelle stellt sich dann die Frage, welche Abgrenzungskriterien heranzuziehen wären. Weiterhin löst diese Sichtweise aber nicht die fehlende gemeinsame Zweckverfolgung, die schon beim Vertragskonzern im Ergebnis dazu führt, dass kein Gesellschaftsvertrag angenommen werden kann[186]. Zudem würde eine nicht unerhebliche Rechtsunsicherheit entstehen, da zunächst zu bewerten wäre, inwieweit die Reaktion des beherrschten Unternehmens ausreicht, einen konkludenten Vertragsschluss anzunehmen. Diese Argumente zeigen anschaulich, dass einer Befürwortung des Gedankens der rechtlichen Einheit aufgrund einer Gesellschaft bürgerlichen Rechtes nicht zugestimmt werden kann.

Angesichts in der Literatur geäußerten Kritik[187] wird versucht, den Abschluss des Gesellschaftsvertrages zu bejahen, weil sich die verschiedenen Gesellschaften beim faktischen Konzern mangels Beherrschungsvertrag gleichberechtigt gegenüberstehen. Auf die faktischen Verhältnisse soll es dabei nicht ankommen[188]. Das Fehlen des Beherrschungsvertrages ist im Gegensatz zur Aktiengesellschaft bei der GmbH nicht ganz so erheblich, da aufgrund des o. g. Weisungsrechtes der Gesellschafterversammlung an den Geschäftsführer der beherrschten GmbH immer eine starke Einflussmöglichkeit auf die Geschäftspolitik besteht. Zwar sind z. B. nachteilige Weisungen grundsätzlich nicht zulässig, was jedoch keinen Einfluss auf die tatsächliche Weisungsmöglichkeit hat. In einem solchen Zusammenhang von einer Gleichberechtigung zwischen dem herrschenden und dem beherrschten Unternehmen auszugehen, erscheint sehr gewagt und nicht zielführend.

Die Problematik des notwendigen gemeinsamen Zweckes besteht selbst bei Annahme einer Gleichberechtigung der Unternehmen, so dass meiner Meinung nach der Annahme, der Vertrags- oder der faktische Konzern sei als BGB-Gesellschaft einzuordnen, nicht gefolgt werden kann[189].

---

[186]   *Koppensteiner*, in: KK AktG, § 18, Rdnr. 7.

[187]   *Wilhelm*, Rechtsform und Haftung bei der juristischen Person, S. 221 ff.

[188]   *Wilhelm*, aaO., S. 223.

[189]   In diesem Sinne *Schüler*, Die Wissenzurechnung im Konzern, S. 132.

# E) (Zwischen)Stand der Diskussion um ein allgemein gültiges Konzernbild im Hinblick auf die horizontale Konzernhaftung

Die verschiedenen Konzernrechtsbilder und die Kritiken hieran zeigen, dass ein einheitliches Konzernrechtsbild derzeit nicht existent ist.

Die Konstruktion des polykorporativen Konzerns oder Netzwerkes scheitert, wie festgestellt, bereits an der Greifbarkeit der Kriterien und deren Anwendbarkeit im Einzelfall. Wie oben festgestellt, verstößt auch die Annahme einer Rechtssubjektsqualität des Konzerns gegen das Gesetz.

Einen gewissen Charme kann man dem Versuch, den Konzern als GbR zu erfassen, nicht absprechen. Zustimmungsfähig ist diese Ansicht aber nur, wenn man die elementaren Grundlagen wie z. B. Gesellschaftsvertrag, Gleichrangigkeit, den gemeinsamen Zweck sowie tatsächliche Gegebenheiten außer Acht lässt. Kritisch betrachtet lassen sich die §§ 705 ff. BGB nicht auf den Konzern übertragen.

Die neue Bewegung des *Bundesgerichtshofes*[190] hin zur Neuorientierung im Bezug auf die Gewährung der Rechtsfähigkeit der (Außen-) Gesellschaft bürgerlichen Rechts hat keinen Einfluss auf die Unmöglichkeit des Anerkenntnisses des Konzerns als GbR. Über die Probleme der eigentlich notwendigen Gleichberechtigung der beteiligten Unternehmen hilft die Zuerkennung einer Rechtsfähigkeit nicht hinweg.

Vielmehr erscheint es um so mehr fraglich, ob man im Konzernrecht eine GbR annehmen kann, wenn die Rechtspersönlichkeit erst dann entstehen soll, wenn zur Handlungsfähigkeit der Gesellschaft im Außenverhältnis entsprechende Organe geschaffen worden sind und ein Gesellschaftsvermögen gebildet worden ist[191]. Derartige Organe für die Handlung in Vertretung aller Konzerngesellschaften sind i. d. R. bei Konzernen nicht zu finden. Auch werden die Vermögenswerte der einzelnen selbständigen Konzernunternehmen nicht vollständig in der GbR zur Bildung des Gesellschaftsvermögens übertragen. Solange auch einer Innengesellschaft keine Rechtspersönlichkeit zugewiesen wird[192], bleibt die geänderte Rechtsprechung des BGH zunächst ohne Bedeutung.

Als Grundlage der weiteren Betrachtung und der Konzeption eines Haftungsmodells bei Konzernschwestergesellschaften bei dem Zusammentreffen von vertikaler und horizontaler Konzernierung könnte jedoch die moderne Einheitstheorie einen Beitrag leisten.

---

[190] BGH NJW 2001, 1056.

[191] *Sprau*, in: Palandt, BGB, § 705, Rdnr. 33.

[192] Vergl. umfassende Besprechung von *Schmidt* in NJW 2001, 993 ff.

Augenscheinlich liefert diese Einheitstheorie sehr gute Ansätze im Allgemeinen und gerade für die Problemstellung bei der Herleitung einer horizontalen Haftung von Konzernschwestergesellschaften im Besonderen. Aber auch dieser Ansatz verstößt, wie auch der polykorporative Ansatz, wegen der Anerkennung einer Rechtssubjektsqualität gegen das Gesetz.

Durch die Ablehnung einer (Teil-)Rechtsfähigkeit des Konzerns entgeht die moderne Einheitstheorie gerade dem Vorwurf, dass sie versucht, den Konzern an sich als Rechtssubjekt darzustellen. Allerdings kann sie aufgrund ihres Anspruches, durch die Behandlung von Einzelproblemen zu einem komplexen Konzernverfassungsrecht zu kommen, außer dem Ergebnis, dass dies teilweise erst im Einzelfall zu entwickeln sei, keinen exakten Beitrag leisten. Dass aber eben diese Ungeklärtheit einen Freiraum für die Erarbeitung von Lösungsmodellen für wiederholt auftretende Problemkonstellationen schafft, vermag der modernen Einheitstheorie ihre große Stärke verleihen. Zwar könnte versucht werden, das rechtliche und das wirtschaftliche Auftreten des Konzerns durch diese Flexibilität sachgerecht zu erfassen und Haftungsmodelle zu entwickeln, dies wären jedoch nur Einzelfalllösungen und insoweit nicht geeignet eine nachvollziehbare und generell anwendbar Haftungslösung zu bieten. Auch ist der Hintergrund der Einheitstheorie in ihren Erscheinungs-formen nicht zu vernachlässigen. Ausgangslage ist jeweils immer, dem Konzern selber als Rechtsformsubjekt zu definieren. Der Gesetzgeber hat sich in den §§ 15 ff. AktG eindeutig zu Gunsten der rechtlichen Selbständigkeit der konzernverbundenen Unternehmen ausgesprochen und das Anerkenntnis einer rechtlichen Selbständigkeit trotz wirtschaftlicher Verbundenheit und einheitlicher Leitung geht mit einer grundsätzlichen Gefährdung von Gläubigerinteressen einher[193]. Im Ergebnis ist auch die Einheitstheorie nicht in der Lage, eine dogmatisch korrekte Herleitung für eine horizontale Haftung zu liefern; insoweit lässt sich folglich aus den Entwicklungen hinsichtlich des Konzernrechtsbildes in der Vergangenheit kein Ansatz für die Haftung zwischen Konzernschwestergesellschaften herleiten.

Treffend erscheint die Aussage von *Ballerstedt* , dass „der Konzern der paradoxe Fall des Unternehmens (ist), das als solches überhaupt keine Rechtsform hat"[194].

---

[193]    *Geitzhaus,* GmbHR 1989, 397, 400.

[194]    *Ballerstedt,* in: Arndt, Die Konzentration in der Wirtschaft, S. 603, 630 f.

54

## § 3 Ansatzpunkte aus der vertikalen Haftung in einem faktischen Konzern

Die vertikale Konzernhaftung ist ebenfalls auf Ansatzpunkte für die horizontale Haftung zu untersuchen. Bei genauerer Betrachtung erfolgt hier ein Zusprechen von Haftungsansprüchen für Gläubiger der abhängigen Gesellschaft gegen eine für ihn grundsätzlich unbekannte Gesellschaft, welche als herrschendes Unternehmen auftritt bzw. aufgetreten ist.

Diese Überschreitung der Grenzen der einzelnen Rechtspersönlichkeiten in vertikaler Hinsicht ist auch für die Herleitung der horizontalen Haftung maßgeblich, da ein derartiger Haftungszugriff hier ebenfalls gewünscht ist.

### A) Verschiedene Konzerntatbestände als Grundlage einer Ableitung der horizontalen Haftung

Im Folgenden wird ein Überblick über die möglichen und gängigen Konzernarten gegeben. Hierbei werden auch die Herleitung und die Haftungskonsequenzen angesprochen. Grundlage für viele Entwicklungen und die Analogie im Bereich des Gleichordnungskonzerns sind die Regelungen für den Über-/Unterordnungskonzern, welcher in der heutigen Zeit die wohl überwiegende Mehrheit der Konzernverbindungen darstellt. Aus diesem Grunde sind die Haftungsregelungen und -theorien der vertikalen Konzernhaftung im Hinblick auf deren Weiterentwicklung hin zu einer horizontalen Haftung zu untersuchen.

### I.) Über-/Unterkonzerne als Grundbild

Der Über-/Unterordnungskonzern, in dem ein herrschendes Unternehmen gegenüber einem oder mehreren abhängigen Gesellschaften Leitungsmacht ausübt, das Leitbild des Konzerns im Sinne der gesetzlichen Regelung des § 18 Abs. 1 S. 1 AktG[195]. Die wichtigsten Erscheinungsformen der Über-/Unterordnungskonzerne sind neben den Vertragskonzernen die faktischen Konzerne. Innerhalb der faktischen Konzerne wird dann nochmals zwischen einfachen faktischen und qualifizierten faktischen Konzernen differenziert.

Nach Maßgabe der Rechtsprechung ist bei der Feststellung der einheitlichen Leitung dem weitgefassten Konzernbegriff zu folgen[196]. Ergänzt wird die Konzerndefinition des § 18 I AktG vom Gesetzgeber durch zwei

---

[195]  In diesem Sinne *Ulmer*, in: Hachenburg, GmbHG, Anh. § 77, Rdnr. 33.

[196]  OLG Stuttgart AG 1990, 168, 169; OLG Düsseldorf AG 1979, 318; LG Stuttgart 1989, 445, 447; LG Köln AG 1985, 252, 253; dem zustimmend *Bayer*, in: MünchKomm AktG, § 18, Rdnr. 33; a. A. *Bermel*, in: Bonner Handbuch GmbH, Q-GmbH-Konzernrecht, Rz 20.

unterschiedliche Vermutungstatbestände. Es soll unwiderlegbar vermutet werden, dass ein Konzern besteht, sofern zwischen den Unternehmen ein Beherrschungsvertrag i. S. d. § 291 AktG geschlossen oder das eine Unternehmen in das andere Unternehmen eingegliedert worden ist, §§ 319 f. AktG. Die Konzernvermutung ist in den Fällen, in denen die einheitliche Leitung nicht festgestellt werden kann, widerlegbar. Zusammenfassend ist festzuhalten, dass eine Widerlegung der Vermutung des § 18 Abs. 1 S. 3 AktG praktisch nicht möglich ist, da aufgrund der Annahme des weiten Konzernbegriffes schon jede institutionalisierte oder sogar lockere Zusammenarbeit der Unternehmen in zentralen Bereichen diese Widerlegung nahezu unmöglich macht[197].

Der dargestellte Zusammenschluss zwischen herrschenden und abhängigen Unternehmen kann sich auch über mehrere Stufen hinweg ausdehnen. Zwar ist diese Variante ausdrücklich nicht im Gesetz geregelt, aber die logische Konsequenz der Anwendung der vorhandenen Vorschriften. Wenn nicht nur die Muttergesellschaft und deren Tochtergesellschaften vorhanden sind, sondern auch sog. Enkelgesellschaften spricht man von mehrstufigen Unternehmensverbindungen. Daraus ergibt sich dann die Zugehörigkeit auch der Enkelgesellschaften zu dem Abhängigkeitskonzern i. S. d. § 18 Abs. 1 S. 1 AktG[198]. Unerheblich ist hierbei, dass die Muttergesellschaft keinen direkten Einfluss auf die Enkelgesellschaften ausüben kann, wenn z. B. die Aktienmehrheit in den Händen der Tochtergesellschaft liegt[199]. Im Ergebnis sind die gesamten vertikalen Unternehmensverbindungen der Muttergesellschaft dem Konzern zuzuordnen[200].

## II.) Unterscheidung nach Beherrschungseinfluss bzw. Beherrschungsgrundlage

Das Aktiengesetz unterschiedet streng zwischen Konzernen, die auf Grundlage eines Beherrschungsvertrages gegründet wurden (Vertragskonzerne) und solchen, die allein durch die Weisungsmöglichkeit aufgrund der Beteiligungsverhältnisse begründet werden (faktische Konzerne). Für den Bereich der GmbH-Konzerne werden im weiteren Verlauf der Arbeit die vom Aktienkonzern abweichenden Haftungsherleitungen der faktischen und qualifiziert faktischen GmbH-Konzerne besprochen. Die Bedeutung des

---

197 So auch *Emmerich*, in: Emmerich/Sonnenschein, KonzernR, § 4, S. 68.

198 *Ulmer*, in: Hachenburg, GmbHG, Anh. § 77, Rdnr. 74.

199 BAGE 22, 390.

200 *Hüffer*, AktG, § 18, Rdnr. 13 ff.; im Ergebnis auch *Schmidt*, GesellschaftsR, § 31 II, S. 951.

Beherrschungsvertrags ist im GmbH-Konzernrecht nicht geringer als im Aktien-Konzernrecht[201]. Im Ergebnis wird für den Bereich des Vertragskonzerns das Prinzip der Haftungsbeschränkung auf die einzelnen Rechtsträger aufgehoben.

## 1.) Der Vertragskonzern

Der Beherrschungsvertrag stellt nach allgemeiner Meinung die Rechtsgrundlage der Konzernleitungsmacht dar und bildet somit den Ausgangspunkt für die haftungsrechtlichen Betrachtungen[202]. Er begründet das Weisungsrecht der herrschenden Gesellschaft gegenüber den abhängigen Unternehmen und zieht auf diese Weise legal die Leitung der abhängigen Gesellschaft zu der herrschenden Gesellschaft, § 308 AktG, wobei das herrschende Unternehmen gegenüber der abhängigen Gesellschaft bei der Erteilung von Weisungen die Sorgfalt eines ordentlichen und gewissenhaften Geschäftsleiters anwenden muss, § 309 Abs. 1 AktG. Nicht jede vertragliche Begründung von Konzernherrschaft ist als Grundlage geeignet, einen Vertragskonzern entstehen zu lassen. Dies bleibt ausschließlich den sog. Organisationsverträgen i. S. d. § 291 AktG vorbehalten, soweit aufgrund der strukturellen Unterschiede zwischen AG und GmbH die Situation vergleichbar ist und wertungsmäßig keine Abweichung erforderlich scheint[203]. Aufgrund der nach dem Abschluss des Beherrschungsvertrages entstehenden extrem engen Verflechtung der Unternehmen sowie der meiner Meinung nach damit zusammenhängenden Hervorhebung des Konzerninteresses über das Unternehmensinteresse der abhängigen Gesellschaften treten mit Abschluss des Beherrschungsvertrages weitreichende Sicherungen zugunsten der Gesellschaften, ihrer Mitglieder und der Gläubiger in Kraft. Beispielhaft seien nur die Ausgleichs- und Abfindungspflicht des herrschenden Unternehmens an die außenstehenden Aktionäre gem. §§ 304, 305 AktG, die Pflicht des herrschenden Unternehmens jeden Jahresfehlbetrag auszugleichen und nach Vertragsende den Gläubigern Sicherheit zu leisten gem. §§ 302, 303 AktG genannt.

## 2.) Faktischer und qualifiziert faktischer Konzern als Pendant

Das genaue rechtliche Gegenstück für die Legitimation der rechtlichen Leitungsmacht durch den Beherrschungsvertrag bilden die faktischen Konzerne. Diese werden unpräzise als faktische Konzerne definiert, wobei sie eben nicht

---

[201]  *Zöllner*, ZGR 1992, 173, 175 f.

[202]  *Decher*, in: MünchHb. GmbH, § 69, Rdnr. 10; *Hüffer*, GesellschaftsR, § 35, S. 365.

[203]  *Bermel*, in: Bonner Handbuch GmbH, Q-GmbH-Konzernrecht, Rz. 188; *Altmeppen*, in: Roth/Altmeppen, GmbHG, Anh. § 13, Rdnr. 17.

ausdrücklich aufgrund der faktischen Natur einen Konzern darstellen, sondern gerade auf der mitgliedschaftlichen Verbindung untereinander sowie dem Fehlen gerade der vertraglichen Legitimation[204]. Hier gibt es keine rechtlich anerkannte Leitungsmacht, wie der Vergleich von § 308 AktG zu § 311 AktG zeigt[205]. Je nach Intensität der Einflussnahme der herrschenden Gesellschaft erfolgt eine Differenzierung zwischen einfach faktischen und qualifiziert faktischen Konzernen[206].

## a) Faktische Konzerne

Die einfache faktische Konzernierung ist dem Wesen nach augenscheinlich die schwächste Form der Unternehmensverbindung, deren Zulässigkeit heute außer Frage steht[207], wenngleich sehr weitreichende und umfassende Regelungen im AktG für diesen Fall getroffen worden sind. Hauptgrundlage der Annahme eines einfachen faktischen Konzerns ist das Fehlen eines Beherrschungsvertrages[208]. Diese einfache Abhängigkeit setzt ausschließlich voraus, dass das herrschende Unternehmen unmittelbar oder mittelbar einen beherrschenden Einfluss auf die abhängige Gesellschaft ausüben kann, § 17 Abs. 1 AktG. Einzig auf Grundlage der Abhängigkeit kann die herrschende Gesellschaft dem abhängigen Unternehmen gezielte Weisungen für den Geschäftsbetrieb erteilen. Nach überwiegendem Verständnis erhält der Schutz der eigenständigen aber abhängigen Gesellschaft den Vorrang vor den Interessen des herrschenden Unternehmens. Die vorgesehene Rechtsfolge ist dann der Ausgleich des herrschenden Unternehmens für nachteilige Weisungen an die abhängige Gesellschaft gem. §§ 311, 317 AktG[209]. Allerdings ist maßgebliche Grundlage, dass sich der Ausgleich auf feststellbare und insbesondere auf isolierbare Nachteile beschränkt[210]. Sollten sich der herrschende Einfluss und gleichzeitig die Weisungen durch deren komplexen Umfang so stark intensivieren, dass ein Einzelausgleich nicht mehr stattfinden kann, wird die Grenze zu einem qualifiziert faktischen Konzern überschritten. Für den Bereich des faktischen

---

204  *Decher*, in: MünchHb. GmbH, § 69, Rdnr. 12.

205  *Hüffer*, AktG, § 18, Rdnr. 3.

206  Ergebnis aus BGHZ 95, 330 "Autokran", indem der *Bundesgerichtshof* diese Rechtsfigur für den GmbH-Konzern anerkannt hat; *Decher*, in: MünchHb. GmbH, § 69, Rdnr. 13.

207  *Hüffer*, AktG, § 311, Rdnr. 6.

208  *Decher*, in: MünchHb. GmbH, § 69, Rdnr. 12.

209  *Hüffer*, GesellschaftsR, § 35, S. 362.

210  *Decher*, in: MünchHb. GmbH, § 69, Rdnr. 12; *Hüffer*, GesellschaftsR, § 35, S. 362 f.

GmbH-Konzerns ist die Anwendung der §§ 311, 317 AktG umstritten[211] und wird im Rahmen dieser Arbeit an anderer Stelle näher erläutert. Im Ergebnis entspricht die Rechtsfolge des Nachteilsausgleiches aber auch der Rechtsfolge der aktienrechtlichen Regelungen.

## b) Qualifiziert faktische Konzerne

Eine qualifizierte faktische Abhängigkeit liegt i. d. R. dann vor, wenn neben dem Fehlen eines Beherrschungsvertrages das Eigeninteresse der abhängigen Gesellschaft infolge des vom herrschenden Unternehmens ausgeübten Einflusses so gravierend beeinträchtigt wird, wie dies bei Vorliegen eines Beherrschungsvertrages der Fall wäre[212]. Der *Bundesgerichtshof* hat in der Vergangenheit diese Figur des qualifizierten faktischen Konzerns in verschiedenen Entscheidungen anerkannt[213]. Gerade durch die massive Beeinträchtigung bestünde die Gefahr, dass ein ausreichender Schutz der Interessen der abhängigen Gesellschaft nicht mehr gegeben sei. Aus diesem Grund ist diese Verbindung zu einem Kernproblem im Konzernrecht geworden und steht im Mittelpunkt der konzernrechtlichen Diskussion. Anders als beim einfachen faktischen Konzern, in dem sich die einzelnen nachteiligen Eingriffe des herrschenden Unternehmens isolieren lassen und damit zu einer Ausgleichspflicht i. S. d. § 311 AktG führen, ist diese Isolierung im qualifiziert faktischen Konzern aufgrund der Intensität des Leitungseinflusses und des Umfangs der Weisungen nicht mehr möglich. In der Folge wurde von der h. L.[214] für den GmbH-Konzern die Anwendbarkeit der Regeln für den einfachen faktischen Konzern abgelehnt und eine pauschale Verlustübernahmepflicht gem. §§ 302, 303 AktG angenommen. Auch wenn teilweise die Voraussetzung, namentlich die Intensität der Einflussnahme, noch strittig war, galten die Haftungsfolgen weitgehend gesichert[215] und das Institut war für den GmbH-Konzern höchstrichterlich bestätigt worden[216]. Für den Aktienkonzern liegt explizit noch keine Entscheidung vor. Für eine abweichende Beurteilung besteht

---

[211] *Hüffer*, AktG, § 311, Rdnr. 51; für den Bereich des faktischen GmbH-Konzerns wird die Treuepflicht der Gesellschafter untereinander und zur Gesellschaft als Haftungsgrundlage herangezogen; vergl. auch BGHZ 95, 330, 340.

[212] *Schmidt*, GesellschaftsR, § 17 I 3, S. 504.

[213] BGHZ 95, 330 „Autokran", BGHZ 115, 187 „Video".

[214] *Zöllner*, in: Baumbach/Hueck, GmbHG, Schlußanh. I GmbH-KonzernR, Rdnr. 80 f.

[215] *Decher*, in: MünchHb. GmbH,§ 69, Rdnr. 13.

[216] Siehe hierzu nur BGHZ 122, 123 ff. „TBB".

jedoch kein Anlass[217]. Zwischenzeitlich hat der *Bundesgerichtshof* für den GmbH-Konzern eine Kehrwende bei der Herleitung einer Konzernhaftung vollführt[218]. Von der Konzeption der Haftung bei einem qualifiziert faktischen GmbH-Konzerns als Folge verdichteter Leitungsmacht, die ausgleichspflichtige Nachteilszufügungen bei der untergeordneten Gesellschaft nicht mehr isolieren lassen, ist der Bundesgerichtshofs abgewichen und hat stattdessen ein zu schützenden Eigeninteresse[219]. Auf diese Änderung in der Rechtsprechung wird noch näher einzugehen sein.

## B) Haftungsverfassung beim faktischen Konzern

Für den Bereich der GmbH-Konzerne scheint die Mehrzahl der GmbH-Konzerne von einfacher faktischer Struktur zu sein. Als Ursache wird meist der zur Aktiengesellschaft unterschiedliche Aufbau der Zuständigkeiten genannt[220]. Während in der AG eine Dreiteilung in Hauptversammlung, Aufsichtsrat und Vorstand vorherrscht, ist mit Blick auf die GmbH nur eine Zweiteilung in Gesellschafterversammlung und Geschäftsführer gegeben. Als Folge für den Bereich der GmbH ergibt sich, dass eine Mehrheitsbeteiligung die Chance eröffnet, über die Gesellschafterversammlung direkten Einfluss auf die Geschäftsführung zu nehmen. Hinzu kommt, dass durch eine entsprechend formulierte Satzung die Position der Mehrheit in der Gesellschafterversammlung noch weiter gestärkt werden kann.

Die Behandlung von nachteiligen Einflussnahmen im faktischen Konzern muss gerade in Hinblick auf die Entwicklung einer horizontalen Haftung näher untersucht werden, da u. U. gewisse Herleitungen und dogmatische Ansatzpunkte auch eine horizontale Haftung möglich machen.

## I.) Charakteristika eines faktischen Konzerns; „Konzerntatbestand"

Die einzelnen Kennzeichen eines faktischen Konzerns sind heute durch die Rechtsprechung und die Literatur herausgearbeitet und im Ergebnis deutlich zu erkennen[221].

---

[217] Vgl. *Wiedemann*, ZGR 1978, 477, 478; *Lutter/Timm*, NJW 1982, 409, 411; *Timm*, NJW 1987, 980 ff.; a. A. jetzt *Hüffer*, AktG, § 302, Rdnr. 9.

[218] Siehe BGHZ 149, 10 „Bremer Vulkan" als Ausgangsentscheidung.

[219] Diesbezüglich BGHZ 149, 10 und unter klärender Weiterentwicklung BGHZ 151, 181, 186 ff. „KBV":

[220] *Emmerich*, in: Scholz, GmbHG, Anh. KonzernR, Rdnr. 65.

[221] Z. B. *Lutter/Hommelhoff*, GmbHG, Anh. § 13, Rdnr. 16 ff.

60

Die Voraussetzungen zur Annahme eines einfachen faktischen Konzerns sind im Endeffekt denkbar einfach. Nur ohne Beherrschungsvertrag und damit ohne durch Vertrag legitimierte Leitungsmacht kann ein faktischer Konzern entstehen. Zusätzlich zu dieser fehlenden vertraglichen Regelung muss ein Abhängigkeitsverhältnis i. S. d. § 17 AktG der beherrschten von der herrschenden Gesellschaft nach den o. g. Grundzügen angenommen werden können[222]. Wenn diese Voraussetzungen kumulativ vorliegen, kann von einem klassischen einfachen faktischen Konzern gesprochen werden.

Die Grenze des einfachen faktischen Konzerns ist zunächst zum Vertragskonzern zu ziehen. Die Vorschriften über einfache faktische Konzerne kommen dann zur Anwendung, wenn kein Beherrschungsvertrag abgeschlossen wurde. Bei Vorliegen eines solchen Beherrschungsvertrages liegt somit automatisch ein Vertragskonzern vor[223].

Interessanter wird die Betrachtung bei mehrstufigen Unternehmens-verbindungen. Hier käme in Betracht, dass die Muttergesellschaft mit der Tochtergesellschaft keinen Beherrschungsvertrag, die Tochtergesellschaft aber ihrerseits mit ihren Tochtergesellschaften (Enkelgesellschaften) Beherrschungs-verträge geschlossen hat. Bei diesen Fällen der mehrstufigen Abhängigkeit in einem Konzernrechtsverhältnis ist jeweils eine eingehende Prüfung der einzelnen Ebenen vorzunehmen.

Im vorliegenden Fall wären im Verhältnis Mutter- zu Tochtergesellschaft die Regeln der faktischen Konzerne anzuwenden, während zwischen Tochter- und Enkelgesellschaft die Regeln der Vertragskonzerne maßgeblich wären. Die Haftungsregeln der Vertragskonzerne und faktischen Konzerne schließen sich auf derselben Konzernebene gegenseitig aus[224]. Die Betrachtung der einzelnen Ebenen ist folglich obligatorisch.

Dem gegenüber steht der qualifiziert faktische Konzern. Trotz der Gemeinsamkeit im Hinblick auf den fehlenden Beherrschungsvertrag des einfachen faktischen Konzerns mit dem qualifiziert faktischen Konzern unterscheidet sich der einfache faktische Konzern vom qualifiziert faktischen

---

[222] *Eschenbruch*, Konzernhaftung, Rdnr. 3301.

[223] Problematisch kann die Einordnung nur werden, wenn zwischen den beteiligten Unternehmen ein Gewinnabführungsvertrag geschlossen worden ist. In einem solchen Fall verbleibt es auf der Ebene der Gewinnabführung bei gesetzlich geregelten pauschalen Verlustausgleichspflicht des § 302 AktG (wie beim Vertragskonzern). Die Haftungsvorschriften der §§ 308, 309 AktG, welche die beherrschungsvertragliche Leistungsmacht betreffen, sind durch die Haftungsregeln betreffend der Leistungsmacht bei faktischen Konzernen zu ersetzen; siehe auch *Eschenbruch*, Konzernhaftung, Rdnr. 3305.

[224] *Hüffer*, AktG, § 311, Rdnr. 14.

Konzern dadurch, dass sich nachteilige Eingriffe und Einflussnahmen des herrschenden Unternehmens noch isolieren lassen und deshalb die Möglichkeit eines Einzelausgleiches besteht[225]. Die gesetzlich kodifizierte Einzelausgleichshaftung der §§ 311, 317 AktG endet dort, wo die nachteiligen Einflüsse auf das beherrschte Unternehmen nicht mehr objektiv nachvollziehbar bzw. überhaupt feststellbar sind. Vereinfacht gesagt, beginnt die Haftung nach den Grundsätzen des qualifiziert faktischen Konzerns ab dem Zeitpunkt, in dem objektiv nicht mehr rekonstruierbar ist, welche Nachteile die einzelnen Einflussnahmen des herrschenden Unternehmens bei dem abhängigen Unternehmen ausgelöst haben.

## II.) Haftungskonzept im faktischen GmbH-Konzern

Für einen einfach faktischen Aktienkonzern sind umfangreiche und detaillierte Regelungen für die Haftung entwickelt worden[226]. Die GmbH hat im Gegensatz zur AG lediglich zwei obligatorische Organe[227]. Während eine Mehrheit auf der Hauptversammlung der AG keinen direkten Einfluss auf die Geschäftsführung durch den Vorstand nehmen kann, ist es im Bereich der GmbH möglich, durch die Mehrheit auf der Gesellschafterversammlung direkten Einfluss auf die Geschäftsführung auszuüben und gem. § 37 Abs. 1 GmbHG dem Geschäftsführer allgemeine oder spezielle Weisungen zu erteilen[228]. Ein Beherrschungsvertrag ist zur Legalisierung dieses Einflusses daher nicht notwendig. Gerade diese Unterschiede sind bedeutend für die konzernrechtliche Sicht der GmbH[229]. Zunächst liegt es nahe, aufgrund der fehlenden Regelungen für das Konzernrecht im GmbHG nach Quellen für ein solches Recht auch im AktG zu suchen. Der BGH hat bereits in der „Autokran"-Entscheidung festgestellt, dass aufgrund der strukturellen Unterschiede zwischen der Gesellschaftsform der GmbH und der AG die Regelungen des AktG nicht ohne weiteres analog auf die GmbH-Konzerne anwendbar sind[230]. Das Haftungsmodell des Aktiengesetzes für einfache faktische AG-Konzerne (§§ 311, 317 AktG) ist nicht auf die GmbH

---

[225] *Eschenbruch*, Konzernhaftung, Rdnr. 3308.

[226] *Hüffer*, AktG, § 311, Rdnr. 2 ff.

[227] *Emmerich*, in: Emmerich/Sonnenschein, KonzernR, § 3, S. 56 f. spricht von dem Primat der Gesellschafterversammlung bei der GmbH.

[228] *Altmeppen* in: Roth/Altmeppen, GmbHG, Anh. § 13, Rdnr. 140; *Ulmer*, in: Hachenburg, GmbHG, Anh. § 77, Rdnr. 1; OLG Frankfurt GmbHR 1997, 346.

[229] *Emmerich*, in: Emmerich/Sonnenschein, KonzernR, § 29, S. 444.

[230] BGHZ 95, 330, 340.

übertragbar. Diesem Ansatz ist die Literatur bis heute gefolgt[231]. Als Grundlage für diesen Ansatz ist die Erkenntnis zu sehen, dass das Aktienkonzernrecht aufgrund des Ansatzes der Publikumsgesellschaft gewisse schädigende Handlungen erlaubt oder zumindest billigend in Kauf nimmt und diese erst im Rahmen einer Ausgleichspflicht beheben will[232]. Damit verfährt das AktG nach dem Prinzip des Privilegs der Schädigung gegen Kompensation[233]. Im GmbH-Recht ist aber gerade eine engere Bindung der Gesellschafter untereinander und gegenüber der Gesellschaft zu beachten. Hieraus verbietet sich, zunächst schädigende Einflüsse zuzulassen und diese erst im nachhinein zu beseitigen[234]. Vielmehr ist unverzüglich regulierend einzugreifen[235]. Somit ist auch das Haftungsmodell des einfach faktischen AG-Konzerns nicht auf einfach faktische GmbH-Konzerne übertragbar[236].

Die Unmöglichkeit einer Gesamtanalogie zum Konzernrecht der AG darf aber nicht den Blick auf die Übertragbarkeit einzelner Vorschriften verstellen. Unter gewissen Umständen können einzelne Regelungen mit Schutzfunktion für Minderheitsgesellschafter und Gläubiger auf das GmbH-Recht angewandt werden.

Hier sind die rechtsformneutralen Definitionsnormen der §§ 15 ff. AktG für die Begriffsbestimmungen des allgemeinen Konzernrechtes zu nennen[237]. Weiterhin nicht ausgeschlossen ist die analoge Übernahme der formalen Anforderungen an den Abschluss eines Beherrschungs- und Gewinnabführungsvertrages in Anlehnung an § 293 AktG[238].

Mit Blick auf die unterschiedlichen Gesellschaftsstrukturen wird deutlich, dass aufgrund eines normierten reinen AG-Konzernrechtes eigenständige Entwicklungen angestoßen werden mussten bzw. noch müssen. Eine

---

[231]  *Lutter/Hommelhoff*, GmbHG, Anh. 13, Rdnr. 9 f. ; *Emmerich*, in: Scholz, GmbHG, Anh. KonzernR, Rdnr. 12; *Koppensteiner*, in: Rowedder, GmbHG, Anh. n. § 52, Rdnr. 3; *Zöllner*, in: Baumbach/Hueck, GmbHG, Schlußanhang I GmbH-KonzernR, Rdnr. 5; *Zeidler*, in: Michalski, GmbHG, Syst. Darst. 4, Rdnr. 236.

[232]  Dies zeigt sich beispielhaft an der Haftungsregelung im einfach faktischen Konzern, da nachteilige Maßnahmen, solange sie einzelausgleichsfähig sind, bis zum Ausgleich am Ende des Geschäftsjahres folgenlos sind.

[233]  *Lutter/Hommelhoff*, GmbHG, Anh. § 13, Rdnr. 16.

[234]  Ähnlich *Lutter/Hommelhoff*, GmbHG, Anh. § 13, Rdnr. 16.

[235]  *Rehbinder*, AG 1986, 95, 98.

[236]  *Eschenbruch*, KonzernhaftungsR, Rdnr. 3362.

[237]  *Emmerich*, in: Emmerich/Sonnenschein, KonzernR, § 23, S. 444; *Goette*, Die GmbH, § 9, Rdnr. 1.

[238]  BGHZ 105, 324 „Supermarkt".

vollständige Analogie der Regelungen des AktG ist dennoch weder darstellbar noch empfehlenswert[239].

Dennoch ist die Behandlung der nachteiligen Einflussnahmen in einem faktischen GmbH-Konzern auf vertikaler Ebene interessant. Die Interessenlage der Gläubiger der geschädigten abhängigen Konzerngesellschaft bleibt von der Feststellung unberührt, ob die Einflussnahmen und die eventuelle Verschiebung von z. B. Vermögensgegenständen in vertikaler oder horizontaler Richtung geschehen ist. Daher könnten die für den faktischen Konzern entwickelten Haftungstatbestände und deren Herleitung auch eine Grundlage für die horizontale Haftung darstellen.

### 1.) Ansatzpunkte aus der faktische Konzernhaftung für die Horizontalhaftung

In der Vergangenheit standen verschiedene Modelle zur Diskussion, um dem einfach faktischen GmbH-Konzernen eine nahezu maßgeschneiderte Haftungsverfassung zu geben. Ziel aller Bestrebungen ist der Schutz der Minderheitsgesellschafter, der abhängigen Gesellschaft und deren Gläubigern[240]. Dieses Ergebnis wird durch verschiedene Herleitungen versucht zu erreichen, wobei teilweise nur minimale Unterschiede in der Begründung existieren.

### a) Verschiedenartige Ansatzpunkte der Literaturmodelle

In der Literatur werden auch heute noch verschiedene Ansätze diskutiert, welche sich im Überblick auf einige Grundmuster beschränken. Allen gemein ist der Ansatz bei der engen Verbindung der Gesellschafter untereinander und zur Gesellschaft. Aus diesem Grunde ist u. U. auch eine Übertragbarkeit auf horizontale Ebene möglich.

### (1) Treuepflicht innerhalb der GmbH

Die überwiegende Meinung in der Literatur knüpft an die Treuepflicht des herrschenden Gesellschafters gegenüber den anderen Gesellschaftern an[241]. Die Treueverbindung resultiert hierbei unmittelbar aus dem Gesellschaftsverhältnis

---

[239] *Koppensteiner*, in: Rowedder, GmbHG, Anh. n. § 52, Rdnr. 5.

[240] *Zöllner*, in: Baumbach/Hueck, GmbHG, Schlußanh. I GmbH-KonzernR, Rdnr. 73 ff.

[241] Umfangreiche Nachweise bei *Emmerich*, in: Scholz, GmbHG, Anh. KonzernR Rdnr. 68; *Koppensteiner*, in: Rowedder, GmbHG, Anh. n. § 52, Rdnr. 53 ff.; *Hüffer*, GesellschaftsR, § 35, S. 369; *Ulmer*, in: Hachenburg, GmbHG, Anh. § 77, Rdnr. 76 ff.; *Schneider/Burgard*, in: FS Ulmer, S. 579, 591.

an sich und ist als immanenter Teil einer Gesellschafterstellung zu bewerten[242]. Im „ITT"-Urteil[243] hat der Bundesgerichtshof anerkannt, dass nicht auch die Beziehungen der Gesellschafter untereinander von einer gesellschaftsrechtlichen Treuepflicht geprägt sein können[244]. Diese gesteigerte Treuepflicht bildet die Grundlage für die bei sämtlichen Maßnahmen in der abhängigen Gesellschaft erforderliche Rücksichtnahme des herrschenden Unternehmens auf den gemeinsamen innergesellschaftlichen Zweck sowie die Interessen der Mitgesellschafter[245]. Vereinfacht gesagt: Der herrschende Gesellschafter muss die Rechtsgedanken der §§ 242, 705 BGB beachten und innerhalb der Gesellschaft umsichtig mit der Mehrheitsmacht umgehen. Als Haftungsmaßstab wird hierbei i. d. R. § 43 GmbHG herangezogen[246]. Aus den gesteigerten Treuepflichten ergibt sich in der Konsequenz ein Verbot jeder schädigenden Einflussnahme auf die abhängige Gesellschaft[247]. Eine Treuepflicht erübrigt sich aber in den Fällen, in denen lediglich ein Gesellschafter vorhanden ist. Insofern ist der Gedanke der „ITT"-Entscheidung[248] in diesem Fall nicht mehr einschlägig[249].

### (2) Analogie zu den Bestimmungen §§ 311-318 AktG

Entgegen der eindeutigen Richtung der Rechtsprechung und der Mehrheit der Literatur wird gelegentlich doch vertreten, die Regelungen des AktG seien aufgrund ihrer Analogiefähigkeit heranzuziehen[250]. Demzufolge sind die Regelungen in der für einen einfachen faktischen Aktienkonzern anzunehmenden Form anwendbar.

Dies wird aber richtigerweise mehrheitlich abgelehnt[251]. Der *Bundesgerichtshof* hat bereits in der Autokran-Entscheidung[252] deutlich darauf hingewiesen, dass

---

[242]    *Pentz*, in: Rowedder, GmbHG, § 13, Rdnr. 35 ff.; *Dreher*, DStR 1993, 1632.

[243]    BGH DB 1975, 2172.

[244]    *Rosenbach*, in: Handbuch GmbH, § 17, Rdnr. 164.

[245]    *Habersack*, in: Emmerich/Sonnenschein, KonzernR, § 24, S. 452.

[246]    *Emmerich*, in: Scholz, GmbHG, Anh. KonzernR, Rdnr. 68.

[247]    Deutlich auch *Altmeppen*, in: Roth/Altmeppen, GmbHG, Anh. § 13, Rdnr. 140

[248]    BGH DB 1975, 2172

[249]    *Altmeppen*, ZIP 2001, 1837, 1842.

[250]    *Rowedder*, in: Hommelhoff, Entwicklungen im GmbH-Konzernrecht, S. 20 ff.; *Kropff*, in: FS Kastner, 1992, S. 279, 296 ff.

[251]    Z.B. durch *Koppensteiner*, in: Rowedder, GmbHG, Anh. n. § 52, Rdnr. 53, welche auf die Unterschiede zwischen der Stellung als Vorstand und Geschäftsführer abstellt; *Bermel*, in: Bonner Handbuch GmbH, Q-GmbH-Konzernrecht, Rz. 77.

die Normen des faktischen Aktienkonzerns wegen der strukturellen Unterschiede zwischen den Gesellschaftsformen der AG und der GmbH nicht ohne weiteres auf einen faktischen GmbH-Konzern Anwendung finden können. Vielmehr ist hier auf die gesteigerten Treuepflichten mit Schutzrichtung auf den gemeinsamen Zweck sowie die legitimen Interessen der anderen beteiligten Unternehmen Rücksicht zu nehmen[253]. Dieses führt zu einem strikten und umfassenden Schädigungsverbot. Eine Anwendung der §§ 311 ff. AktG scheidet aus.

### (3) Sonderrechtsbeziehung

Während das o. g. Treupflicht-Modell sich auf die mitgliedschaftliche Stellung des herrschenden Gesellschafters bezieht, versucht die Sonderrechtstheorie auf die Beziehung des herrschenden und beherrschten Unternehmens außerhalb der mitgliedschaftlichen Gesellschafterebene abzustellen[254]. Die Haftung wird nicht durch der mitgliedschaftlichen Beteiligung des herrschenden Unternehmens begründet, sondern aufgrund einer aus der Abhängigkeit resultierende Sonderrechtsbeziehung[255].

### (4) Konzernverschuldenshaftung

Im Zusammenhang mit dem Stichwort der Konzernverschuldenshaftung geht es den Vertretern[256] darum, dass ein herrschendes Unternehmen im Konzern gegenüber anderen Konzerngesellschaften verpflichtet ist, eine gebotene Rücksicht auf deren wirtschaftliche Selbständigkeit und Existenzfähigkeit anzuwenden. Folgerichtig ergibt sich bei einem Verstoß gegen diese Pflicht ein Anspruch aus positiver Vertragsverletzung.

### (5) Organhaftung

Als letztes erwähnenswertes Haftungsmodell ist die Theorie unter dem Stichwort „Organhaftung" zu nennen[257]. Dieses Haftungsmodell beruht auf der Annahme, der herrschende Gesellschafter setze sich durch die Beherrschung der

---

[252]  Siehe Seite 74.

[253]  *Emmerich*, in: Scholz, GmbHG Anh. KonzernR, Rdnr. 68.

[254]  *Limmer*, Die Haftungsverfassung des faktischen GmbH-Konzerns, S. 64 ff.

[255]  Ähnlich: *Schmidt*, GesellschaftsR, § 39 III 2. b).

[256]  *Schneider*, ZGR 1980, 511, 532; *Lutter*, ZGR 1987, 324, 362 ff.

[257]  *Wilhelm*, DB 1986, 2113, 2117; *Konzen*, NJW 1989, 2977, 2985 ff.

abhängigen GmbH in die Stellung eines Geschäftsführers. Entsprechend wäre er dann auch analog § 43 GmbHG haftbar[258].

## b) Rechtsprechung

Die Rechtsprechung hat zögerlich Bereitschaft signalisiert, Schranken der Mehrheitsherrschaft in faktischen GmbH-Konzernen anzuerkennen. Während der BGH zunächst in derartigen Strukturen nur dann einen Schadensersatzanspruch des herrschenden Gesellschafters gegenüber den anderen Gesellschaftern in der GmbH annahm, wenn die Voraussetzungen des § 826 BGB vorlagen[259], wandte er in der „ITT"-Entscheidung[260] erstmals den Grundsatz an, die Mehrheit sei durch die Einflussnahme auf die Geschäftsführung der abhängigen GmbH bei Beeinträchtigung verpflichtet, eine gebotene Rücksicht zu nehmen. Diese Entscheidung überraschte zunächst, da die Bundesregierung im Entwurf für ein GmbH-Konzernrecht aus dem Jahr 1973 eine analoge Anwendung der §§ 311 ff. AktG vorsah[261]. Seitdem hält die Rechtsprechung aber daran fest, dass die Grundlage des Minderheitenschutzes nicht eine Analogie zu den §§ 311 ff. AktG, sondern ein umfassendes Schädigungsverbot für die Mehrheit ist[262]. Deutlich stellt der BGH in einer seiner letzten Entscheidungen den Vorrang der Kapital-erhaltungsvorschriften neben den besonderen Treuepflichten der Gesellschafter untereinander heraus[263]. Insoweit ist die Begeisterung von *K. Schmidt* über eine angebliche Änderung der Rechtsprechung bezüglich einfach faktischer GmbH-Konzerne im Rahmen der „Bremer Vulkan"-Entscheidung unverständlich[264], da die speziellen Treuepflichten zwischen den Gesellschaftern und der Gesellschaft schon vorher anerkannt waren.

---

[258] Ebenso *Rehbinder,* ZGR 1977, 581, 640 ff.; widersprüchlich *Habersack,* in: Emmerich/Sonnenschein, KonzernR, § 24, S. 454.

[259] BGHZ 35, 258.

[260] BGHZ 65, 15 ff.

[261] §§ 247 ff. des Regierungsentwurfes eines GmbH-Gesetzes in: BT-Drucks. 7/253.

[262] BGHZ 80, 69, 74 ff. „Süssen", 89, 162, 166 ff. „Heumann/Oglivy"; BGHZ 115, 187, 193 „Video"; NJW 1993, 1200 „TBB".

[263] BGH NJW 2001, 3622, 3623.

[264] *Schmidt,* NJW 2001, 3577 ff.

### c) Stellungnahme zum Meinungsstand

Die vorgenannten Ansätze müssen zunächst auf ihre generelle Anwendbarkeit im GmbH-Recht hin untersucht werden. Im Anschluss gilt es zu analysieren, wie sich eine Mehrstufigkeit innerhalb eines GmbH-Konzerns auf das Haftungskonzept auswirkt.

So einfach es auch scheinen mag, die Regelungen des AktG (§§ 311 ff. AktG) auf den einfachen GmbH-Konzern zu übertragen, ist der falsche Weg[265]. Bei einer Anwendung der gesamten Regelungen des AktG wird außer Acht gelassen, dass o. g. grundlegende Strukturunterschiede zwischen der AG und der GmbH bestehen[266]. Auch die Neigung des AktG, zunächst zu versuchen, schädigende Einflussnahmen im nachhinein zu beseitigen bzw. auszugleichen, kann aufgrund der naturgemäß engeren Verbindung in der GmbH nicht akzeptiert werden. Die GmbH weist trotz ihrer körperschaftlichen Verfassung eine deutliche Nähe zur Personengesellschaft auf, da wirtschaftliche Betätigung und organisatorische Ausgestaltung häufig dem unmittelbaren Einfluss der einzelnen Gesellschafter unterliegen[267].

Ein reiner Minderheitenschutz über die Statuierung einer Organhaftung geht über die Möglichkeit einer Rechtsfortbildung hinaus. Zwar hat diese den Vorteil, dass sie nicht auf das Bestehen von gesellschafterlichen Treupflichten abstellt. Das GmbHG bezieht seine normierten Organhaftungsregeln eben ausschließlich auf die ausdrücklich vorgesehenen Organe. Eine Erweiterung auf die Gesellschafter würde aber die Grenzen zwischen Gesellschafter und von den Gesellschaftern bestimmten Organen, wie z. B. Geschäftsführer, eindeutig überschreiten. Die Haftung des Geschäftsführers als Organ endet dort, wo die Gesellschaft Schäden aufgrund seiner Handlung nach Weisung der Gesellschafter erleidet, § 37 Abs. 1 GmbHG. Einer Organhaftung eines (mittelbar) herrschenden Gesellschafters stehen *de lege lata* durchgreifende dogmatische Bedenken entgegen[268]. Eine derartige Haftungsherleitung verstößt offensichtlich gegen das Gesetz und würde die Grenzen zwischen Organ und Gesellschafter zu stark verwischen. Es ist nicht nachzuvollziehen, warum man einen Gesellschafter wegen eines Verhaltens, das ihm in dieser Eigenschaft untersagt ist, nicht als solchen, sondern auf dem Umweg über § 43 GmbHG haftbar zu machen beabsichtigt[269].

---

[265]  So auch *Lutter*, ZGR 1982, 244, 260 f.; *Assmann*, JZ 1986, 928; *Rehbinder*, AG 1986, 85, 88.

[266]  In diesem Sinne *Koppensteiner*, in: Rowedder, GmbHG, Anh. n. § 52, Rdnr. 53.

[267]  *Gätsch*, Gläubigerschutz im qualifiziert faktischen GmbH-Konzern, S. 28.

[268]  *Paschke*, AG 1988, 196, 202; *Priester*, ZGR 1993, 512, 518; *Hüffer*, NJW 1982, 428; a. A. *Altmeppen*, ZIP 2001, 1837, 1844.

[269]  *Ulmer*, ZIP 2001, 2021, 2025.

Eine Konzernverschuldenshaftung ist jedoch nicht geeignet, die Stellung der Minderheitsgesellschafter zu stärken. Als alleinige Grundlage eines Konzernrechtes reicht sie schon deshalb nicht aus, da die Konkretisierung der Grundsätze ordnungsgemäßer Konzerngeschäftsführung noch immer sehr schwierig ist. Auch werden auf diesem Wege konzernrechtliche Fragen auf allgemeine Rechtsgedanken gestützt, welche gerade aufgrund ihrer Allgemeingültigkeit keinerlei spezielle Mechanismen für das Konzernrecht im Besonderen beinhalten.

Die Theorie der Sonderrechtsverbindung sieht sich ebenfalls diesem Einwand ausgesetzt. Zudem ist fraglich, inwieweit es überhaupt notwendig ist, eine neue Rechtsbeziehung neben der Treuepflicht der Gesellschafter untereinander und der Konzernhaftung aus positiver Vertragsverletzung zu schaffen. Darüber hinaus drängt sich der Gedanke auf, gerade die Treuepflicht an sich sei zumindest mitverantwortlich für die Entstehung der Sonderrechtsbeziehung[270].

Die beiden letztgenannten Theorien führen im Ergebnis trotz des differierenden Ansatzes zu den identischen Ergebnissen. Letztlich geht es in diesen Fällen nur darum, ein Rechtsverhältnis außerhalb der gesellschaftsrechtlichen Ebene der Gesellschafter untereinander zu kreieren.

Bei genauerer Betrachtung ist die Ausgangslage aller oben angeführten Erklärungsansätze einzig der Gedanke, dass von einem Mehrheitsgesellschafter ein vorsichtiger Umgang mit seiner vom GmbHG verliehenen oder zumindest vom GmbHG geduldeten Macht verlangt wird und er ggf. gegenüber der Gesellschaft schadenersatzpflichtig ist, wenn er dieser Vorsicht nicht genügend Beachtung schenkt. Dieses Verhältnis ist nichts anderes als ein Treueverhältnis untereinander. Die o. g. Ansätze (bis auf den Vertreter der analogen Anwendung des AktG) umschreiben dies lediglich auf verschiedene Weise und verwenden unterschiedliche Begrifflichkeiten. Dies wird insbesondere dadurch deutlich, dass es allen Ansichten im Ergebnis nur darum geht, die typischen Gefahren, die mit einer Abhängigkeit von einem anderen Unternehmen einhergehen, zu neutralisieren[271].

Aus diesem Grunde ist geboten, bei der Herleitung der Haftungsregeln auf die bereits bekannte und entwickelte gesellschaftsrechtliche Treuepflicht der Gesellschafter untereinander abzustellen und keine neuen Sonderbeziehungen o. ä. zu definieren. Die Treuepflicht ist als Ausfluss der Verbindungen der Gesellschafter untereinander das geeignete Mittel, die Haftungsgrundlage darstellen zu können. Damit bleibt die Haftungsgrundlage auf der Ebene bzw.

---

[270]   Ohne eine Treuepflicht wäre eine Sonderrechtsbeziehung überflüssig, da die Rechtspositionen des herrschenden Gesellschafters und der abhängigen Gesellschaft erst durch die Notwendigkeit des Schutzes der Minderheitsgesellschafter miteinander verbunden werden.

[271]   *Kiethe/Groeschke*, NZG 2001, 504, 505.

setzt auf der Ebene an, auf der die nachteilige Beeinflussung innerhalb der beherrschten Gesellschaft tatsächlich zum Tragen kommt[272]. Diese gesellschaftsrechtliche Treuepflicht ist heute als schuldrechtliches Rücksichtnahme- und Schädigungsverbot (*fiduciary duty*) allgemein anzuerkennen[273].

Einzig die Treuepflicht vermag zur Fragestellung führen, inwieweit diese sich im vertikalen und horizontalen Verhältnis zwischen Konzerngesellschaften und insbesondere Konzernschwestergesellschaften auswirken.

## 2.) Fazit

Das Haftungskonzept im einfach faktischen GmbH-Konzern ist geprägt von der Annahme der gesteigerten Treuepflichten innerhalb der Gesellschaft. Diese setzen sich bei den Ansprüchen der Gesellschaft und der Gesellschafter gegenüber dem herrschenden Unternehmen fort und stellen die Grundlage für deren Ersatzansprüche dar.

Die Haftungsregeln zum Schutz vorhandener Minderheitsgesellschafter setzen dann ein, wenn das herrschende Unternehmen durch Leitungsmacht in die Geschäftsabläufe der abhängigen Gesellschaft eingreift[274].

## C) Erkenntnisse aus der Annahme eines faktischen GmbH-Konzerns für die horizontale Ebene

Unzweifelhaft muss festgestellt werden, dass es bei der Frage der Treuepflicht und deren Verletzung lediglich um ein internes Verhältnis zwischen beherrschendem und beherrschten Unternehmen handelt. Außenstehende Gläubiger einer beherrschten und benachteiligten Tochtergesellschaft sind nicht in den Schutzbereich der Treuepflicht einbezogen, so dass die Treuepflichtverletzung nicht zu einem direkten Anspruch der außenstehenden Gläubiger gegen eine andere Konzernschwestergesellschaft führen kann.

Im Bereich des Gläubigerschutzes können diese Treuepflichten nicht direkt zu Gunsten der Gläubiger wirken, da sie ihren Ursprung in der mitgliedschaftlichen Verbindung der beteiligen Personen und Unternehmen finden. Der Gläubiger ist daher grundsätzlich darauf angewiesen, den „regulären" Weg der Geltendmachung seiner Forderungen zu gehen. Der Entwicklung hin zu einer horizontalen Konzernhaftung kann aufgrund dieser Folgerung nicht anhand der faktischen GmbH-Konzernverfassung betrieben werden.

---

[272]     Nämlich meist innerhalb der Gesellschafterversammlung.

[273]     *Lutter/Hommelhoff*, GmbHG, § 14, Rdnr. 18 mit weiteren Nachweisen.

[274]     *Decher*, in: MünchHb. GmbH, § 70, Rdnr. 18.

## § 4 Die Haftungsverfassung des qualifiziert faktischen Konzerns als Grundlage für eine horizontale Haftung

Der Begriff des qualifiziert faktischen Konzerns ist in der heutigen Konzernhaftungsdiskussion zu einem Schlagwort geworden. Die Entwicklung der Kennzeichen und Rechtsfolgen des qualifiziert faktischen Konzerns ergibt sich als logische Konsequenz der eingeschränkten tatsächlichen Anwendbarkeit der Regelungen des einfachen faktischen Konzerns bei bestimmten Gegebenheiten. Das normierte Haftungssystem der §§ 311 bis 318 AktG ist nicht in der Lage, Konzernsituationen zu beherrschen, in denen die Einflussnahme des herrschenden Unternehmens eine derartige Dichte gewonnen hat, dass einzelnen Maßnahmen nicht mehr isoliert und ausgeglichen werden können[275]. Dies macht es erforderlich, in solchen Fällen den betroffenen Gesellschaften und mithin ihren Gläubigern und Minderheitsgesellschaftern in entsprechender Anwendung der Normen für den Vertragskonzern Schutz zu gewähren[276].

Auch die Behandlung von qualifiziert faktischen Konzernen ist folglich daraufhin zu untersuchen, ob die Entwicklung der Haftungsverfassung bei derartigen starken Einflussnahmen Ansatzpunkte enthält, welche Grundlage auch der horizontalen Haftung sein können; im Ergebnis also die vertikale Haftungsbegründung auf die horizontale Ebene umgeleitet werden kann.

Im Gesamtüberblick stellt sich die Gruppe der qualifiziert faktischen Konzerne als eine Unterart der einfach faktischen Konzerne dar, so dass Teile der Begriffs- und Anwendungsbestimmungen übertragbar sind.

### A) Entwicklungen zur generellen Haftungsverfassung

Wie oben dargestellt, ist die Diskussion um das GmbH-Konzernrecht spätestens seit der Kodifizierung des Aktienkonzernrechtes im Jahre 1965 Gegenstand des wissenschaftlichen Interesses, wobei es von Seiten des Gesetzgebers lediglich zu einer kleinen Novelle des GmbH-Rechts im Jahre 1980 kam[277]. Das damals ausgesparte GmbH-Konzernrecht führte dazu, dass Rechtsprechung und Wissenschaft die Schaffung dieses Rechtskomplexes anstrebten.

Hauptdiskussionspunkt war und ist teilweise immer noch die Frage, ob es für eine Konzernhaftung ausreichend ist, dass die Verbindung zwischen den

---

[275] Grundlegend u. a. BGHZ 95, 330, 340 ff.; siehe auch die authentische Interpretation von *Stimpel,* AG 1986, 117.

[276] Arbeitskreis GmbH-Reform Bd. 2, S. 49 ff.

[277] BGBl. I, S. 836.

beteiligten Gesellschaften gewisse Strukturmerkmale (Konzernzustandshaftung) aufweist oder ob noch weitere verhaltensorientierte Merkmale (Konzernverhaltenshaftung) zur Haftungsbegründung mit heranzuziehen sind.

### I.) Konzernvertrauenshaftung nach den Regel der c.i.c.

Die haftungsrechtliche Behandlung von Unternehmens-zusammenschlüssen erfuhr mit Einführung der einer Konzernvertrauenshaftung in der Schweiz eine neue Grundlage[278]. Der einvernehmliche Auftritt der Konzernunternehmen als einheitlicher Konzern soll u. U. zu einem Haftungsanspruch von Gläubigern gegen die Konzernunternehmen führen. Einen gewissen Charme kann man den Entscheidungen der Schweizer Richter nicht absprechen[279]. Die Benennung der Konzernmitglieder und das werbemäßige Auftreten im Wirtschaftsleben als Teil dieses Konzerns würde zu einer einfach feststellbaren Haftung der Konzernmitglieder führen[280]. In der Einfachheit liegen jedoch ebenfalls die Kritikpunkte, welche eine Übertragbarkeit des Konzeptes der Konzernvertrauenshaftung auf das hiesige Konzernrecht ausschließen. Das Schweizer Bundesgericht leitet seine Entscheidung aus einer Verallgemeinerung der Grundsätze der *culpa in contrahendo* her[281] und begründet in seinen Entscheidungen die Haftung aufgrund vertrauenserweckender Maßnahmen der Konzernobergesellschaft in Vertragsverhandlungsverhältnissen[282]. Wenn also die Muttergesellschaft besonderes Vertrauen beim Vertragsabschluß der Gläubiger mit einer Tochtergesellschaft ausnutzt, liegt aber schon nach den anerkannten Regelungen ein Fall der c. i. c. vor[283]. Somit handelt es sich nicht um eine Haftung aufgrund konzernrechtlicher Strukturen[284]. Diese Haftungslage lässt sich allein durch die

---

[278]   BGE 120 II, 331.

[279]   Umfangreiche Literaturverzeichnisse bei *Fleischer*, NZG 1999, 685 ff.

[280]   BGE 120 II 331, 336; siehe auch *Vogel*, in: FS Druey,

[281]   Vergl. BGE 120 II 331, 335.

[282]   Vergl. BGE aaO; siehe auch *Vogel*, in: FS Druey, S. 607, 626 ff. welcher von einer entstehenden Organstellung durch Kundgabe spricht. Letztlich geht es darum, dass eine Haftung eintreten soll, wenn nach außen der Eindruck erweckt wird, dass bestimmte Organaufgaben durch ein anderes Unternehmen wahrgenommen wird.

[283]   *Larenz*, SchuldR I AT, § 9 I, S. 114; hierzu schon *Milde*, Der Gleichordnungskonzern im Gesellschaftsrecht, S. 211 f.; generell hierzu OLG Düsseldorf NZG 2001, 368, 371; *Lutter*, Holding-Handbuch, F 21.

[284]   Im Ergebnis auch *Römermann/Schröder*, in: Römermann, MAH GmbH-Recht, § 21, Rdnr. 163 ff; ebenso *Lutter*, in: FS Knobbe-Keuk, S. 229, 241, welcher ausdrücklich darauf abstellt, dass ein Konzern aus rechtlich selbständigen Unternehmen besteht und daher alleine kein Haftungstatbestand darstellen; *Druey*, in: FS Lutter, S. 1069, 1071,

Anwendung der allgemeinen zivilrechtlichen Grundsätze erfassen. Eine Durchbrechung der Selbständigkeit der einzelnen Rechtsträger aufgrund eines konzernrechtlichen Zusammenschlusses ist nicht notwendig, da es sich nicht um die Erfassung der typischen, durch eine mitgliedschaftliche Verbindung ausgelösten Gefährdungslage handelt[285].

Sollten Muttergesellschaften schon heute als Vertreter oder in vertreterähnlicher Stellung bei Vertragsverhandlungen zwischen Dritten und Tochtergesellschaften auf die Verbindung derselben zum Mutterunternehmen und eine eventuell hieraus resultierende Sicherheit der Vertragserfüllung hinweisen, wäre auch in Deutschland eine Haftung aus den Grundsätzen der c. i. c. zu prüfen[286]. Eine derartige Konstellation liegt i. d. R. in den Konzernhaftungsfällen jedoch nicht vor, da sich die typische Gefährdungslage innerhalb eines Konzerns gerade aus der Abhängigkeit und der Ausübung von Leitungsmacht ergibt. Hierbei handelt es sich aber um interne Vorgänge, die sich grundlegend von den Tatbeständen der c. i. c.-Haftung unterscheiden[287].

## II.) Konzernzustandshaftung

Die Verfechter[288] einer Konzernstruktur- oder Konzernzustandshaftung sehen die Lage des qualifiziert faktischen Konzern als vergleichbar mit der Lage eines Vertragskonzerns. Die Haftung soll allein aufgrund objektiv feststellbarer organisatorischer Merkmalen eingreifen[289]. Teilweise stellen sie auch darauf ab, dass das beherrschte Unternehmen wie eine unselbständige Betriebsabteilung des herrschenden Unternehmens geführt wird[290], oder es wird für ausreichend erachtet, dass das herrschende Unternehmen in einzelnen[291] oder sämtlichen zentralen unternehmerischen Bereichen die Leitung übernommen hat[292].

---

welcher deutlich macht, dass die Konzernverbindung per se keine Haftungsfolgenhaben kann, sondern qualifizierende Verhaltensweise hinzukommen müssen.

[285] Im Ergebnis *Lutter*, Holding-Handbuch, F 26.

[286] *Pentz*, in: Rowedder, GmbHG, § 13, Rdnr. 160.

[287] *Römermann/Schröder*, in: Römermann, MAH GmbH-Recht, § 21, Rdnr. 164 f.

[288] *Ulmer*, AG 1986, 123, 128; *Wiedemann*, ZGR 1986, 656, 664 ff.; *Decher*, DB 1989, 965, 968; *Vonnemann*, DB 1990, 217, 220 f.

[289] In diesem Sinne *Assmann*, JZ 1986, 928, 937.

[290] *Scheffler*, AG 1990, 173 ff.; *Priester*, ZIP 1986, 137, 142.

[291] *Kort*, Der Abschluß von Beherrschungs- und Gewinnabführungsverträgen im GmbH-Recht, S. 31.

[292] *Hoffmann-Becking* in: Probleme des Konzernrechts, S. 68, 78.

Alleine das Bestehen einer vertragskonzernähnlichen Struktur birgt die Gefahr der Verletzung von z. B. Gläubigerinteressen und Interessen der abhängigen Gesellschaft. Dies kann sich besonders bei einer Verletzung der Kapitalerhaltungsvorschriften zeigen, da die Schutzmechanismen der §§ 302, 303 AktG direkt nicht greifen können.

### III.) Konzernverhaltenshaftung

Die Gegenauffassung sieht mangels eines zwingenden Anhaltspunktes für eine automatische Beeinträchtigung der abhängigen Gesellschaft in einer derartig engen Strukturierung eine unmittelbar vergleichbare Lage mit einem Vertragskonzern nicht für ohne weiteres als gegeben an. Erst wenn die Interessen der abhängigen Gesellschaft aufgrund des Einflusses nachhaltig und unausgleichbar verletzt werden, muss eine erweiterte Konzernhaftung eingreifen[293].

### B) Entwicklung der Rechtsprechung hin zur heutigen Konzernhaftung

Der *Bundesgerichtshof* hat in der Entwicklung der heutigen Konzernhaftung eine entscheidende Rolle übernommen und in der Vergangenheit durch verschiedene kontroverse Urteile das Feld des qualifiziert faktischen Konzerns ins Blickfeld der Wissenschaft gebracht.

### I.) „Autokran"-Entscheidung

Die „Autokran"-Entscheidung des *Bundesgerichtshofes*[294] ist heute unbestreitbar als Ausgangspunkt der Diskussion um Konzernzustands- und Konzernverhaltenshaftung zu sehen und umfangreich in der Literatur kommentiert worden[295]. Dort hatte die Klägerin mit sieben GmbH`s Leasingverträge über Autokräne geschlossen. Die Verwaltung der einzelnen Gesellschaften wurde durch eine gesonderte Verwaltungs-GmbH durchgeführt. Nachdem die Gesellschaften in der Zwangsvollstreckung ausgefallen waren, wollte sich die Klägerin an dem Alleingesellschafter aller GmbH`s schadlos halten. Der *Bundesgerichtshof* erkannte hier zum ersten Mal die Rechtsfigur des

---

[293]    *Lutter,* ZIP 1985, 1425, 1433; *Stodolkowotz,* ZIP 1992, 1517, 1521 f.; *Rehbinder,* AG 1986, 85, 96; *Drygala,* GmbHR 1993, 317, 319.

[294]    BGHZ 95, 330.

[295]    Siehe hierzu z. B. *Assmann,* JZ 1986, 881; *ders.* JZ 1986, 928; *Emmerich,* GmbHR 1987, 213; *Lutter,* ZIP 1985, 1425; *Ulmer,* NJW 1986, 1579; *Wiedemann,* ZGR 1986, 656; *Werner,* in: FS Goerdeler, S. 677 ff.; *Kübler,* in: FS Heinsius, S. 397 ff.

qualifiziert faktischen Konzerns an und bejahte eine Haftung des herrschenden Gesellschafters, da dieser eine umfassende und dauernde Leitungsmacht ausgeübt habe. Allerdings könne der herrschende Gesellschafter die implizierte Vermutung, dass auf die Belange der abhängigen Gesellschaften nicht genügend Rücksicht genommen wurde, entkräften, sofern ein pflichtgemäß handelnder Geschäftsführer einer selbständigen GmbH genauso verfahren hätte. Damals gelang dies dem Beklagten allerdings nicht, so dass hier seitens des *Bundesgerichtshofs* die §§ 302, 303 AktG analog zur Anwendung kamen[296]. In der Konsequenz führt dies dazu, dass der *Bundesgerichtshof* damals kein reines Modell einer Konzernzustands- oder Konzernverhaltenshaftung verfolgte, sondern ein Mischsystem[297].

## II.) „Tiefbau"-Entscheidung

In der zeitlich folgenden „Tiefbau"-Entscheidung[298] konkretisierte der *Bundesgerichtshof* den Anwendungsbereich und die Rechtsfolgen. Nachdem der Bundesgerichtshof den § 303 AktG für die Konzernhaftung herangezogen hatte[299], bejahte er in diesem Urteil jetzt ebenfalls die Anwendung des § 302 AktG mit dem Argument, dass beide Vorschriften eng zusammengehören[300]. Allerdings führte diese Konkretisierung auch zu einer Aufgabe des Erfordernisses, dass die Haftung von der pflichtwidrigen Führung der Geschäfte der abhängigen Gesellschaft durch das herrschende Unternehmen abhängt. Es sollte aber weiterhin die Chance bestehen zu widerlegen, dass die Verluste auf der dauernden und umfassenden Leitungsmacht der herrschenden Gesellschaft beruhen[301]. Entgegen einigen Stimmen in der Literatur[302] kann man dennoch nicht davon sprechen, dass der *Bundesgerichtshof* hier quasi im Vorgriff auf das

---

[296]  BGHZ 95, 330, 345. Damals hinsichtlich der analogen Anwendung der §§ 302, 303 AktG für den qualifiziert faktischen AG-Konzern siehe *Koppensteiner*, in: KK AktG, Vorb. § 311, Rdnr. 24.

[297]  So auch *Gätsch*, Gläubigerschutz im qualifiziert faktischen GmbH-Konzern, S. 57.

[298]  BGHZ 107, 7.

[299]  BGHZ 95, 330, 346 f.

[300]  BGH ZIP 1989, 440, 443 mit Hinweis auf *Stimpel*, in: FS Goerdeler, S. 601, 618.

[301]  BGHZ 107, 7, 18.

[302]  *Decher*, DB 1989, 965, 966; *Vonnemann*, BB 1990, 217, 221.

„Video"-Urteil[303] eine Konzernzustandshaftung verfolgte, da die Möglichkeit einer Entlastung eindeutig ein Element der Verhaltenshaftung darstellt[304].

### III.) „Video"-Entscheidung

Erst durch das „Video-Urteil"[305] wollte der *Bundesgerichtshof* eine reine Konzernzustandshaftung normieren und legte dar, dass es sich bei der Konzernhaftung nicht um eine Haftung wegen schuldhaft nicht ordnungsgemäßer Geschäftsführung, sondern um die Pflicht zur Übernahme des Risikos, das sich aus der Einbindung in die übergeordneten Konzerninteressen ergibt, geht[306]. Dies löste in der Literatur geradezu „Erdbeben"[307] und ein „Sturmtief"[308] aus[309], da plötzlich aus einem Ausnahmetatbestand entsprechend der „Autokran"-Entscheidung der Regelfall einer Konzernhaftung gerade im Hinblick auf die Verbreitung von konzernabhängigen Gesellschaften mit natürlichen Personen als Konzernherren mit Geschäftsführungsaufgaben hergeleitet wurde.

Die Sprengkraft der „Video"-Entscheidung liegt aber in der Deutlichkeit, mit der das Grundprinzip des GmbH-Rechts, nämlich die Beschränkung der Haftung auf das Gesellschaftsvermögen gem. § 13 Abs. 2 GmbHG, beeinträchtigt wird. Zwar war der eingeschlagene Weg des *Bundesgerichtshofes* nicht als reine Strukturhaftung zu sehen, da zumindest - wenn auch eher theoretischer Natur - noch die Möglichkeit einer Entlastung bestand, diese war aber nur dann möglich, wenn die Nachteile mehr als branchenunüblich und unvorhersehbar waren[310]. Allerdings ist aufgrund der sehr strikten Anforderungen an die

---

[303] BGHZ 115, 187.

[304] Anders *Schmidt,* ZIP 1989, 545, 551, welcher hier bereits die endgültige Anerkennung einer Verlustausgleichspflicht im qualifiziert faktischen Konzern sieht.

[305] BGHZ 115, 187.

[306] BGHZ 115, 187, 194. Dies erfolgt unter ausdrücklicher Ablehnung der Meinungen von *Lutter,* ZIP 1985, 1425, 1429; *ders.,* AG 1990, 179, 182 und *Timm,* NJW 1987, 977, 982.

[307] Veranschaulichende Formulierung von *Knobbe-Keuk,* DB 1992, 1461.

[308] In diesem Wortlaut *Burghard,* WM 1993, 925.

[309] Siehe insgesamt zu dem Urteil z. B. *Bauder,* BB 1992, 1009; *Flume,* DB 1992, 25 ff.; *Knobbe-Keuk,* DB 1992, 1461 ff. ; *Altmeppen,* DB 1991, 2225 ff.; *Gäbelein,* GmbHR 1992, 273 ff.; *Hommelhoff,* DB 1992, 309 ff; *Ebenroth/Wilken,* BB 1991, 229 ff; *Kleindiek,* ZIP 1991, 1330 ff.; *Schmid,t* ZIP 1991, 1325; *Timm,* NJW 1992, 2185; *Wiedemann,* DB 1993, 141.

[310] BGHZ 118, 187, 194.

Entlastung von einer zumindest de facto Konzernzustandshaftung zu sprechen[311].

Die Verfassungsmäßigkeit dieser Rechtsprechung wurde nach geäußerten verfassungsrechtlichen Bedenken und Bedenken hinsichtlich der Vereinbarkeit mit dem Europarecht[312] bestätigt[313].

### IV.) „TBB"-Entscheidung

Der Kritik[314] folgend, hat der *Bundesgerichtshof* die weitreichenden Folgen mit seinem „TBB"-Urteil[315] korrigiert. Diese als „Klarstellung"[316] bezeichnete Entscheidung führte im konkreten Fall zu einer materiellrechtlich grundlegenden Wendung und zu einer Verstärkung der Diskussion um die GmbH-Konzernhaftung[317]. Die dauernde und umfassende Ausübung der Leitungsmacht des herrschenden Unternehmens reicht danach alleine nicht mehr zur Begründung der Konzernhaftung aus[318]. Auch sei diese dauernde Leitungsmacht kein Indiz für eine jetzt notwendige Beeinträchtigung der Eigeninteressen der abhängigen Gesellschaft[319]. Ferner dürfen aufgetretene Beeinträchtigungen nicht auf andere Weise wieder ausgeglichen worden sein oder hätten zumindest ausgeglichen werden können[320]. Diese Entscheidung hat nicht nur die

---

[311] Z.B. *Fichtelmann*, in: Heidelberger Kommentar, GmbHG, Teil ii Konzernrecht, Rdnr. 187.

[312] Vergl. z. B. *Flume*, DB 1992, 25, 27 f.; *Altmeppen*, DB 1991, 2225, 2229; *Meilicke*, DB 1992, 1867 ff.; *Neye*, DWiR 1992, 452 ff.; *Roth*, ZIP 1992, 1054 ff.; *Schüppen*, DB 1993, 969 ff.

[313] Das *Bundesverfassungsgericht* hatte diese Rechtsprechung als zulässige richterliche Fortbildung gebilligt, BVerfG ZIP 1993, 1306. Aufgrund des Ausnahmecharakters der Norm bestanden auch keine Zweifel mehr an der Vereinbarkeit mit dem Europarecht, Vergl. BGHZ 122, 123, 135 f.

[314] *Burgard* nannte es „Blätterrauschen" in WM 1993, 925 m. w. N.

[315] BGHZ 122, 123.

[316] Leitsatz (a) und unter III. 2. (c) (aa) der Entscheidungsgründe (S. 131) des BGH aaO.

[317] Siehe hierzu nur beispielhaft *Burgard*, WM 1993, 925; *Ebenroth/Wilken*, ZIP 1993, 558; *Goette*, DStR 1993, 568; *Kleindiek*, DZWir 1993, 177; *Kowalski*, GmbHR 1993, 253; *Kohl*, MDR 1993, 715; *Limmer*, DStR 1993, 765; *Schmidt*, ZIP 1993, 549; *Schneider*, WM 1993, 782 *Westermann*, ZIP 1993, 554; *Vetter*, ZIP 2003, 601, 609; *Müller*, in: FS Rowedder, S. 277 ff.

[318] Leitsatz 2 und unter III. 2. (c) (bb) der Entscheidungsgründe des BGH aaO.

[319] Im Sinne des *Bundesgerichtshofes* auch *Kleindiek*, DZWiR 1993, 177, 181.

[320] BGHZ 122, 123, 130.

77

Missverständlichkeit der bisherigen Entscheidungen aufgehoben, sondern die Haftungsvoraussetzungen insgesamt neu formuliert[321].
Im Ergebnis ist festzuhalten, dass der *Bundesgerichtshof* mit dieser Entscheidung wieder deutlich näher zum Ausgangspunkt der Diskussion, wie er ursprünglich in der „Autokran"-Entscheidung entwickelt worden war, zurückgekehrt ist[322]. Die dauernde Leitungsmacht ist jetzt nicht mehr entscheidend für die Herstellung des Konzernverhältnisses, statt dessen wird auf die Beeinträchtigung der Interessen der abhängigen Gesellschaft durch einen objektiven Missbrauch seitens des herrschenden Unternehmens abgestellt[323].
Um eine Ausgleichspflicht analog §§ 302, 303 AktG zuzulassen, muss folglich eine vergleichbare Situation eingetreten sein, die den Gesetzgeber zur Schaffung der Ausgleichspflicht für den Vertragskonzern veranlasst hatte.
Der Wechsel der Rechtsprechung hin zur Konzernverhaltenshaftung führte im Ergebnis auch zu Erschwernissen der Darlegungs- und Beweislast im Prozess, da eine Umkehr der Beweislast zu Gunsten der Gläubiger hinsichtlich der Nachteilszufügung in der Regel ausgeschlossen sein dürfte[324].

### V.) „Bremer Vulkan"-Entscheidung

Die in der „TBB"-Entscheidung aufgestellte Rechtsprechungslinie war zwischenzeitlich durch mehrere Urteile des *Bundesgerichtshofes* bestätigt worden[325]. Auch die Instanzgerichte[326], andere Zivilsenate des *Bundesgerichtshofes*[327] und andere Fachgerichte[328] sind gefolgt. In Anbetracht

---

[321] Nur mit dem Ergebnis und nicht mit der Haftungsherleitung einverstanden ist u. a. *Versteegen*, DB 1993, 1225.

[322] In diesem Sinne ebenso *Krieger*, ZGR 1994, 375, 376; *Kowalski*, GmbHR 1993, 253, 257 ff.

[323] Dem Bundesgerichtshof folgend auch *Goette*, DStR 1993, 568, 570.

[324] *Michalski/Zeidler*, NJW 1996, 224, 229; anders *Krieger*, ZGR 1994, 375, 387 ff.; diesen Punkt offen lassend *Kleindiek*, DZWiR 1993, 177, 179 f.; für eine flexible Verteilung der Substantiierungslast *Kohl*, MDR 1993, 715, 717 f.; *Rosenbach*, in: Handbuch GmbH, § 17, Rdnr. 174; BGH DStR 2000, 2140.

[325] BGH ZIP 1994, 1690 „Freiberufler-Konzern"; BGH ZIP 1995, 733; BGH DStR 1993, 1753.

[326] OLG Saarbrücken ZIP 1992, 1623; OLG München ZIP 1994, 1776; OLG Bamberg AG 1998, 191; OLG Oldenburg GmbHR 1998, 286; OLG Köln GmbHR 1997, 220; OLG Rostock AG 1999, 279; OLG Düsseldorf NZG 1999, 502; OLG Hamm NZG 1999, 837; AG Eisenach GmbHR 1995, 445; AG Düsseldorf 1994, 87.

[327] Vergl. BGHZ 117, 8 (IX,-ZS); BGH DB 1995, 1223 (X.-ZS).

dieser Anwendung durch die verschiedensten Gerichte konnte man davon sprechen, dass die Betrachtung und die Herleitung der Haftung der Konzernobergesellschaft im Rahmen eines qualifiziert faktischen Konzernverhältnisses zunächst abgeschlossen ist, auch wenn in der Literatur teilweise versucht wurde, die Konzernrechtsfortbildung wieder zurückzudrängen und zu den allgemeinen Haftungsgrundsätzen (c.i.c., § 826 BGB, Durchgriffshaftung etc.) zurückzukehren[329].

Durch die Entscheidung des *Bundesgerichtshofes* im Fall des „Bremer Vulkan"[330] hat er die Diskussion über die Haftungsherleitung in GmbH-Konzernen wieder eröffnet[331].

Gegenstand der Entscheidung war der vom BGH gewollte Schutz der abhängigen GmbH gegen existenzgefährdende Eingriffe ihres Alleingesellschafters, wobei der Gedanke des „Rechtsformmissbrauches", das in § 13 Abs. 1 GmbHG verankerte sog. Trennungsprinzip zwischen den Vermögensmassen der Gesellschaft und den Gesellschaftern zu durchbrechen gestattet. Der II. Zivilsenat betonte jetzt, ein Gläubigerschutz ergebe sich für die konzernierte GmbH in erster Linie aus den Kapitalerhaltungsvorschriften und nicht aus dem Haftungssystem des Aktienrechtes (§§ 291 ff., 311 ff. AktG)[332].

Diese neue Entscheidung eröffnete erneut die als abgeschlossen erachtete Diskussion um das GmbH-Konzernrecht, in welcher die Meinungen von einer neuen Grundlage der Haftung[333], einer Evolution der sich aus der „TBB"-Entscheidung ergebenen Begründung[334] bis hin zu einem grundlosen Grundsatzurteil[335] reichen.

---

[328] BSG ZIP 1994, 1944; BSG AG 1995, 279; BSG GmbHR 1996, 604, 607; BAG ZIP 1995, 491; BAG GmbHR 1993, 218; BAG ZIP 1993, 380; LAG Köln ZIP 2003, 1893.

[329] *Kübler*, NJW 1993, 1204, 1205; *Bauder*, BB 1993, 1103, 1104; *Nassall*, ZIP 2003, 969, 976 f.; siehe besonders auch *Donle*, DStR 1995, 1918, 1922, welcher ausdrücklich die Abkehr von der Konzernrechtsprechung hin zu einer Verhaltenshaftung aus objektiven Pflichtverletzungen prognostizierte.

[330] BGH ZIP 2001, 1874.

[331] *Hoffmann*, NZG 2002, 68; *Schmidt*, NJW 2001, 3577; *Ulmer*, ZIP 2001, 2021; *Altmeppen*, NJW 2002, 321; *Bitter*, WM 2001, 2133, *Kramer*, WM 2004, 305. Siehe hinsichtlich weiterer Nachweise *Altmeppen*, in: Roth/Altmeppen, GmbHG, Anh. § 13, Rdnr.160 mit umfangreichen Verweisen auf die Diskussion des Urteils in der Literatur.

[332] 1. Leitsatz des Urteils.

[333] *Altmeppen*, ZIP 2001, 1837; *Luttermann*, BB 2001, 2433, 2437, welcher von einer Gewährleistung des Bestandsschutzes als Vermögensbetreuungspflicht ausgeht.

[334] *Ulmer*, ZIP 2001, 2021.

[335] *Schmidt*, NJW 2001, 3577, 3578.

*Schmidt* geht davon aus, dass der BGH bezüglich einer qualifiziert faktischen Konzernierung keinerlei Aussagen getroffen hat[336]. Ausdrücklich stellt der BGH klar, dass die Revision, gegründet auf die Einlassung, dass Einzelausgleiche der nachteiligen Einflussnahmen nicht möglich seien, unbegründet ist[337]. Er setzt sich folglich auch nicht weiter mit der Tatsache der Unmöglichkeit eines Einzelausgleichs auseinander, woraus sich nur folgern lässt, dass ein Einzelausgleich möglich ist. Dies wiederum muss zu der Ansicht führen, dass der BGH lediglich deutlich gemacht hat, dass die Treuepflichten und die Kapitalerhaltungsvorschriften bei möglichem Einzelausgleich einer nachteiligen Einflussnahme weiterhin nicht zur Anwendung der konzernrechtlichen Regelungen aus dem AktG führen. Innerhalb des faktischen GmbH-Konzerns war dies auch in der Vergangenheit nahezu unstrittig.

Die - zugegebenermaßen zu befürwortende Ausweitung der Treuepflicht des Alleingesellschafters gegenüber der GmbH - eröffnet einen weiteren Problemkreis, welcher in der Betrachtung der „Bremer Vulkan"-Entscheidung fast vollständig unterging, den Schutz der Gläubiger. In der teilweisen Euphorie der Entscheidung des BGH wurde die Diskussion auf die vom BGH offen gelassene Frage der Haftungsbegründung bei Interessenverletzung außerhalb des Aktienkonzernrechtes beschränkt.

Ergebnis der Entscheidung des BGH ist auf jeden Fall, dass eine konzernrechtliche Herleitung der Haftung nicht mehr erfolgen kann. Die Grundlage der gesellschaftsrechtlichen Haftung sowie die Frage nach dem Schutz der Gläubiger ist dagegen zunächst offen geblieben, da im Urteil zunächst immer nur von einem Anspruch der Gesellschaft wegen des bestandsvernichtenden Eingriffes gesprochen wird[338]. Anderseits ist im Urteil dann jedoch die Rede von der Haftung der Gesellschafter für die Verbindlichkeiten der GmbH, was auf eine Durchgriffshaftung hindeutet.


## VI.) Folgeentscheidungen zu „Bremer Vulkan"

Der Auffassung, dass die beherrschende Gesellschaft jederzeit nach den im GmbHG vorgesehenen Regeln (§§ 60, 65 f GmbHG), nicht aber „kalt" durch existenzvernichtende Maßnahmen liquidieren dürfe[339], hat sich der BGH

---

[336]  *Schmidt*, NJW 2001, 3577, 3581; für die mehrgliedrige GmbH *Cahn*, ZIP 2001, 2159, 2160; anders *Kessler*, GmbHR 2001, 1095 ff. jedoch ohne genaue Begründung; *Altmeppen*, NJW 2002, 321; deutlich hinsichtlich einer Aufgabe des Herleitung über §§ 302, 303 AktG *Kallmeyer*, in: GmbH-Handbuch, Rz. I 2879.

[337]  BGH NJW 2001, 3622, 3622.

[338]  BGH ZIP 2001, 1874, 1876.

[339]  Ausführlich *Winter*, Mitgliedschaftliche Treuebindungen im GmbH-Recht, S. 204 ff.

angeschlossen. Angefangen mit der „Bremer Vulkan"-Entscheidung[340] sowie bestätigt und präzisiert durch die Urteile vom 25.2.2002[341] und 24.6.2002 („KBV")[342] hat der BGH neben das System der Kapitalerhaltung ein Verbot existenzgefährdener Eingriffe zur Absicherung des Gläubigerschutzes im faktischen Einmann-GmbH-Konzern gestellt[343]. Ausgangspunkt ist die teleologische Reduktion des § 13 Abs. 2 GmbH[344]. Die Durchbrechung des Trennungsprinzips bei Missbrauch der Haftungsbeschränkung wurde in der Diskussion wiederholt hervorgehoben[345], wobei nach der Literatur auch das KBV-Urteil noch relativ unvollständig sein soll[346].

Neu an dem KBV-Urteil war die ausdrückliche Feststellung, dass die Gläubiger ihre Forderungen gegenüber den Gesellschaftern nur geltend machen können, wenn und soweit sie von der Gesellschaft keine Befriedigung erlangen können. Hierdurch wurde eine Subsidiarität bzw. Ausfallhaftung für die Gläubiger generiert[347].

Während eine nachvollziehbare Rechtsgrundlage in der „Bremer-Vulkan"-Entscheidung[348] zunächst offen geblieben war bildeten sich nachfolgend in der Wissenschaft drei verschiedenen Strömungen zur Begründung der Haftung heraus. Einerseits wurde der einflussnehmende Gesellschafter als Quasi-Geschäftsführer qualifiziert und die analoge Anwendung des § 42 Abs. 3 GmbHG i.V.m. § 93 Abs. 5 S. 2 und S. 3 befürwortete[349], andererseits wurde auf die Verletzung der Treuepflicht des Gesellschafters gegenüber der GmbH abgestellt[350]. Der *Bundesgerichtshof* hat sich in der „KBV"-Entscheidung[351] dem dritten Modell der teleologischen Reduktion des § 13 Abs. 2 GmbHG

---

[340]    BGHZ 149, 10.

[341]    BGH NJW 2002, 1803

[342]    BGH ZIP 2002, 1578.

[343]    Im Urteil vom 25.2.2002, BGH GmbHR 2002, 549 ff., betreffend eine mehrgliedrige GmbH ergänzt der *Bundesgerichtshof* seine Rechtsprechung zum existenzvernichtendem Eingriff unter Hinweis auf BGHZ 65, 15, 18, 20 „ITT" um die Grundsätze der Haftung aus Treuepflichtverletzung gegenüber den Mitgesellschaftern.

[344]    Zustimmend z. B. *Benecke*, BB 2003, 1190, 1195.

[345]    Bestätigend u.a. *Wiedemann*, ZGR 2003, 283, 290 f.

[346]    So z. B. *Wilhelm*, NJW 2003, 175, 178.

[347]    Auch *Lutter/Banerjea*, ZGR 2003, 402, 407; *Henze*, NZG 2003, 649, 657.

[348]    BGHZ 149, 10.

[349]    So *Altmeppen*, ZIP 2001, 1837, 1844; *ders.* NJW 2002, 321, 323 f; *ders.* ZIP 2002, 961, 966 f.; *Wilhelm*, NJW 2003, 175, 178 ff.

[350]    Namentlich *Schmidt*, NJW 2001, 3577, 3580; *Ulmer*, ZIP 2001, 2021, 2025 ff.

[351]    BGH ZIP 2002, 1578.

angeschlossen[352]. Weitere Neuerung ist, dass der Bundesgerichtshof zumindest konkludent vom Erfordernis des handelnden Alleingesellschafters abrückt und auch mehrere „einverständlich handelnde Gesellschafter"[353] mit in die Haftung einbezieht[354].

## C) Kennzeichen und Haftungstatbestand vom ehemals sog. "qualifizierten" faktischen Konzern

Das Streben nach allgemein anerkannten Kennzeichen für den qualifiziert faktischen Konzern stellt zugleich auch die Problematik in der Definition dar.

Vor der „Bremer Vulkan"-Entscheidung[355] stellte sich die Frage, ob die entwickelten Grundsätze des *Bundesgerichtshofes* aus dem „TBB"-Urteil[356] ausschließlich bei den klassischen vertikalen qualifiziert faktischen Konzernen Anwendung finden. Auch eine Beeinträchtigung der Interessen einer Konzerngesellschaft durch eine permanente Vermögensverlagerung auf eine Schwestergesellschaft kann die Voraussetzungen für das Eingreifen der Haftungsregelungen des qualifiziert faktischen Konzerns erfüllen. Es steht lediglich in Frage, welchen Anspruchsgegner man den betroffenen Gläubigern zugesteht. Nach den anerkannten Regelungen wird man die Konzernmuttergesellschaft als eine Verpflichtete ansehen. Genauso gut wäre aber ein Anspruch gegen die Konzernschwestergesellschaft denkbar. Auf den ersten Blick ist man versucht festzustellen, dass der objektive Missbrauch als Tatbestandsmerkmal nicht von der Schwestergesellschaft ausgeht und mithin die Voraussetzungen gar nicht vorlägen. Allerdings darf man nicht vergessen, dass auch die Schwestergesellschaft Teil des Konzerns ist und ebenso von der Konzernobergesellschaft beherrscht wird. Mittelbar ist somit sehr wohl eine Beeinträchtigung der Interessen der einen Schwestergesellschaft durch die andere Schwestergesellschaft quasi als Arm der Obergesellschaft zu erkennen. Auch die jetzt herrschende Konzernverschuldensdogmatik bietet folglich Ansätze für eine horizontale Haftung innerhalb eines Konzerns.

---

[352]    BGHZ 151, 181, 187; im folgend auch z. B. OLG Jena ZIP 2002, 631 und auch das *Bundesarbeitsgericht* in ZIP 2003, 2134.

[353]    BGHZ 151, 181, 186.

[354]    *Döser*, AG 2003, 406, 414.

[355]    BGHZ 149, 10.

[356]    BGHZ 122, 123.

Die „Bremer Vulkan"-Entscheidung bringt auf den ersten Blick keine neuen oder weiteren Anhaltspunkte für die Horizontalhaftung[357], da es letztlich nur um einen Streit bezüglich der Herleitung einer anerkannten Haftungslage geht[358]. Die Anwendbarkeit der Regelungen der §§ 302, 303 AktG aus dem Aktienrecht auf die GmbH-Konzernhaftung war bis zu „Bremer Vulkan"-Entscheidung, auch wenn teilweise der Ansatz der Analogie aufgrund einer in Frage gestellten Regelungslücke und vergleichbaren Rechtslage kritisch hinterfragt wird[359], nahezu allgemein anerkannt[360].

Die erwähnte Entscheidung hat zu einer Wiederbelebung der Diskussion um den qualifiziert faktischen GmbH-Konzerns geführt[361], an deren Ende nach dem Wunsch einiger Autoren das Ende des qualifiziert faktischen GmbH-Konzerns einschließlich der bis dahin angewandten Haftungsfolgen analog §§ 302, 303 AktG stehen soll[362].

Die Entscheidung, ob im Hinblick auf das Verhältnis zwischen der abhängigen GmbH und ihrem beherrschenden Gesellschafter einer Anwendung der teilweise strittigen Herleitung über die Kapitalsicherungsvorschriften oder der an der analogen Anwendung der §§ 302, 303 AktG orientierten Variante der Vorzug zu geben ist, kann mit Blick auf das Ergebnis beider Ansätze an dieser Stelle offen bleiben[363]. Beide Bestrebungen statuieren eine Haftung anhand identischer Voraussetzung des Eingriffs ohne Rücksichtnahme auf die Interessen der abhängigen Gesellschaft bei gleichzeitiger Unmöglichkeit des Einzelausgleiches. Lediglich die Begründung der Haftung geht unterschiedliche Wege.

---

[357] So auch *Vetter*, ZIP 2003, 601, 609; *Raiser*, in: FS Ulmer, 493, 506.

[358] Z. B. *Schrell/Kirchner*, BB 2003, 1451 problematisieren bezüglich der neuen Haftungsherleitung jedoch die Probleme hinsichtlich der Fremdfinanzierung von Unternehmenskäufen, kommen jedoch zu dem Ergebnis, dass die neue Herleitung kein Einfluss auf die Möglichkeiten eines fremdfinanzierten Unternehmenskaufes hat; in diesem Sinne auch *Diem*, ZIP 2003, 1283.

[359] *Weigl*, Haftung im qualifizierten GmbH-Konzern S. 162 ff.

[360] *Emmerich*, in: Scholz, GmbHG, Anh. KonzernR, Rdnr. 99 ff. m. w. N.

[361] Beispielhaft *Altmeppen*, ZIP 2002, 1553 ff.; *Hoffmann*, NZG 2002, 68 ff.; *Bitter*, WM 2001, 2133 ff.; *Vetter*, ZIP 2003, 601.

[362] *Ulmer*, ZIP 2001, 2021 ff.; *Altmeppen*, ZIP 2001, 1837 ff.; *Schmidt*, NJW 2001, 3577 ff.; *Bitter*, ZIP 2001, 265, 271, welcher generell die Analogiefähigkeit der §§ 302, 303 AktG verneint.

[363] Die Haftungsherleitung im vertikalen GmbH-Konzernen ist nicht Gegenstand dieser Arbeit.

## D) Qualifiziert faktische Konzernregeln als Ansatz für die horizontale Haftung

Zunächst erscheint es, als könnten die bisher angewendeten §§ 302, 303 AktG durch ihre Ausrichtung auf die Haftung eines herrschenden, übergeordneten Unternehmens keinen Ansatz für die horizontale Haftung bilden, da zugegebenermaßen eine Schwestergesellschaft i. d. R. gerade nicht durch eine andere Gesellschaft beherrscht wird.

Einen interessanten Ansatzpunkt wählt in diesem Zusammenhang *Wellkamp*[364], welcher auch die horizontale Haftung mit nachvollziehbarer Begründung auf die §§ 302, 302 AktG stützen will.

Der Rechtsgedanke der §§ 302, 303 AktG ist auf den Schutz des Kapitals der abhängigen Gesellschaft gerichtet. Wo aber die Kapitalerhaltung nicht mehr gewährleistet ist, besteht auch keine Legitimation mehr für die Haftungsbeschränkung auf das Vermögen[365].

Die Ausgleichsverpflichtung des § 302 Abs. 1 AktG stammt nach *Wellkamp* und *K. Schmidt*[366] aus dem Gedanken der Chancen- und Risikoverteilung gemäß §§ 667, 670 BGB, wobei der § 302 AktG über die Aufwendungen nach § 670 BGB hinausgeht und eine eigenständige Bedeutung erlangt[367].

Diesen Ansichten ist zunächst beizupflichten. Durch die Regelungen der §§ 302, 303 AktG sollen die abhängige Gesellschaft wie auch ihre Gläubiger davor geschützt werden, dass durch Einfluss Dritter eine Verschlechterung der Lage der abhängigen Gesellschaft eintritt[368]. Nicht außer Acht zu lassen ist in diesem Zusammenhang, dass der Gläubiger einer abhängigen Gesellschaft keinerlei Einfluss auf die Entwicklung der Gesellschaft nehmen kann. Während das Markt- und Wirtschaftsrisiko zu den allgemeinen Geschäftsrisiken zu zählen ist, eröffnet sich bei einer konzerninternen Einflussnahme ein Risikofeld, welches dem außenstehenden Gläubiger nicht zugemutet werden kann. Genau diesem Schutzbedürfnis tragen die Regelungen der §§ 302, 303 AktG Rechnung.

Dieser Schutz wäre aber ungenügend, wenn man den Gläubiger - unabhängig davon, ob dieser auch der Vorteil aus der Einflussnahme zugeflossen ist - allein auf die herrschende Gesellschaft verweisen würde.

---

[364] *Wellkamp*, DB 1993, 2517.

[365] *Wellkamp*, DB 1993, 2517, 2520; BGHZ 107, 7, 18.

[366] *Schmidt*, ZHR 155 (1991), 417, 429.

[367] *Ulmer*, Probleme des Konzernrechts, S. 26, 56.

[368] Dies ist die generelle Regelungsaufgabe des Konzerrechtes; siehe *Hüffer*, AktG, § 15, Rdnr. 3.

Die veränderte Rechtsprechung des *Bundesgerichtshofes* im Rahmen der „Bremer Vulkan"-Entscheidung[369] und den weiteren Folgeentscheidungen[370] im Hinblick auf die Herleitung der Haftung in qualifiziert faktischen GmbH-Konzernen eröffnet ein Spannungsfeld mit der Haftung in horizontalen Verbindungen. Während nach neuerer Meinung in der Rechtsprechung und beim *Bundesgerichtshof* die gesellschaftsrechtliche Stellung eines einflussnehmenden GmbH-Gesellschafters Grundlage für die Haftung sein soll, ist eine Übertragbarkeit dieser Herleitung aufgrund der Änderung in der Rechtsprechung seit dem „Bremer Vulkan"-Urteil auf Konzerngesellschaften einer Ebene und auf Gleichordnungskonzern fraglich[371]. In gleichgeordneten Konzernlagen finden sich mit Ausnahme eines vertraglichen Zusammenschlusses keine gesellschaftsrechtlichen Verbindungen zwischen den gleichgeordneten Gesellschaften.
Die neue Tendenz in der Rechtsprechung bei der Lösung von existenzvernichtenden Eingriffen bringt im Hinblick auf die Untersuchung und Entwicklung einer horizontalen Konzernhaftung keine neuen Aspekte[372]. Im Rahmen der „Bremer Vulkan"-Entscheidung sowie den nachfolgenden Urteilen und Besprechungen wird deutlich, dass es sich jeweils immer um die Frage handelt, inwieweit sich Gläubiger an Gesellschafter halten müssen bzw. können, um Befriedigung ihrer Ansprüche zu erlangen. Der *Bundesgerichtshof* hat eine unmittelbare Durchgriffshaftung für die Gläubiger favorisiert, die er methodisch auf eine teleologische Reduktion des § 13 Abs. 2 GmbHG stützt[373]. Der BGH hat dabei betont, dass ein bestandsvernichtender Eingriff nur dann zur Haftung des dahinterstehenden Gesellschafters führt, wenn und soweit nicht der der GmbH durch den Eingriff insgesamt zu gefügte Nachteil schon nach §§ 30, 31 GmbHG vollständig ausgeglichen werden kann oder ein ausreichender Ausgleich in das Gesellschaftsvermögen erfolgt[374].
Ungeklärt bleibt hierbei jedoch wiederholt, wie sich dieser Haftungsansatz sich im horizontalen Verhältnis auswirkt. Aus diesen Gründen bietet die neue Entwicklung bei qualifiziert faktischen Konzernen keine Anhaltspunkte für die

---

[369]  BGH ZIP 2001, 1874.

[370]  BGH NJW 2002, 1803; BGH ZIP 2002, 1578.

[371]  Ablehnend z. B. *Vetter*, ZIP 2003, 601, 609.

[372]  So auch *Raiser*, in: FS Ulmer, 493, 506; *Vetter*, ZIP 2003, 601, 609.

[373]  Besonders deutlich in der „KBV"-Entscheidung, BGH ZIP 2002, 1578, 1580; OLG Thüringen GmbHR 2002, 112; ebenso *Bitter*, WM 2001, 2133, 2137 f.; *Hoffmann*, NZG 2002, 68, 71.

[374]  BGH ZIP 2002, 1578, 1580 und Berufung auf *Röhricht*, in: FS 50 Jahre BGH, 2000, Bd. I, S. 83, 390 ff.; ebenso schon BGHZ 149, 10, 16.

Herleitung der horizontalen Haftung, sondern dient einzig der Feststellung der vertikalen Haftung.

Grundlage der vertikalen Haftung vor der „Bremer Vulkan"-Entscheidung war die Haftung nach §§ 302, 303 AktG analog[375] und die Erkenntnis, dass die Gläubiger durch das Unterlassen der Herstellung einer vertraglichen Beherrschung nicht schlechter gestellt werden dürfen[376]. Trotz der fehlenden Übertragungsmöglichkeit auf die horizontale Ebene der neuen Entwicklung des qualifiziert faktischen Konzerns und der Änderung des Haftungsansatzes darf die Haftungsvariante der §§ 302, 303 AktG analog nicht gänzlich verdrängt werden und wird u. U. beim Gleichordnungskonzern noch eine entscheidende Rolle spielen können. Jedoch ist hinsichtlich der vertikalen Haftung bei einer Sachlage, welche früher als qualifiziert faktische Konzernlage bezeichnet worden ist, die neuere Entwicklung der Behandlung derartiger Konzernlagen im Hinblick auf die nun erfolgte Bezugnahme der Kapitalerhaltungsvorschriften und die Abkehr von der analogen Anwendung der §§ 302, 303 AktG nicht mehr geeignet, eine Grundlage für die horizontale Haftung zwischen Konzernschwestergesellschaften zu bilden. Vielmehr ist die gesellschaftsrechtlich vermittelte Haftung gemäß der Kapitalerhaltungsvorschriften zu untersuchen.

## § 5 Gesellschaftsrechtlich vermittelte Horizontalhaftung nach §§ 30, 31 GmbHG

Die Regelungen der §§ 30, 31 GmbHG lassen bei einer bestimmten Konstellation im Hinblick auf eine horizontale Konzernhaftung nachbearbeitungswürdige Ansätze erkennen.
Interessant wird die Betrachtung bezüglich der Haftungsfolgen aufgrund der Regeln zur Erhaltung des Stammkapitals, wenn man den Anwendungsbereich mit Blick auf eine horizontale Haftung im Konzern analysiert.

### A) Grundsätzliche Überlegung zur Anwendbarkeit der §§ 30, 31 GmbHG

Im Vergleich von GmbH und AG fällt auf, dass die Regelungen zum Schutz des Vermögens im Bereich der Aktiengesellschaft wesentlich stärker ausgeprägt sind[377]. § 57 AktG gestattet nur die Ausschüttung eines ordnungsgemäß

---

[375] Siehe hierzu *Altmeppen*, in: Roth/Altmeppen, GmbHG, Anh. § 13, Rdnr 144 ff. m. w. N.

[376] *Buchner/Weigl*, DNotZ 580, 583.

[377] *Westermann*, in: Scholz, GmbHG, § 30, Rdnr. 5.

festgestellten Bilanzgewinnes. Jede andere Zahlung an die Aktionäre würde gegen die Pflicht zur Erhaltung des Grundkapitals verstoßen und zu einer Nichtigkeit des jeweiligen Geschäftes führen[378]. Zu diesem gesicherten Vermögen gehört auch die gesetzliche Rücklage gem. § 150 AktG, welche bei der GmbH nicht vorgeschrieben ist[379].

Die Vermögensbindung ist bei der GmbH nicht ähnlich konsequent ausgestaltet worden. Zwar wurde die Erhaltung des Stammkapitals in § 30 GmbHG normiert, da hier jedoch nur Auszahlungen erfasst werden, welche das Stammkapital beeinträchtigen, bei einem Verstoß bleibt die schuldrechtliche und die dingliche Wirksamkeit des jeweiligen Geschäftes aber bestehen[380]. Dabei entsteht jedoch (nur) ein gesellschaftsrechtlicher Rückgewährsanspruch, welcher in § 31 GmbHG näher ausgestaltet ist[381].

Dieser Schutz ist erforderlich, da grundsätzlich die Haftung in der GmbH auf das Gesellschaftsvermögen beschränkt ist und deswegen der Rechtsverkehr darauf vertrauen muss, dass die Gesellschafter die GmbH mit den notwendigen Mittel ausstatten und ausgestattet lassen[382].

Als verbotene Auszahlungen mit Beeinträchtigung des Stammkapitals i. S. d. §§ 30, 31 GmbHG, welche auch beim faktischen GmbH-Konzern zur Anwendung kommen[383], sind nicht nur Geldleistungen, sondern Leistungen aller Art zu verstehen, die das Gesellschaftsvermögen wirtschaftlich verringern können[384]. Zu beachten ist, dass sich der Anwendungsbereich der §§ 30, 31 GmbHG nur auf die Fälle dieser Beeinträchtigung des Stammkapitals beschränkt, während jedes, das abhängige Unternehmen benachteiligende und vom herrschenden Unternehmen veranlasste Rechtsgeschäft einen Verstoß gegen die mitgliedschaftliche Treuepflicht darstellt und eine Schadensersatzverpflichtung nach den oben genannten Grundsätzen auslöst.

Der abhängigen Gesellschaft steht als Folge der Anspruch auf Rückzahlung gem. §§ 30, 31 GmbHG gegenüber dem empfangenden Gesellschafter zu. Der Geschäftsführer der abhängigen Gesellschaft muss diesen Anspruch geltend machen, um zu vermeiden, selbst nach § 43 Abs. 3 GmbHG auf Schadensersatz zu haften[385].

---

378    *Hüffer*, AktG, § 57, Rdnr. 23 ff.

379    Siehe hierzu z. B. BGHZ 90, 386.

380    *Lutter/Hommelhoff*, GmbHG, § 30, Rdnr. 37 ff.

381    *Westermann*, in: Scholz, GmbHG, § 30, Rdnr. 10.

382    Im Ergebnis: *Hueck*, in: Baumbach/Hueck, GmbHG, § 30, Rdnr. 1.

383    Vergl. z. B. BGHZ 122, 123, 129 „TBB".

384    BGHZ 31, 276.

385    *Goette*, Die GmbH, § 3, Rdnr. 58.

Den Minderheitsgesellschaftern kann u. U. über die Grundlagen des Rechtsinstitutes der *actio pro socio* ein eigenes Klagerecht zustehen, wenn die Auszahlung des Eigenkapitals i. S. d. §§ 30, 31 GmbHG zugleich einen Verstoß gegen das Rücksichtnahmegebot und die Treuepflicht darstellt, wovon i. d. R. auszugehen ist[386].

Das Bedürfnis eines Gläubigerschutzes innerhalb des GmbH-Konzerns kann nicht zweifelhaft sein. Selbständig agierende GmbH`s können gegebenenfalls aufgrund des fehlenden Rückhaltes eines starken Konzerns verstärkt insolvenzanfällig sein, was jedoch nicht zwingend der Fall sein muss. Auch die Konzernierung bürgt nicht in jedem Fall für eine ausreichende Zahlungsfähigkeit der abhängigen Gesellschaft, da häufig die Solvenz von der wohlwollenden Behandlung durch die herrschende Gesellschaft abhängig ist und auf diesem Wege fremde Einflüsse, welche für einen Gläubiger nicht kalkulierbar sind, ihren Weg in die abhängige Gesellschaft finden.

Unverkennbar ist das Interesse des Gläubigers einer abhängigen GmbH auf die letzten, zu ihrem Schutz dienenden Ansprüche auch ohne den Umweg über eine Pfändung bei der GmbH zugreifen und bis zur Höhe ihres Forderungsausfalls Zahlung vom beherrschenden Gesellschafter im eigenen Namen verlangen zu können[387].

Der nicht Gesetz gewordene Regelungsvorschlag des § 75 Abs. 6 RegE GmbHG 1971[388], der den Gläubigern ein eigenes Verfolgungsrecht in Bezug auf Ansprüche der GmbH gegen ihre Geschäftsführer wegen Verstoßes gegen die Kapitalsicherungsvorschriften gewähren wollte, steht einer Gewährung eines eigenen Verfolgungsrechtes nicht entgegen, da das Gesetz nicht an inhaltlichen Differenzen, sondern politischen Erwägungen scheiterte.

Eine direkte Geltendmachung der Ansprüche zur Erhaltung des Stammkapitals durch die Gläubiger scheitert, da eine Anwendung des § 62 Abs. 2 AktG im Bereich des GmbH-Rechtes nicht möglich ist[389]. Auch kann sie nicht auf dem Umweg über § 823 Abs. 2 BGB hergeleitet werden[390]. Eine solche Übertragung würde die Grenzen der eigenständigen Rechtsform sprengen und außenstehenden Dritten die Möglichkeit geben, die Finanzverfassung innerhalb der GmbH zu bestimmen und zu überwachen. Ein Zugestehen dieses Anspruches müsste einhergehen mit dem gleichzeitigen Recht des Gläubigers

---

[386] *Lutter/Hommelhoff*, GmbHG, § 31, Rdnr. 4.

[387] Im diesem Sinne schon BGHZ 95, 330, 340; 134, 333, 341.

[388] BT-Drucks. VI/3088.

[389] *Hueck*, in: Baumbach/Hueck, GmbHG, § 31, Rdnr. 7; *Westermann*, in: Scholz, GmbHG, § 31, Rdnr. 8.

[390] BGH NJW 1990, 1725, 1730.

zur Einsichtnahme in die Finanzverfassung der GmbHG, da dieser Anspruch ansonsten gar nicht erst durchsetzbar wäre. Dies kann nicht ernsthaft gewollt sein. Der Gläubiger ist in einem solchen Fall jedoch nicht vollständig rechtlos gestellt, da es ihm möglich ist, diesen Anspruch bei der Durchsetzung seiner Rechte gegenüber der abhängigen Gesellschaft durch Pfändung und Überweisung zu erwerben.

Dem Gläubiger einen direkten Schadenersatzanspruch über § 823 Abs. 2 BGB zuzugestehen, indem man §§ 30, 31 GmbHG als Schutzgesetz ansieht, scheitert nach Ansicht des *Bundesgerichtshofes*[391] - meines Erachtens auch zu Recht - daran, dass die §§ 30, 31 GmbHG nur die Pflicht der Organe, dieses Kapital zu erhalten, statuieren. Ansonsten würden sie sich selbst gem. § 43 Abs. 1 GmbHG schadenersatzpflichtig machen[392]. Dies wird im Schrifttum mitunter anders beurteilt und § 30 GmbHG dennoch als Schutzgesetz ausgelegt[393].

Der Schutz der Gläubiger ist in ausreichendem Maße dadurch gewährleistet, dass die unberechtigte Entgegennahme haftenden Kapitals oder auf diese abzielende Weisungen an die Geschäftsführer zu Erstattungs- oder Schadensersatzansprüchen der Gesellschaft führen, die der Gläubiger jederzeit pfänden und sich zur Einziehung überweisen lassen kann[394].

### B) Horizontale Haftung zur Beschränkung der Vertikalhaftung

In der Anwendung der §§ 30, 31 GmbHG hat sich besonders *Ehlke* hervorgetan. Eine horizontale Haftung soll seiner Meinung nach als Sanktion für die Umgehung der §§ 30, 31 GmbHG greifen, wenn ansonsten ein Rechtsmissbrauch der GmbH-Rechtsform zu befürchten ist[395]. Als Folge gesteht er den Gläubigern ein Wahlrecht zu, auf das Vermögen sämtlicher im Konzern eingebundenen Gesellschaften zuzugreifen[396].

Ausgangslage für seine Herleitung der Durchgriffshaftung war die Ablehnung der strengen Haftung des privaten Konzernherren aufgrund der Autokran-Entscheidung des BGH. Für *Ehlke* lag die Zulassung des Gläubigerdurchgriffs auf das Vermögen der Konzerngesellschaften näher als die Erweiterung der Haftung auf den Konzernherren, da es ausreichend sei, die konzernspezifischen

---

391   BGH NJW 1990, 1725, 1729 f.

392   Für die vergleichbare Regelung des § 93 Abs. 1 AktG: BGH WM 1979, 853, 854.

393   *Goerdeler/Müller*, in: Hachenburg, GmbHG, § 30 Rdnr. 16, mit Verweis auf die Vorauflage.

394   Vergl. BGHZ 69, 274, 283.

395   *Ehlke*, DB 1986, 523, 526.

396   *Ehlke*, DB 1986, 523 ff.

Gefahren und deren Behandlung auf der Konzernebene zu regulieren, auf der diese auch aufgetreten sind[397].

*Ehlke* ergänzte diesen Ansatz noch um die Überlegung, dass bei einer derartigen Konzerngestaltung wie im Autokran-Fall ein einheitliches Unternehmen künstlich auf verschiedene Rechtsträger aufgespalten wurde und dadurch ein Fall des Organisationsmissbrauches der Rechtsform GmbH vorliegt, welcher allein nahezu schon eine Durchgriffshaftung begründen würde[398].

Er sieht die Gefahr, dass in der Umgehungsart einer „Stammkapitalwascheinrichtung" Stammkapital von einer Gesellschaft zu Gunsten einer anderen Gesellschaft abgezogen wird[399], welches bei der aufnehmenden Gesellschaft zu einem Gewinn führen würde, der - von dem hinter allen Gesellschaften stehenden Konzernherren als Ausschüttung deklariert - abgezogen werden könnte[400].

Seiner Meinung nach kann diese durch die Statuierung einer horizontalen Haftung auf Ebene der Konzerngesellschaften sanktioniert werden[401]. Was auf den ersten Blick logisch erscheint, offenbart bei eingehender Betrachtung nicht unerhebliche dogmatische Schwierigkeiten, welche sich daraus ergeben, dass *Ehlke* von der Rechtsfolgenseite ausgehend argumentiert und für eine bestimmte Rechtsfolge eines Einzelfalles eine Herleitung konstruiert.

Bei seinen gesamten Überlegungen übersieht *Ehlke* aber, dass die Konzernschwestergesellschaften nicht für die Vermögensverschiebung verantwortlich sein können, da der hinter allen Gesellschaften stehende Gesellschafter die Maßnahmen dirigiert.

Ebenfalls sollte das Modell *Ehlkes* nicht als rein horizontale Haftung, sondern als horizontale Haftung mit Haftungsbeschränkung beschrieben werden.

Man muss sich wieder vergegenwärtigen, dass es das Ziel war, zum einen die Aufteilung auf verschiedene Konzerngesellschaften haftungsrechtlich zu neutralisieren und gleichzeitig den Gläubigern einer Konzernschwestergesellschaft das Vermögen der anderen Gesellschaften als Haftungsvermögen zur Verfügung zu stellen[402]. Aber eben nur das Vermögen der Konzerngesellschaften, da dies als Haftungsgrundlage nach *Ehlke* ausreicht[403]. Ein weiterer Zugriff auf anderes Vermögen des hinter den Gesellschaften

---

[397]  *Ehlke*, DB 1986, 523, 526.

[398]  Ähnlich *Rehbinder*, AG 1986, 85, 91; *Wiedemann*, ZGR 1986, 656, 658.

[399]  *Ehlke*, DB 1986, 523, 526.

[400]  *Ehlke*, DB 1986, 523, 526.

[401]  *Ehlke*, aaO.

[402]  *Ehlke*, DB 1986, 523, 526.

[403]  *Ehlke*, aaO.

stehenden Gesellschafters wäre dann nicht mehr erforderlich. Faktisch läge insofern eine Beschränkung der Haftung auf reines Konzernvermögen vor[404]. Weiterhin eliminiert *Ehlke* auf diese Weise die vertikale Haftung, da er das Vermögen der Schwestergesellschaften unter gleichzeitiger Verweigerung des Durchgriffes auf weiteres Vermögen beim Konzernherren zu einer einzigen Haftungsmasse des Konzernherren zusammenfasst.

Ebenfalls übergeht *Ehlke* in seinem Modell die rechtliche Eigenständigkeit der einzelnen Schwestergesellschaften, indem er sie zu einer Haftungsmasse zusammenschweißt. Dies erfolgt unabhängig davon, ob und welche Schwestergesellschaften überhaupt an der Verschiebung von Stammkapital beteiligt waren[405]. Alle Schwesterunternehmen werden als Teil der Haftungsmasse unterschiedslos herangezogen, unabhängig davon, ob sie tatsächlich am Verstoß gegen § 30 GmbHG beteiligt waren. Dies erinnert eher an eine reine Konzernzustandshaftung.

Trotz des anzuerkennenden Ansatzes der Statuierung einer horizontalen Haftung ist das Modell *Ehlkes* für die generelle Herleitung der horizontalen Haftung ungeeignet, da er aufgrund des Entwicklungsweges von einer unerwünschten und einer gewünschten Rechtsfolge versucht, die Begründung herzuleiten.

### C) Leistung an den Konzernherren durch Leistung an Schwestergesellschaft

Anders als *Ehlke* es annimmt, erscheint eine komplexere Betrachtung auf die einzelnen Verantwortungsbeiträge im Geschehensablauf erforderlich.

Man stelle sich beispielsweise folgende Situation vor:

Im Zuge einer Neugliederung der Unternehmensstruktur, welche bis dato aus mehreren von einander unabhängig operierenden GmbH's besteht, die mit eigenen umfassenden Vermögenswerten ausgestattet sind, wird eine abhängige Gesellschaft (B) vom herrschenden Unternehmen (A) veranlasst, die Vermögenswerte auf eine neugeschaffene Vermögensverwaltungs-GmbH (C) zu übertragen. Der Kaufpreis hierfür wird der C-GmbH zunächst gestundet und später auf Weisung des herrschenden Unternehmens durch die abhängige Gesellschaft (B) erlassen. Ein Vorgang, welcher mit Sicherheit nicht als unüblich zu bezeichnen ist.

Derartige Fälle weichen von der üblichen Definition für die Anwendung der §§ 30 f GmbHG ab, da hier nicht der Gesellschafter an sich Adressat der Auszahlung bzw. Leistung ist. § 30 GmbHG muss folglich in einigen

---

[404]  *Ehlke*, DB 1986, 523, 526.

[405]  *Ehlke* möchte pauschal eine Haftung sämtlicher Schwestergesellschaften zulassen, *Ehlke*, aaO.

Sonderkonstellationen erweitert ausgelegt werden, so dass auch Geschäfte Berücksichtigung finden, durch die zumindest mittelbar zugunsten eines Gesellschafters wirken[406]. Entscheidend muss sein, ob durch die Zuwendungen zugunsten des Dritten in Wahrheit eine Leistung an den Gesellschafter erbracht worden ist[407]. In dem beschriebenen Fall wird durch die Vermögensverschiebung dem Konzerninteresse der Obergesellschaft Rechnung getragen. In einem solchen Fall, der sich durch eine besondere Nähe zwischen Empfänger und Gesellschafter auszeichnet, liegt zweifellos eine Zahlung an den Gesellschafter an sich vor, was zur Folge hat, dass die §§ 30 f. GmbHG einschlägig sind[408]. Ohne diese Nähebeziehung ist die Gesellschaft nicht berechtigt, eine Erstattung zu verlangen[409]. Dies entspricht ebenfalls dem Ansatzpunkt des Gesetzgebers, welcher im Regierungsentwurf von 1977 zur Änderung des GmbH-Gesetzes Forderungen eines mit einem Gesellschafter oder mit der Gesellschaft verbundenen Unternehmens den eigenen Forderungen eines Gesellschafter gleichsetzte[410]. Wie der *Bundesgerichtshof* entschieden hat, ist diese Regelung ihrem Rechtsgedanken nach in der jetzt geltenden Generalklausel des § 32 a Abs. 3 GmbHG aufgegangen[411].

Eine Zurechnung kann besonders dann gerechtfertigt sein, wenn der Dritte dem Gesellschafter sehr nahe steht, insbesondere eine wirtschaftliche Einheit mit diesem bildet[412]. Aus diesem Grunde ist u. U. auch das mit einem Gesellschafter oder der Gesellschaft verbundene Unternehmen und der für Rechnung des Gesellschafters oder eines mit diesem verbundenen Unternehmens handelnde Dritte zur Rückzahlung des Empfangenen verpflichtet[413].
Eine Übertragung auf den Bereich der Haftung der Schwestergesellschaft erweist sich zunächst als problematisch, denn im vorliegenden Fall wird eine

---

[406]   *Sernetz/Haas,* Kapitalaufbringung und -erhaltung in der GmbH, Rdnr. 405.

[407]   *Altmeppen,* in: Roth/Altmeppen, GmbHG, § 30, Rdnr. 31.

[408]   *Westermann,* in: Scholz, GmbHG, § 30, Rdnr. 28 f.; *Hueck/Fastrich,* in: Baumbach/Hueck, GmbHG, § 31, Rdnr. 12.

[409]   *Lutter/Hommelhoff,* GmbHG, § 31, Rdnr. 5; *Goette,* Die GmbH, § 3, Rdnr. 39 ff.

[410]   BT-Drucks. 8/1347 zu § 32 a V.

[411]   BGHZ 81, 311, 315.

[412]   BGH NJW 1982, 383, 384 f.; BGH NJW 1991, 357, 358; BGHZ 81, 311, 315; *Pentz,* in: Rowedder, GmbHG, § 31, Rdnr. 10, *Hueck/Fastrich,* in: Baumbach/Hueck, GmbHG, § 31, Rdnr. 12; *Lutter/Hommelhoff,* GmbHG, § 31, Rdnr. 17.

[413]   BGHZ 31, 365, 368; BGHZ 81, 311, 315; BGHZ 105, 168, 175; BGH DStR 1991, 227; BGH NJW 1996, 589; BGH NJW 1997, 740; BGH NJW 1999, 2822; vgl. auch § 32a Abs. 5 des RegE zur GmbH-Novelle, BT-Drucks 8/1347 S. 10, BGHZ 81, 315, 317.

Zahlung an eine eigenständige Rechtspersönlichkeit geleistet, welche mit der anderen abhängigen GmbH an sich in keinem Zusammenhang steht[414]. Erst aufgrund der Gesellschaftsstrukturen und der Mehrheitsverhältnisse lässt sich durch den Konzerntatbestand eine Verbindung zwischen allen Beteiligten herstellen[415]. Nach Ansicht des *Bundesgerichtshofes* soll genau diese Verbindung ausreichen, um aus der Stellung der Schwestergesellschaft als eigentlich unabhängige Dritte, eine Nähebeziehung zur Muttergesellschaft und damit auch zu der anderen Schwestergesellschaft herleiten zu können[416]. In der Konsequenz bedeutet dies, dass der herrschende Gesellschafter sowie die Schwestergesellschaft für die Rückzahlung des zugeflossenen Vermögensvorteils zu haften haben[417].

Die Haftung der Schwestergesellschaft im Rahmen des §§ 30, 31 GmbHG entsteht hier einzig und allein aufgrund der Konzernlage. Dadurch, dass bei beiden Schwestergesellschaften im o. g. Beispiel dasselbe herrschende Unternehmen im Hintergrund steht, reicht es aus, dass sich eine grundsätzlich unbeteiligte Schwestergesellschaft Haftungsansprüchen ihrer Konzernschwester ausgesetzt sieht[418]. Die eigenständige Rechtsform und das zugrunde liegende eigenständige Rechtsgeschäft zwischen den beiden Schwestergesellschaften kann danach nicht mehr isoliert werden, sondern muss im Konsens mit der Konzernverbindung betrachtet werden[419], wobei jedoch hervorgehoben werden muss, dass diese Haftung nur dann eingreift, wenn der Schwestergesellschaft auch Vermögenswerte im Sinne der §§ 30, 31 GmbHG zugeflossen sind.

Man könnte meinen, der vorliegende Sachverhalt ließe sich nicht zur Herleitung der horizontalen Haftung heranziehen, da nicht vergessen werden darf, dass der einen Schwestergesellschaft nur aufgrund des Verhaltens der gemeinsamen

---

[414]  Ebenfalls: *Lutter/Hommelhoff*, GmbHG, § 30, Rdnr. 39 ff.; *Fleck*, in FS 100 Jahre GmbHG, S. 391, 415.

[415]  *Raiser*, in: FS Ulmer, S. 493, 506 f.; *Lutter/Hommelhoff*, GmbHG, § 30, Rdnr. 25.

[416]  BGHZ 81, 311, 315 f.; 81, 365, 368; BGH NJW 1991, 357; 1991, 1057, 1059.

[417]  Dem BGH folgend: *Rohwedder*, GmbHG, § 31, Rdnr. 7; teilweise weiter *Meister*, WM 1980, 390, 395; enger, da Haftung nur, wenn Dritter treibende Kraft bei der Auszahlung *Westermann*, in: Scholz, GmbHG, § 30, Rdnr. 35; ablehnend *Altmeppen*, in: Roth/Altmeppen, GmbHG, § 30, Rdnr. 53, welcher generell in dieser Konstellation nur die Muttergesellschaft haften lässt; *ders.*, in: FS Kropff, S. 642, 652.

[418]  In diesem Sinne *Altmeppen*, in: Roth/Altmeppen, GmbHG, § 30, Rdnr. 66, 68, welcher jedoch eine Haftung der begünstigten Schwestergesellschaft nur dann zulässt, wenn diese rechtlich oder zumindest mittelbar an der auszahlenden Gesellschaft beteiligt ist und ansonsten ablehnt; *ders.*, in: FS Kropff, S. 642, 652; *Fleck*, in: FS 100 Jahre GmbHG, S. 391, 415, welcher feststellt, dass die empfangende GmbH Einfluss auf das Verhalten der benachteiligten Gesellschaft ausgeübt haben muss.

[419]  *Westermann*, in: Scholz, GmbHG, § 30, Rdnr. 34.

Muttergesellschaft ein Vermögensvorteil zu Lasten einer anderen Gesellschaft zufließt. Hier setzt *Raiser* an und möchte grundsätzlich einen Haftung der Schwestergesellschaften begründen, wenn ein Haftungsdurchgriff gegenüber dem beherrschenden Gesellschafter nicht mehr möglich ist[420]. Offen bleibt jedoch hier seine dogmatische Grundlage. Deutlich wird, das *Raiser* seinen Haftungsansatz mit den Kapitalschutzregeln begründen möchte[421]. Offen bleibt ebenfalls, ob es sich hierbei um die Anwendung der Regeln des sog. existenzvernichtenden Eingriffs und der analogen Anwendung der §§ 30, 31 GmbHG oder um eine direkte Anwendung der §§ 30, 31 GmbHG handelnd. Zwar bezieht *Raiser* sich explizit auf die „Bremer Vulkan"-Entscheidung des *Bundesgerichtshofes*[422], es wird aber nicht deutlich abgegrenzt, ob es sich im Rahmen der Verlagerung um nicht mehr feststellbare und identifizierbare Eingriffe handelt oder es sich um identifizierbare Einzeleingriffe handelt, bei denen aufgrund der Subsidiarität der Anwendung der Regel des existenz- vernichtenden Eingriffes gegen über der direkten Anwendung der §§ 30, 31 GmbHG berücksichtigt werden muss[423].

Als Fazit ist festzuhalten, dass sich der Gedanke der horizontalen Haftung innerhalb einer gleichgeordneten Konzernebene schon in einigen Haftungselementen des GmbH-Konzernrechtes festgesetzt hat - auch wenn dies mit Sicherheit unbewusst geschah - da meist aufgrund der eintretenden gesamtschuldnerischen Haftung in den o. g. Fällen der §§ 30, 31 GmbHG der Fokus auf die herrschende Gesellschaft gelegt wird.
Eine Schwestergesellschaft kann sich Ansprüchen einer anderen Konzernschwestergesellschaft ausgesetzt sehen, wenn bei der anderen Schwestergesellschaft eine Verletzung des Kapitalerhaltungsgebots durch das vorgenommene Geschäft eingetreten, die Vornahme des Geschäftes auch unter dem Einfluss der Konzernmuttergesellschaft geschah und der in Anspruch genommenen Schwestergesellschaft ein Vorteil zugeflossen ist[424]. Dieser Gesichtspunkt kann eventuell als tragender Ansatz für die Herleitung einer allgemeinen horizontalen Haftung dienen.
Der Ansicht des *Bundesgerichtshofes* folgend, reicht eine Nähebeziehung zur Muttergesellschaft zur Herleitung einer Haftung der im Rahmen der

---

[420]   *Raiser*, in: FS Ulmer, S. 493, 509.

[421]   *Raiser*, in: FS Ulmer, S. 493, 507.

[422]   *Raiser*, in: FS Ulmer, S. 493, 504, 509.

[423]   Siehe hierzu *Altmeppen*, in: Roth/Altmeppen, GmbHG, Anh. § 13, Rdnr. 161 f.; BGHZ 149, 10, 16; BGHZ 150, 61.

[424]   *Westermann*, in: Scholz, GmbHG, § 30, Rdnr. 35; *Raiser*, in: FS Ulmer, S. 493, 506 f.

Vermögensverschiebung begünstigten Schwestergesellschaft aus[425]. Allerdings darf man hierbei nicht außer acht lassen, dass als Bestandteil der Nähebeziehung bei verbundenen Unternehmen auch für erforderlich gehalten wird, dass im Ergebnis der Dritte sich einem Gesellschafter gleich der benachteiligten GmbH gegenüber verhalten hat.[426] In der Konsequenz bedeutet dies, dass der herrschende Gesellschafter sowie die Schwestergesellschaft für die Rückzahlung des zugeflossenen Vermögensvorteils haftbar sind[427].

Diese Art einer horizontalen Haftung ist mittlerweile anerkannt, führt jedoch nicht zu einer Haftung der begünstigten Schwestergesellschaft im Verhältnis zu den Gläubigern der benachteiligten GmbH. Direkte Ansprüche der Gläubiger der benachteiligten Schwestergesellschaft können auf diesem Wege nicht hergeleitet. Die Frage nach Direktansprüchen der Gläubiger blieb somit bislang unbeantwortet.

Das neuere Urteil des *Bundesgerichtshofes*[428] lässt erkennen, dass eine Haftung in GmbH-Konzernen nicht mehr aufgrund der Konzerngefahr entstehen soll, sondern auch die Kapitalerhaltungsvorschriften mit heranzuziehen sind[429]. Unabhängig von der zur Zeit noch strittigen Interpretation der genauen dogmatischen Auswirkungen dieser Feststellung[430] bejaht der BGH eine Haftungsmöglichkeit aufgrund rein gesellschaftsrechtlicher Herleitung[431]. Hierbei ist jedoch zu beachten, dass die direkte Anwendung der §§ 30, 31 GmbHG im Rahmen der Regeln des sog. existenzvernichtenden Eingriffes vor geht[432].
Ausgehend von der Grundnorm des § 30 Abs. 1 GmbHG ist die Erstattungsregelung rein auf die vermögensmäßige Sicherung des gesellschaftsvertraglich festgelegten Stammkapitals ausgerichtet[433].

---

[425] BGHZ 81, 311, 315 f.; 81, 365, 368; vergl. auch BGH ZIP 1990, 1593, 1595; BGH NJW 1991, 357; 1991, 1057, 1059; BGH ZIP 1992, 242, 244; BGH ZIP 1986, 68 f.; ausdrücklich ablehnend *Altmeppen*, in: Roth/Altmeppen, GmbHG, § 30, Rdnr. 53.

[426] *Altmeppen*, in: FS Kropff, S. 642, 650; *Hueck/Fastrich*, in: Baumbach/Hueck, GmbHG, § 31, Rdnr. 12, welche dies explizit für den Treuhänder ausführen.

[427] Dem BGH folgend: *Rohwedder*, GmbHG, § 31, Rdnr. 7; teilweise weiter *Meister,* WM 1980, 390, 395; enger, da Haftung nur, wenn Dritter treibende Kraft bei der Auszahlung *Westermann*, in: Scholz, GmbHG, § 30, Rdnr. 35.

[428] BGH NJW 2001, 3622 „Bremer Vulkan".

[429] BGH aaO., S. 3623.

[430] Siehe Seite 78.

[431] *Vetter*, ZIP 2003, 601, 609.

[432] BGHZ 149, 10, 16; *Altmeppen*, in: Roth/Altmeppen, GmbHG, Anh. § 13, Rdnr. 161.

[433] *Servatius*, GmbHR 2000, 1028, 1029.

Wie bereits für die vertikale Konzernverbindung dargestellt, führt unter bestimmten Voraussetzungen die Verletzung der Kapitalstruktur im Rahmen der §§ 30, 31 GmbHG zu einer Haftung auch der Schwestergesellschaft. Hierbei ist allerdings noch keine Antwort auf die Frage nach dem Schutz der Gläubiger der benachteiligten Schwestergesellschaft gefunden. In der einschlägigen Rechtsprechung[434] werden die Fällen der Geltendmachung durch die geschädigte GmbH bzw. ihren Insolvenzverwalter behandelt. Der direkte Gläubigeranspruch wurde hierbei nicht problematisiert. Grundsätzlich ist die geschädigte GmbH Gläubiger des Erstattungsanspruches nach §§ 30, 31 GmbHG[435].

Mit Blick auf die Horizontalhaftung würde die Möglichkeit einer Gewährung eines Direktanspruches der Gläubiger der benachteiligten GmbH zu einer Steigerung des Gläubigerschutzes und einer der horizontalen Haftung im Gleichordnungskonzern vergleichbaren Haftungslage führen. Eine Ausübungsermächtigung für die Gesellschaftsgläubiger entsprechend § 62 Abs. 2 S. 1 AktG kennt das GmbH-Recht nicht.

Ein derartiger Direktanspruch der Gläubiger ist auch nicht anzuerkennen, da dadurch die Stellung des Insolvenzverwalters ausgehöhlt würde. Anspruchsinhaber ist die Gesellschaft und die Geltendmachung erfolgt in der Insolvenz dann durch den Insolvenzverwalter[436]. Ihm steht die Aufgabe der Sicherung des vorhandenen Vermögens und der Eintreibung offener Forderungen zugunsten der Haftungsmasse zu. Ein Direktanspruch würde seine Stellung schwächen und dem Haftungspool Vermögenswerte oder -ansprüche entziehen.

Teilweise wird als systemgerecht angesehen, einen Direktanspruch dann zu gewähren, wenn das Insolvenzverfahren nicht eröffnet wird[437]. Bei dieser Konstellation läge kein Spannungsverhältnis zum Insolvenzverwalter vor.

Dies beseitigt jedoch nicht die übrigen grundlegenden Probleme, welche sich durch die Gewährung eines Direktanspruches ergäben.

Ein Gläubiger könnte seine Forderungen im Rahmen der §§ 30, 31 GmbHG ausschließlich bis zur Höhe des Gesamtanspruches aus § 31 GmbHG geltend machen.

---

[434] Z. B. BGH NJW 1982, 383; BGH NJW 1991, 357; BGHZ 81, 311.

[435] *Lutter/Hommelhoff,* GmbHG, § 31, Rdnr. 2; *Hueck,* in: Baumbach/Hueck, GmbHG, § 31, Rdnr. 7; *Rowedder,* GmbHG, § 31, Rdnr. 2; *Westermann,* in: Scholz, GmbHG, § 31, Rdnr. 8 ff.

[436] *Goerdeler/Müller,* in: Hachenburg, GmbHG, § 31, Rdnr. 13.

[437] *Eschenbruch,* Konzernhaftung, Rdnr. 3400.

Die exakte Höhe dieser Beschränkung ist für den Gläubiger allerdings nicht allein feststellbar. Er wäre gezwungen, zunächst im Rahmen einer Auskunftsklage gegen die Gesellschaft vorzugehen, um die mögliche Höhe des Anspruches festzustellen. Erst im Anschluss wäre eine Zahlungsklage gegen den Schuldner des Erstattungsanspruches - begrenzt in der Höhe - möglich. Eine Verkürzung des Rechtsweges wäre nicht gegeben, da hier zwei Klagen notwendig wären. Weiterhin muss deutlich gemacht werden, dass eine Übertragung der Regelungen des § 117 Abs. 3 und Abs. 5 AktG auf den GmbH-Konzern ausscheidet. Während für den Aktienkonzern die oben dargestellte Anspruchsdurchleitung auf den Gläubiger in Form einer Ausfallhaftung ausdrücklich normiert worden ist, fehlt diese oder eine vergleichbare Vorschrift im GmbH-Recht. Aufgrund der Bedeutung und der ansonsten entstehenden Ansprüche bedarf es für eine Übertragung in das GmbH-Recht der Entscheidung des Gesetzgebers. Die mitgliedschaftliche Struktur der GmbH unterscheidet sich maßgeblich von der Struktur der Aktiengesellschaft. Aber auch die Anwendungsvoraussetzungen des § 117 AktG dürften im horizontalen Verhältnis zwischen den Konzernschwestergesellschaften selten vorliegen, da § 117 Abs. 3 AktG von einer vorsätzlichen Beeinflussung des Schädigers bzw. des Begünstigten ausgeht. Bei einer solchen direkten horizontalen Einflussnahme würden jedoch die §§ 30, 31 GmbHG direkt zur Anwendung kommen.

### D) Fazit hinsichtlich Anwendbarkeit der §§ 30, 31 GmbHG im horizontalen Verhältnis

Der Weg der Pfändung- und Überweisung des Erstattungsanspruches aus §§ 30, 31 GmbH durch den Gläubiger bei der benachteiligten GmbH erscheint vorzugswürdig, da hier auch das Trennungsgebot und die juristische Eigenständigkeit der Gesellschaften gewahrt bleiben[438].
Auf die Problematik der Wirksamkeit dieser Maßnahmen im Hinblick darauf, inwiefern der Gesellschaft eine vollwertige Gegenleistung im Gegenzug gewährt worden ist, braucht im Rahmen dieser Arbeit nicht eingegangen werden[439].
Ein Direktanspruch des Gesellschaftsgläubigers gegen eine Schwestergesellschaft der betroffenen Konzerngesellschaft, welcher im Rahmen einer generellen horizontalen Konzernhaftung hergeleitet werden soll, ist nicht gegeben, so dass eine direkte horizontale Haftung der einen

---

[438]  Ebenso *Hueck*, in: Baumbach/Hueck, GmbHG, § 31, Rdnr. 7. *Westermann*, in: Scholz, GmbHG, § 31, Rdnr. 8 ff.; *Lutter/Hommelhoff*, GmbHG, § 31, Rdnr. 2 f.

[439]  Für den Verzicht auf einen Gegenleistung RGZ 92, 81; *Hueck*, in: Baumbach/Hueck, GmbHG, § 31, Rdnr. 7; *Lutter/Hommelhoff*, GmbHG, § 31, Rdnr. 3; BGHZ 69, 283.

Schwestergesellschaft für die Verbindlichkeiten einer anderen Gesellschaft gleicher Ebene nicht vorliegt.

## § 6 Gleichordnungskonzern als Herleitung für horizontale Haftung

Im Folgenden möchte ich mich nunmehr dem Gleichordnungskonzern widmen. Die Besonderheit des Gleichordnungskonzerns besteht darin, dass an der Spitze nicht ein herrschendes Unternehmen steht, sondern ein Gleichordnungsorgan[440]. Allein die in § 18 Abs. 2 AktG fixierte gesetzliche Definition des Gleichordnungskonzerns legt es nahe, dass hier ein Grundbaustein für die horizontale Haftung zu finden ist. Dem Leitbild des Gesetzgebers, der selbständige Unternehmen auf einer Ebene nebeneinander als Gleichordnungskonzern definiert, ist das Konzernverhältnis der Schwestergesellschaften nicht fern. Bei genauerer Betrachtung des Konzernschwesterverhältnisses stellt sich diese ebenfalls als Nebeneinander grundsätzlich nicht direkt von einander abhängiger Gesellschaften auf der gleichen Stufe dar.

### A) Konzernrechtliche Lage des Gleichordnungskonzerns

Von Gleichordnungskonzernen wird gesprochen, wenn sich mehrere Unternehmen unter eine einheitliche Leitung stellen, aber - im Gegensatz zu dem klassischen Über-/ Unterordnungskonzern - keines der beteiligten Unternehmen mit einem anderen beteiligten Unternehmen in einem Abhängigkeitsverhältnis steht, § 18 Abs. 2 AktG[441]. Dieser Zusammenschluss soll i. d. R. durch einen Gleichordnungsvertrag zustande kommen und zur Begründung einer BGB-Gesesellschaft führen[442].
Die einheitliche Leitung wird häufig institutionalisiert, in Holdinggesellschaften oder anderen Gemeinschaftsunternehmen mit Leitungsaufgaben zusammengefasst[443] oder durch eine Verflechtung der Leitungsorgane ausgeübt. Weitere Mittel der Verflechtung sind die personellen Überschneidungen in den beteiligten Unternehmen[444]. Wie *Lutter* feststellt, sind i. d. R. der Phantasie der Gesellschafter der beteiligten Unternehmen keine Grenzen gesetzt[445]. Dies gilt

---

[440]   *Anderson/Schmidt*, Durchgriffshaftungen bei Einschiffgesellschaften, S. 48.

[441]   *Emmerich*, in: Emmerich/Sonnenschein, KonzernR, § 4, S. 65 spricht hier auch von einer Gleichberechtigung der beteiligten Unternehmen.

[442]   *Hüffer*, AktG, § 18, Rdnr. 20.

[443]   *Geßler*, in: G/H/E/K, AktG,§ 18, Rdnr. 70.

[444]   *Krieger*, in: MünchHb. AG, § 68, Rdnr. 80.

[445]   *Lutter/Hommelhoff*, GmbHG, Anh. § 13, Rdnr. 87.

aber nur solange die Grenzen zum Über-/Unterordnungskonzern nicht überschritten werden, die zugegebenermaßen fließend sein können. Es stellt sich die Frage, ob gleichermaßen wie beim Über-/Unterordnungskonzern zwischen einem faktischen und qualifiziert faktischen Gleichordnungskonzern zu differenzieren ist. Dies bedingt allerdings, dass diese, aus dem klassischen Konzernbild des Über-/Unterordnungskonzernes entnommene Sichtweise, auch im Bereich des Gleichordnungskonzerns zur Geltung kommt. Auf den ersten Blick erscheint dies nicht problemlos möglich zu sein, da Grundlage für die Gleichordnung i. d. R. ein Gleichordnungsvertrag ist. Ohne Vertrag wird zunächst auch kaum eine Gleichordnung angenommen werden können und somit auch kein faktischer Gleichordnungskonzern. Allerdings besteht die Möglichkeit, die erforderliche einheitliche Leitung durch die vorgenannte Personalunion herzustellen. In diesem Fall liegt dann ein faktischer Gleichordnungskonzern ohne Vertragsgrundlage vor[446], in dem sich die gemeinsame Willensbildung dann folglich nicht nach Gesellschaftsrecht, sondern nach dem Gemeinschaftsrecht richtet[447].

Eine Differenzierung zwischen Vertragskonzernen, faktischen und qualifiziert faktischen Konzernen ist daher ebenfalls im Bereich der Gleichordnungskonzerne möglich.

### B) Wesensunterschied des Unterordnungskonzerns zum Gleichordnungskonzern

In der Gegenüberstellung der verschiedenen Definitionen des Über-/Unterordnungskonzerns zum Gleichordnungskonzerns wird deutlich, dass die Unterscheidung an der rechtlichen Stellung der beteiligten Unternehmen festzumachen ist. Während in einem Über-/ Unterordnungskonzern ein Unternehmen eine starke und eben herrschende Rolle spielt, die von den anderen Unternehmen zu tolerieren ist, sind im Gleichordnungskonzern gleich starke Partner zu finden, die sich überwiegend aus rein wirtschaftlichen Interessen zusammen geschlossen haben. Genau dies zeigt sich an der rechtlichen und auch wirtschaftlichen Selbständigkeit, die die Unternehmen im Gleichordnungskonzern besitzen. Teilweise kann es zwar durch die Verbindung mit den anderen Unternehmen zu gewissen Einschränkungen ihrer Freiheiten kommen, der Kern der rechtlichen Selbständigkeit muss aber grundsätzlich unberührt bleiben, da man die Ebene des Gleichordnungskonzerns ansonsten verlassen und sich in den Bereich eines Über-/Unterordnungskonzerns begeben würde.

---

[446]   BGHZ 121, 137, 146 ff.; *Krieger*, in: MünchHb. AG, § 68, Rdnr. 82.

[447]   BGH AG 1993, 334, 335; *Landsittel*, BB 1994, 799, 801.

## C) Charakteristika eines Gleichordnungskonzerns

Im Hinblick auf die vom BGH angewandte eingeschränkt funktionale Unternehmertheorie erscheint es mehr als fragwürdig, wenn mitunter die Behauptung geäußert wird, der Gleichordnungskonzern sei in der Praxis selten anzutreffen und spiele im Bereich der Konzernhaftung keine Rolle[448]. Dem ist entgegenzusetzen, dass aufgrund besonderer rechtlicher Hindernisse die Versicherungsvereine auf Gegenseitigkeit (VvaG) überwiegend in Gleichordnungskonzerne eingebunden sind[449]. Die Rechtsform der Unterordnungskonzerne verbietet sich, da besondere Anforderungen an die Selbständigkeit der einzelnen VVaGs notwendig sind[450]. Aber gerade auch die zunehmende Globalisierung erfordert von heutigen Unternehmen eine ständige Bereitschaft zu immer größer zu werdenden Investitionen, die häufig nur durch eine Zusammenarbeit von mehreren Unternehmen bewältigten sind. Im Gegensatz zu den besonderen Über-/Unterordnungsvoraussetzungen lässt sich ein Gleichordnungskonzern teilweise allein durch eine personenidentische Besetzung der Leitungspositionen innerhalb der beteiligten Unternehmen herbeiführen[451]. Diese Verflechtung lässt sich ohne viel Aufwand jederzeit wieder aufheben. Die hierdurch begründete Flexibilität ist als weiterer Vorteil zu nennen, der den Gleichordnungskonzernen auch in Zukunft ihren Bestand zusichert.

## I.) Das Wesen der Gleichordnung

Wie bereits dargelegt, setzt sich ein Gleichordnungskonzern nach der Legaldefinition des § 18 Abs. 2 AktG aus rechtlich selbständigen Unternehmen zusammen, die - ohne eine Abhängigkeit der einzelnen Unternehmen untereinander zu begründen - unter einheitlicher Leitung zusammengefasst sind. Sehr viel mehr als diese unbefriedigenden Voraussetzungen enthält das AktG über den Gleichordnungskonzern nicht. So kommt es, dass weder über den Tatbestand, noch über die rechtliche Behandlung eine eindeutige Klarheit erzielt werden konnte und Schutzvorschriften zugunsten von Gläubigern und Mitgesellschaftern für entbehrlich gehalten worden sind[452]. Herauskristallisiert haben sich jedoch einige Anhaltspunkte bezüglich der Organisation der einheitlichen Leitung und der kartellrechtlichen Würdigung. Ebenso ist im

---

[448]  *Eschenbruch,* Konzernhaftung, Rdnr. 2059.

[449]  *Peiner,* VersW 1992, 902, 921.

[450]  Vergl. *Prölss,* Kommentar zum VAG, vor § 15, Rdnr. 22, 24.

[451]  *Milde,* Der Gleichordnungskonzern im Gesellschaftsrecht, S. 109; näheres hierzu Seite 98.

[452]  Begr. RegE, in *Kropff,* AktG, S. 377.

Hinblick auf den Versuch der Entwicklung einer horizontalen Haftung, deren Übertragbarkeit auf Unterordnungskonzerne sowie das Zusammentreffen von Gleich- und Unterordnungskonzernen das Merkmal einer fehlenden Abhängigkeit zumindest rudimentär in der Rechtswissenschaft behandelt worden.

## II.) Notwendigkeit und Umfang einer einheitlichen Leitung

Im Gegensatz zum Unterordnungskonzern muss die einheitliche Leitung im Bereich des Gleichordnungskonzerns positiv festgestellt werden.[453] Zwar schweigt sich das AktG darüber aus, wie eine einheitliche Leitung hergestellt werden kann, dennoch hat sich die Rechtswissenschaft unter dem Druck der Erkenntnis, dass es heutzutage die verschiedensten Varianten einer einheitlichen Leitung geben kann, auf einen wohl denkbar kleinsten gemeinsamen Nenner geeinigt[454]. Demnach soll dann eine einheitliche Leitung und damit eine einheitliche Leitungsinstanz vorliegen, wenn Fragen der Geschäftsführung in den grundsätzlichen Unternehmensbereichen aufeinander abgestimmt werden[455]. Hierbei sollen die Bereiche der Finanz- und Investitionsplanung als essentiell gelten[456].

Um diese einheitliche Leitung herzustellen, ergeben sich hauptsächlich zwei anerkannte Möglichkeiten[457]:

### 1.) Personenidentische Besetzung

Zum einen besteht die Möglichkeit einer personenidentischen Besetzung der Gesellschaftsorgane[458]. Eine Verfestigung des angestrebten Zieles und Steuerung der personenidentischen Besetzung lässt sich problemlos durch eine Verankerung in den Satzungen der beteiligten Unternehmen und der

---

[453]   *Gromann*, Die Gleichordnungskonzerne im Konzern- und Wettbewerbsrecht, S. 5.

[454]   *Wellkamp*, DB 1993, 2517.

[455]   *Wellkamp*, aaO.; *Emmerich*, in: Emmerich/Sonnenschein, KonzernR, § 4, S. 69 fordert, dass sich die Leitung auf die Unternehmen in ihrer Gesamtheit bezieht, da man seiner Meinung nach ansonsten nicht von einer einheitlichen Leitung sprechen kann.

[456]   *Gromann*, Die Gleichordnungskonzerne im Konzern- und Wettbewerbsrecht, S. 14 ff.; *Koppensteiner*, in: KK AktG, § 18, Rdnr. 19.

[457]   Detaillierte Herleitung bei *Milde*, Der Gleichordnungskonzern im Gesellschaftsrecht, S. 70 ff.

[458]   *Lutter/Drygala*, ZGR 1995, 557, 558; *Scheffler*, in: FS Goerdeler, S. 470, 471; *Müller-Wiedenhorn*, VvaG im Unternehmensverbund, S. 205 ff.

Geschäftsordnungen von Vorstand und Aufsichtsrat erreichen[459]. Auch die Möglichkeit der Schaffung eines Leitungsorgans durch Etablierung einer BGB-Gesellschaft zwischen den beteiligten Unternehmen ist denkbar[460]. Auf diesem Wege lässt sich das Merkmal der einheitlichen Leitung unproblematisch erfüllen[461]. Eine solche Besetzung sorgt i. D. R. dafür, dass bei den beteiligten Unternehmen auch die gleiche Zielsetzung des Konzerns definiert und eingehalten wird.

## 2.) Gleichordnungsvertrag

Zum anderen kann der Weg des sog. Gleichordnungsvertrages gewählt werden[462]. Hierin legen die beteiligten Unternehmen die erforderlichen Zweckbestimmungen und Leitungskompetenzen fest[463]. Dies können zum Beispiel auch die Schaffung eines einheitlichen Leitungsorgans oder die Bestimmung einer der konzernierten Gesellschaft zur Leitungsausübung sein[464]. Im Wesentlichen ist die Möglichkeit der Schaffung des Gleichordnungsverhältnisses durch diesen Vertrag in der Rechtslehre und -sprechung unumstritten[465].

Uneinigkeit herrscht allerdings in der rechtlichen Bewertung dieses Vertrages und der damit zusammenhängenden eventuell notwendigen Zustimmung der Gesellschafter/Aktionäre der Unternehmen. Hierauf soll nur kurz zum Verständnis des Streitpunktes eingegangen werden.

Die h. M. sieht in dem Gleichordnungsvertrag einen schuldrechtlichen Vertrag und keinen Unternehmensvertrag[466]. Diese Ansicht wird dadurch hergeleitet, dass § 291 AktG allein den Beherrschungsvertrag für eine Über-/Unterordnung und gerade nicht den Gleichordnungsvertrag aufführt, da hier keine Abhängigkeit gegeben ist[467]. Dies wird untermauert durch die Begründung zum

---

[459]  *Lutter/Hommelhoff*, GmbHG, Anh. § 13, Rdnr. 87.

[460]  *Emmerich*, in: Emmerich/Habersack, Aktien- und GmbH-Konzernrecht, §18, Rdnr. 21.

[461]  In diesem Sinne *Bayer*, in: MünchKomm AktG, § 18, Rdnr. 54.

[462]  *Milde*, Der Gleichordnungskonzern im Gesellschaftsrecht, S. 107; *Scheffler*, in: FS Goerdeler, S. 470, 471.

[463]  *Bayer*, in: MünchKomm AktG, § 18, Rdnr. 52.

[464]  *Henze*, Konzernrecht: Höchst- und obergerichtliche Rechtsprechung, Rdnr. 70.

[465]  Siehe z. B. *Emmerich*, in: Emmerich/Sonnenschein, KonzernR, § 4, S. 70; *Milde*, Der Gleichordnungskonzern im Gesellschaftsrecht, S. 107.

[466]  *Hüffer*, AktG, § 291, Rdnr. 34; *Kuhlmann/Ahnis*, Konzernrecht, S. 42; *Bayer*, in: MünchKomm AktG, § 18, Rdnr. 52; a. A. *Schmidt*, ZHR 155 (1991), 417, 427.

[467]  Eine Ausnahme wird nur dann gemacht, wenn im Gleichordnungsvertrag auch Bestandteile der in § 291 AktG geregelten Fälle mit aufgenommen werden,

Regierungsentwurf, in der die Anwendung der §§ 293 ff. AktG auf den Gleichordnungsvertrag für entbehrlich gehalten wurde, da „die Gesellschaft in einem derartigen Gleichordnungskonzern selbst an der Willensbildung beteiligt ist" und dadurch nicht dieselben Gefahren wie von einem Beherrschungsvertrag ausgehen[468].

Andererseits wird jedoch vertreten, dass aus Gründen des Schutzes der Mitwirkung der Gesellschafter/Aktionäre gerade doch diese Einordnung als Unternehmensvertrag i. S. d. § 291 AktG notwendig sei[469]. Begründet wird dies damit, dass in Anlehnung an die Holzmüller-Entscheidung des BGH[470] dann die Entscheidung der Gesellschafter/Aktionäre eingeholt werden muss, wenn eine Veränderung der Entscheidungsabläufe und Willenbildungsprozesse zu Gunsten außenstehender Dritter eintritt. Durch die Verlagerung dieser Prozesse auf das Konzerngebilde, welches die einheitliche Leitung ausübt, bestimmt die einzelne Gesellschaft nur mit und besitzt nicht mehr allein die Entscheidungsgewalt über die Geschäftsabläufe. Auch seien damit die typischen Gefahrenlagen für die Gläubiger, Gesellschafter vergleichbar mit denen bei einem Unterordnungskonzern[471]. Somit sei zumindest § 293 Abs. 1 S. 1 AktG analog anzuwenden[472].

Meines Erachtens stellt gerade der Vergleich mit der Holzmüller-Entscheidung das entscheidende Argument für eine zumindest analoge Anwendung des § 293 Abs. 1 S. 1 AktG dar. Ließe man zu, dass die Geschäftsführung ohne direkte Kontrolle Leitungskompetenzen aufgrund eines Gleichordnungsvertrages zumindest auch teilweise an Dritte abtritt, würde man die vom BGH geforderte Mitwirkung und die damit verbundene Kontrolle einer Gesellschafter- oder Hauptversammlung umgehen. Selbst wenn es der Gesetzgeber bei der Begründung des Regierungsentwurfes[473] damals nicht für erforderlich hielt, den Gleichordnungsvertrag in § 291 AktG zu normieren, ändert dies nichts an der Möglichkeit, dies heute im Lichte der BGH-Entscheidung zu tun. Der Wortlaut des § 291 Abs. 2 AktG besagt, dass kein

---

z. B. Gewinngemeinschaft § 291 I Nr. 1 AktG, siehe hierzu *Hüffer*, AktG, § 291, Rdnr. 35.

[468] Begr. RegE, in *Kropff*, AktG, S. 377; zustimmend *Krieger*, in: MünchHb. AG, § 68, Rdnr. 85.

[469] *Schmidt*, ZHR 155 (1991), 417, 427; ebenso *Emmerich*, in: Emmerich/Habersack, Aktien- und GmbH-Konzernrecht, § 291, Rdnr. 23 f., wobei offen bleibt ob eine direkte oder analoge Anwendung in Frage kommt.

[470] BGHZ 83, 122 „Holzmüller".

[471] *Emmerich*, in: Emmerich/Habersack, Aktien- und GmbH-Konzernrecht, §18, Rdnr. 29a.

[472] *Wellkamp*, DB 1993, 2517, 2519.

[473] Begr. RegE, in *Kropff*, AktG, S. 377

Beherrschungsvertrag vorliegt. Diese Argumentation ist zutreffend, denn es geht feststellbar gar nicht um eine Abhängigkeit aufgrund Über- oder Unterordnung. Auch in diesen Konstellationen besteht die Gefahr der Verlagerung der Entscheidungskompetenzen. Die analoge Anwendung des § 293 Abs. 1 S. 1 AktG ist im Ergebnis zumindest im Hinblick auf die Zuständigkeiten der Hauptversammlung bewusst zu bejahen.

### III.) Fehlen vollständiger Abhängigkeit im Gleichordnungskonzern

Gegenüber dem Streit um den Gleichordnungsvertrag ist der Höchstumfang der einheitlichen Leitung und die damit verbundene Höchstgrenze unbestritten. Aufgrund der Definition des Gleichordnungskonzerns darf die Leitungsmacht nicht zur Entstehung eines Abhängigkeitsverhältnisses innerhalb der gleichgeordneten Gesellschaften führen, da es keine Konzernspitze, sondern lediglich eine gemeinsame Konzernleitung geben soll[474].

Festzuhalten ist, dass die einheitliche Leitung im Gleichordnungskonzern grundsätzlich nicht auf der Abhängigkeit des einen Unternehmens vom anderen Unternehmen beruhen darf[475]. Es stellt sich jedoch die Frage, ob sich definitiv festlegen lässt, dass in Gleichordnungskonzernen keinerlei Abhängigkeits- verhältnisse bestehen.

Die Interessenlage des Gesamtkonzerns kann nach logischen Gesichtspunkten nicht immer auch gleichzeitig dem Interesse der einzelnen beteiligten Unternehmen entsprechen[476]. Hieraus ergibt sich, dass mitunter zum Wohle des Konzerninteresses auch gegen die Einzelinteressen der beteiligten Unternehmen verstoßen wird[477]. Eine gewisse Abhängigkeit und ein Autonomieverlust, sei es durch wirtschaftliches Übergewicht, faktisches Durchsetzungsvermögen oder persönlichen Druck lässt sich in Unternehmensbeziehungen, welche durch die ausführenden Menschen mitgeprägt wird, nie vollständig ausschließen[478].

---

[474] *Geßler*, in G/H/E/K, AktG, § 18, Rdnr. 75.

[475] *Krieger*, in: MünchHb. AG, § 68, Rdnr. 79; *Milde*, Der Gleichordnungskonzern im Gesellschaftsrecht, S. 125.

[476] *Bayer*, in: MünchKomm AktG, § 18, Rdnr. 58 fordert, dass Nachteile durch Vorteile ausgeglichen werden können und dass im Falle von Mehrheitsentscheidungen zumindest ein Austrittsrecht existiert, damit die betroffene Gesellschaft des Gleichordnungskonzern weiterhin eigenverantwortlich geleitet werden kann; *Wellkamp*, DB 1993, 2517; *Timm*, Die Aktiengesellschaft als Konzernspitze, S. 150.

[477] So auch *Wellkamp*, DB 1993, 2517; *Bayer*, in: MünchKomm AktG, § 18, Rdnr. 58; *Lutter/Drygala*, ZGR 1995, 557, 560.

[478] Im Ergebnis ebenso *Milde*, Der Gleichordnungskonzern im Gesellschaftsrecht, S. 83 f, 127; *Müller-Wiedenhorn*, VvaG im Unternehmensverbund, S. 216 ff., welcher dies auch ausdrücklich eine Abhängigkeit von einer Leitungsgesellschaft negiert.

Auf den ersten Blick mag diese Feststellung verwundern und Anlass geben, die Konsequenz zu ziehen, dass Gleichordnungskonzerne streng genommen entgegen dem Gesetzeswortlaut nicht darstellbar sind. Bei jedem Ansatz von Druck und Beeinflussung der Leitung der beteiligten Unternehmen wäre dann unmittelbar ein Über-/ Unterordnungskonzern anzunehmen[479]; für den Gleichordnungskonzern bliebe folglich kein Anwendungsbereich mehr erhalten[480]. Dies widerspricht aber eindeutig dem Wortlaut und der Grundsatzentscheidung des Gesetzgebers, welcher die Regelung für den Gleichordnungskonzern geschaffen hat. Auch ist genau zu betrachten, wo diese Art der Beeinflussung und Abhängigkeit herrührt. In kooperativen Gleichordnungskonzernen liegt die einheitliche Leitung eben nicht bei *einem* Konzernunternehmen, sondern in der Hand *der* Konzernunternehmen[481]. Dies ist als qualitativer Unterschied zu der Beherrschung eines Unternehmens durch ein anderes Konzernunternehmen zu werten.

Festzuhalten ist, dass selbst in einem paritätisch besetzten Leitungsorgan eines Gleichordnungskonzerns Entscheidungen getroffen werden, die nicht immer alle beteiligten Unternehmen gleichermaßen positiv betreffen[482]. Allein diese Unterwerfung unter die Leitung begründet noch keine Abhängigkeit i. S. d. Über-/ Unterordnungskonzerns[483]. Die Grenze wird meiner Meinung nach erst dann erreicht, wenn sich das nachteilig betroffene Konzernunternehmen nicht mehr selbst innerhalb der abgesprochenen Leitungskompetenzen und -funktionen an der Leitung beteiligen kann. Erst dann tritt eine Abhängigkeit ein, welche aus einem anderen Verhältnis herrührt und den Gleichordnungskonzern zum Über-/ Unterordnungskonzern macht[484]. Die Entscheidungen des Leitungsgremiums des Gleichordnungskonzerns können ein beteiligtes Unternehmen einmal leicht benachteiligen und ein anderes Mal begünstigen. Dies ist als Ausfluss des Zusammenschlusses grundsätzlich gleichberechtigter Unternehmens zu bewerten.

---

[479] *Schmidt,* ZHR 155 (1991), 417, 425: *Schmidt* bezeichnet dies als Verdrängungs- oder Ausweichstrategie.

[480] *Wellkamp,* DB 1993, 2517, 2518.

[481] *Lutter/Drygala,* ZGR 1995, 557, 560; *Krieger,* in: MünchHb. AG, § 68, Rdnr. 81.

[482] So *Gromann,* Die Gleichordnungskonzerne im Konzern- und Wettbewerbsrecht, S. 66, welcher hieraus den Folgerung auf die konzernrechtliche Unzulässigkeit des Gleichordnungskonzerns entwickelt; *Wellkamp,* DB 1993, 2517, 2520.

[483] *Krieger,* in: MünchHb. AG, § 68, Rdnr. 81.

[484] *Krieger* sieht diesen Punkt gekommen, wenn es an einer gleichberechtigten Mitwirkung fehlt; *Krieger,* in: MünchHb. AG, § 68, Rdnr. 81.

Eine gewisse Abhängigkeit im Sinne der Gleichordnungsvereinbarung ist folglich gegeben und kann sogar als immanent angesehen werden[485]. Es handelt sich hier jedoch um eine andere Qualität der Abhängigkeit.

### IV.) Faktischer und qualifiziert faktischer Gleichordnungskonzern

Angenommen wird heute, dass Gleichordnungskonzerne ebenfalls in Form von faktischen Gleichordnungskonzernen auftreten können[486]. Im Unterschied zu dem vertraglichen Gleichordnungskonzern liegen in einem solchen Fall weder die Schaffung gemeinschaftlicher Leitungsorgane noch besondere Absprachen der Beteiligten vor[487]. Mit Blick auf entsprechende Rechtsprechung zu diesem Themenkomplex drängt sich der Verdacht auf, dass die Form eines faktischen Gleichordnungskonzerns besonders dann gewählt wird, wenn die Tatsache einer einheitlichen Leitung vor Kartellbehörden verheimlicht werden soll[488]. Das typische Koordinierungsmittel in einem faktischen Gleichordnungskonzern dürfte die personelle Verflechtung zwischen den Geschäftsführungsorganen sein.

Nach Annahme der Möglichkeit, dass ein faktischer Gleichordnungskonzern existieren kann, ist es folgerichtig, auch die Existenz eines qualifiziert faktischen Konzerns anzuerkennen. Dieser wird immer dann anzunehmen sein, wenn die betriebswirtschaftliche Realität durch Führen der einzelnen Unternehmen als unselbständige Betriebsteile nicht mit dem juristischen Bild der rechtlichen Selbständigkeit der einzelnen Unternehmen übereinstimmt. Hier zeigt sich aber in der Literatur eine starke Abneigung, sich mit dem Thema intensiv zu beschäftigen. Der Grund hierfür wird bei näherer Betrachtung deutlich. Einhergehend mit einem Anerkenntnis eines qualifiziert faktischen Gleich-ordnungskonzerns wäre dann auch die Frage der Haftung zu klären. Wenn man konsequenterweise die Haftungsmechanismen der Über- / Unterordnungs-konzerne übernimmt - was nahe liegt, da auch die Definitionen für die qualifiziert faktische Konzernierung identisch ist - wäre man gezwungen, auch die Konzernhaftung zwischen den Mitgliedern im Gleichordnungskonzern zu thematisieren und zu übernehmen. Genau dies wird aber zu vermeiden versucht. Offenbar scheint kein Interesse an der Herleitung und Entwicklung einer

---

[485]  Ebenfalls *Bayer*, in: MünchKomm AktG § 18, Rdnr. 57.

[486]  *Krieger*, in: MünchHb. AG, § 68, Rdnr. 82; *Geßler*, in: G/H/E/K, AktG, § 18, Rdnr. 70; *Hüffer*, AktG, § 18, Rdnr. 21; *Zöllner*, in: Baumbach/Hueck, GmbHG, Schlussanhang I GmbH-KonzernR, Rdnr. 20a; *Raiser*, Recht der Kapitalgesellschaften, § 56, Rdnr. 2.

[487]  *Emmerich*, AG 1999, 529, 532.

[488]  Bundeskartellamt AG 1996, 477 „Tukan/Deil"; AG 1999, 426 „TLZV/WAZ".

horizontalen Haftungsstruktur in Konzernen zu bestehen. Vielmehr wird versucht, was *Karsten Schmidt* als Verdrängungsstrategie bezeichnet[489], nämlich eine Umqualifizierung in einen Über-/Unterordnungskonzern. Dies geht teilweise so weit, dass selbst die Gleichordnung aufgrund eines einheitlich strukturierten Leitungsgremiums in ein Über-/Unterordnungsverhältnis umdefiniert wird indem man dem tatsächlichen Leitungsgremium eine Unternehmenseigenschaft zubilligt[490]. Bei derartigen Konstellationen treten aber zwangsläufig Argumentationsprobleme auf. Wenn aufgrund fehlender vertraglicher Regelungen die Leitung nur durch ein faktisches Leitungsgremium ausgeübt wird und dieses nun als Konzernobergesellschaft qualifiziert werden soll, müssten sich auch die Konzernhaftungsansprüche gegen dieses Gremium richten. Aufgrund einer fehlenden Rechtspersönlichkeit ist es aber für Gläubiger einer Konzerngesellschaft nicht möglich, dieses Gremium mangels eigener Rechtspersönlichkeit zu verklagen. Selbst wenn man eine Rechtspersönlichkeit konstruieren würde, z. B. aufgrund eines weit her geholten konkludent abgeschlossenen GbR-Vertrages, ist ein Schutz der Gläubiger immer noch nicht erreicht, da das Leitungsgremium i. d. R. über keinerlei Vermögenswerte verfügt.

All dies führt zu dem Schluss, dass eine saubere und konsequente Herleitung eines horizontalen Haftungsbildes zwingend notwendig ist. Hier zeigt sich ebenfalls, dass das Konzept einer horizontalen Haftung im Gleichordnungskonzern geeignet ist, maßgeblich zur Entwicklung eines allgemein gültigen Haftungsmodells auch für eine vertikale Konzernierung beizutragen.

## V.) Gleichordnungskonzerne unter kartellrechtlichem Blickwinkel

Vollständigkeitshalber soll der Gleichordnungskonzern auch aus dem Blickwinkel des Kartellrechtes betrachtet werden. Obwohl strittig ist, ob der Gleichordnungskonzern dem Kartellverbot gem. § 1 GWB[491] oder der Fusionskontrolle nach § 23 ff. GWB[492] unterliegt, ist entscheidend, dass der Gleichordnungskonzern vor dem Hintergrund des sog. Konzentrationsprivilegs und der damit verbundenen Unanwendbarkeit des Kartellverbotes die Merkmale der einheitlichen Leitung, die Vermögens- und Risikogemeinschaft und u. U.

---

[489]  *Schmidt,* ZHR 155 (1991) 417, 425.

[490]  *Schmidt,* ZHR 155 (1991) 417, 425.

[491]  Vergl. hierzu *von Bar,* BB 1980, 1185 ff.; *Bunte,* in: Langen/Bunte, KartellR, § 1 GWB, Rdnr. 44.

[492]  *Schmidt,* in: Festschrift Rittner, S. 561, 577 ff.

das Dauerelement verwirklichen muss[493]. Hierdurch werden im Ergebnis die oben herausgearbeiteten Punkte, wie z. B. die einheitliche Leitung, als Anknüpfungspunkt für die Feststellung des Konzentrationsprivileges genutzt[494]. Die Betrachtung der Gleichordnungskonzerne im Bereich des Kartellrechtes macht deutlich, dass die Würdigung der Gleichordnungskonzerne im Kartellrecht wesentlich weiter ist als in der gesellschaftsrechtlichen Literatur.

### D) Haftungsverfassung beim Gleichordnungskonzern als Grundlage für die allgemeine horizontale Haftung

Im Gleichordnungskonzern fehlt es an einem herrschenden Unternehmen als Haftungssubjekt, wie es im Über-/ Unterordnungskonzern gegeben ist. Dies schließt aber die Annahme nicht aus, dass eine Art von Risikogemeinschaft zwischen den beteiligten Rechtsträgern besteht[495]. Aus diesem Grunde ist gerade die Außenhaftung der zentrale Diskussionspunkt, um Ansprüche Dritter durch die einzelnen rechtlich selbständigen Unternehmen hindurch leiten zu können. Gerade aufgrund des fehlenden Unternehmensträgers in einer eigenständigen Rechtsform muss versucht werden, unter verschiedenen Blickwinkeln die Haftung der Schwestergesellschaften innerhalb des Gleichordnungskonzerns zu begründen. Aus diesem Grunde ist es ratsam, einen genaueren Blick auf den Gleichordnungskonzern zu werfen. Bezüglich der Haftung im Gleichordnungskonzern werden diverse Ansätze vertreten, welche sich teilweise auch nur mit bestimmten Haftungstatbeständen befassen.

### I.) Vertraglicher Gleichordnungskonzern

Im Verhältnis zur faktischen und qualifiziert faktischen Konzernierung ist die Haftungsverfassung für den vertraglichen Gleichordnungskonzern überraschend deutlich und unstrittig. Nachteilige Weisungen im Gleichordnungskonzern sind generell unzulässig[496]. Gem. § 291 Abs. 3 AktG stellt ein Gleichordnungsvertrag ausdrücklich keinen Beherrschungs- und somit keinen Unternehmensvertrag i. S. d. des § 291 AktG dar. Dies rührt aus der Betrachtung her, dass im Gleichordnungskonzern keine

---

[493]   *Schmidt*, ZHR 155 (1991), 417, 431 f.

[494]   Siehe diesbezüglich auch *Emmerich*, in: Emmerich/Sonnenschein, KonzernR, § 4, S. 69.

[495]   *Henn*, Handbuch des Aktienrechtes, Rdnr. 312.

[496]   *Lutter/Drygala*, ZGR 1995, 557, 559 ff.; *Milde*, Der Gleichordnungskonzern im Gesellschaftsrecht, S. 161, 237 ff.; *Gromann*, Die Gleichordnungskonzerne im Konzern- und Wettbewerbsrecht, S. 56 ff.; *Krieger*, in: MünchHb. AG, § 68, Rdnr. 86.

Abhängigkeit i. S. des Merkmals einer konzernrechtlichen Abhängigkeit besteht[497]. Vielmehr ist eine vertragliche Verbindung zu einem Gleichordnungskonzern nach allgemeinen schuldrechtlichen Regeln zu behandeln[498]. Im Ergebnis liegt hier eine Gesellschaft bürgerlichen Rechts vor[499].

Dies führt für den Bereich des schädigenden Einflusses innerhalb eines vertraglichen Gleichordnungskonzerns zu den gesellschaftsrechtlichen Treuepflichten[500] und der daraus resultierenden Schadensersatzpflicht[501].

## II.) Umfassende Haftungsmodelle für den Gleichordnungskonzern in der Literatur

Zunächst sollen die umfassenden Haftungsmodelle einer genaueren Betrachtung unterzogen werden. Es handelt sich hierbei um Ansätze, welche Lösungsmöglichkeiten für die unterschiedlichen Intensitäten der Konzernierung im Gleichordnungskonzern bieten. In der Literatur wird diesem Bereich unterschiedlich starke Aufmerksamkeit geschenkt[502].

### 1.) Differenziertes zweigliedriges Haftungsmodell

Für den Bereich des faktischen und qualifiziert faktischen Gleichordnungskonzerns haben allen voran *Lutter/Drygala*[503] ein Haftungssystem entwickelt, welches in der Begründung jeweils zwischen faktischen und qualifiziert faktischen Konzernen unterscheidet.
Die laut *Lutter/Drygala* bewährte Zweiteilung der Haftung aus dem Unterordnungskonzern soll ebenso bei dem Gleichordnungskonzern Anwendung finden, da kein Grund für eine Sonderbehandlung bestehe[504].

---

[497]   *Hüffer*, AktG, § 291, Rdnr. 34.

[498]   *Hüffer*, AktG, § 291, Rdnr. 35.

[499]   *Emmerich*, in: Emmerich/Habersack, Aktien- und GmbH-Konzernrecht, § 18, Rdnr. 29.

[500]   *Sprau*, in: Palandt, BGB, § 705, Rdnr. 27.

[501]   *Gromann*, Die Gleichordnungskonzerne im Konzern- und Wettbewerbsrecht, S. 41.

[502]   *Emmerich*, in Emmerich/Habersack, Aktien- und GmbH-Konzernrecht, §18, Rdnr. 38;
        *Krieger*, in: MünchHb. AG, § 68, Rdnr. 86.

[503]   *Lutter/Drygala*, ZGR 1995, 557, 564 ff.; *Lutter/Drygala* in: Peiner: Grundlagen des Versicherungsvereins auf Gegenseitigkeit, S. 202.

[504]   *Lutter/Drygala*, ZGR 1995, 557, 564 ff.

## a) Treuepflicht als Grundlage der Haftung im einfach faktischen Gleichordnungskonzern

Zunächst befassen sich die genannten Autoren mit der Situation einer einfachen faktischen Gleichordnung, die dadurch gekennzeichnet ist, dass einzelne Unternehmen aus dem Verbund schädigende Maßnahmen zu Lasten anderer Unternehmen durchgeführt haben, welche aber noch feststellbar sind und daher zum Einzelausgleich führen.

In diesem Fall leiten sie eine Haftung für das schädigende Verhalten aus der anerkannten gesellschaftsrechtliche Treuepflicht her[505]. Hierbei ist der von *K. Schmidt*[506] vertretenen Ansicht zuzustimmen, dass die Treuepflicht nicht allein aufgrund der gesellschaftsrechtlichen Konstellation entsteht, sondern in jedem Rechtsverhältnis als Ausdruck des Loyalitätsgedankens gem. § 242 BGB zu Hause ist.

Der Konzerntatbestand hat lediglich Einfluss auf die Intensität der Treuepflicht. Der Umfang dieser Treuepflicht richtet sich nach dem jeweiligen Einfluss, den die beteiligten Unternehmen im Gleichordnungskonzern ausüben.

Festzuhalten ist jedoch, dass die gesellschaftsrechtliche Treuepflicht zunächst für das Verhältnis von Gesellschafter untereinander innerhalb einer gemeinsamen Gesellschaft entwickelt worden ist. Für den faktischen Konzern ist aber gerade keine vertragliche Verbindung zwischen den gleichgeordneten Unternehmen festzustellen.

Zwischen den Schwestergesellschaften im Gleichordnungskonzern besteht ebenfalls ein Rechtsverhältnis im Sinne der Treuepflicht. Selbst wenn die Gesellschaften nicht direkt in einem Gesellschafterverhältnis stehen, da eine vertragliche Verbindung zwischen den beteiligten Unternehmen im faktischen Konzernverhältnis gerade nicht besteht, sind sie durch die faktischen Möglichkeiten der Einflussnahme aufgrund der Gleichordnung aber Einflussnahmemöglichkeiten unterworfen, welche nicht allein in dem Rechtskreis der einzelnen beteiligten Unternehmen ihre Grundlage haben.

Die beteiligten Partner schließen sich regelmäßig im Gleichordnungskonzern zusammen, um einen gemeinsamen Zweck zu verfolgen. Bereits dies begründet eine gewisse Treuepflicht zu den anderen Unternehmen[507], welche zu einem Schädigungsverbot führt[508]. Selbst wenn ein gemeinsame Leitungsinstanz innerhalb des Gleichordnungskonzerns nicht nachweisbar ist, ergeben sich allein aus der gemeinsam Zweckverfolgung und der durch den faktischen

---

[505] Grundlegend BGHZ 65, 15. 18 ff. „ITT"; *Orth*, DStR 1994, 250, 253.

[506] *Schmidt*, GesellschaftsR, § 20 IV 1.), S. 587 f.

[507] *Gromann*, Die Gleichordnungskonzerne im Konzern- und Wettbewerbsrecht, S. 57 f.

[508] *Milde*, Der Gleichordnungskonzern im Gesellschaftsrecht, S. 157.

Zusammenschluss eröffneten Möglichkeiten, auch auf die Entwicklung der beteiligten Unternehmen Einfluss nehmen zu können.

Man könnte als kritisch bewerten, dass sich *Lutter/Drygala* in ihrer Herleitung sprachlich Ausdrücken und Redewendungen der BGB-Gesellschaft bedienen, da übersehen wird, dass zum einen *Lutter/Drygala* ausdrücklich die Treuebindung aus der Gleichordnungsverbindung an sich herleiten wollen[509]. Zum anderen ist eine gewisse sprachliche Verwandtschaft nicht von der Hand zu weisen, da die Treueverpflichtungen als Ergebnis der Auslegung des § 242 BGB zunächst in die BGB-Gesellschaft übertragen worden sind. Dies kann nicht als Grund anerkannt werden, diese Herleitung Treupflicht im Gleichordnungskonzern abzulehnen.

Zu problematisieren ist allerdings der Versuch *Drygalas*[510], die Verletzung der Treupflicht über § 31 BGB den Mitgliedern eines eventuellen zentralen Leitungsorgans des Gleichordnungskonzerns zuzurechnen. Um zu einer Anwendung des § 31 BGB zu kommen, müsste ein derartiges Leitungsgremium überhaupt in den Anwendungsbereich des § 31 BGB fallen[511]. Unzweifelhaft wird das nur dann der Fall sein können, wenn das Leitungsgremium eigenverantwortliche und selbständig zu erledigende Aufgaben zugewiesen bekommen hat, bei deren Erfüllung es den Gleichordnungskonzern repräsentiert[512]. Ein derartiges Leitungsorgan repräsentiert aber keinesfalls den Gleichordnungskonzern i. S. d. § 31 BGB. Vielmehr ist diese Institution, sofern sie überhaupt eingerichtet worden ist, höchstens als zusätzliche Institution sehen. Ansonsten stellt sich die Frage nach § 31 BGB schon gar nicht.

Zu beachten ist, dass ein für § 31 BGB notwendiges Einstehen des Verbandes für die Handlung des Organs bei einem faktischen Konzernverhältnis nicht existieren kann. Die rechtliche Selbständigkeit der beteiligten Unternehmen bleibt unverändert bestehen und jede Handlung des Leitungsgremiums bedürfte einer eigenständigen Umsetzung innerhalb der beteiligten Unternehmen.

Im Grunde bedarf es einer derartigen Zurechnung auch nicht. Da beim rein faktischen Gleichordnungskonzern die schädigende Handlung feststellbar ist, lässt sich auch die begünstigte Gesellschaft identifizieren. Deren Organe haben

---

[509]   *Lutter/Drygala,* in: Peiner: Grundlagen des Versicherungsvereins auf Gegenseitigkeit, S. 202, 209 f.

[510]   *Drygala,* Der Gläubigerschutz bei der typischen Betriebsaufspaltung, S. 122.

[511]   Ablehnend zur grundsätzlichen Anwendbarkeit des § 31 BGB *Schüler,* Die Wissenzurechnung im Konzern, S. 70 f.

[512]   Zu den Voraussetzungen des § 31 BGB siehe u. a. BGH NJW 1972, 334, *Heinrichs,* in: Palandt, BGB, § 31, Rdnr. 8.

dann der begünstigenden Gesellschaft zurechenbar gehandelt, indem sie die treupflichtverletzenden Handlung zu gelassen haben. Hierbei ist es unerheblich, ob sie diese Handlung durch Einflussnahme auf die Konzernleitung initiiert hat[513]. Allein durch die Teilnahme an einer faktischen Konzernierung schafft das Unternehmen eine Gefährdungslage, welche zu einer Haftung führt. Einer besonderen Zurechnung von Handlungen bedarf es hierbei nicht. Folglich wäre es irrelevant, wenn das begünstigte Unternehmen in einem Leitungsgremium des faktischen Gleichordnungskonzerns gegen die Treuepflicht verletzenden Handlung votiert hätte. Dies ist als weiteres Ergebnis der Treuepflicht zu verstehen. Wer bewusst eine faktischen Konzernstruktur eingeht und es hierbei zu schädigenden Handlungen und der Verletzung von Interessen eines beteiligten Unternehmens kommt, kann sich später nicht mehr darauf berufen, dass diese konkrete schädigende Handlung innerhalb des gesamten einverständlichen eingegangenen Konzernverhältnisses nicht von seinem Willen getragen wurde.

### b) Globaler Verlustausgleich für den qualifiziert faktischen Konzern

Für den qualifiziert faktischen Gleichordnungskonzern übertragen *Lutter/Drygala* die Haftungsentwicklung aus dem Unterordnungskonzern. Diese Globalhaftung setzt dann ein, wenn fortgesetzt zum Nachteil eines beteiligten Unternehmens gehandelt wird, deren Eigeninteressen beeinträchtigt werden und ein Einzelausgleich nicht mehr möglich ist[514]. Hieraus ergibt sich dann die Haftung nach §§ 302, 303 AktG analog. Ausgleichspflichtiger soll nach *Drygala* ausschließlich die begünstigte Gesellschaft sein[515].
Dieser Teil des Haftungsmodells bezieht sich daher vollständig auf die Herleitung der Haftung im qualifiziert faktischen Unterordnungskonzern.

### 2.) Verlustgemeinschaftsmodell

Die Innenhaftung des Gleichordnungskonzerns wird ebenso wie die Kennzeichen und das Vorhandensein des Gleichordnungskonzerns nur partiell thematisiert, wobei beide eine nicht unerhebliche Ausgangslage für die Feststellung der haftungsrechtlichen Konsequenzen darstellen[516].

---

[513] Die betroffene Gesellschaft im Leitungsgremium könnte auch gegen die Maßnahme gestimmt haben.

[514] *Lutter/Drygala*, ZGR 1995, 557, 571.

[515] *Drygala*, Der Gläubigerschutz bei der typischen Betriebsaufspaltung, S. 124. Ähnlich *Emmerich*, in: Emmerich/Sonnenschein, KonzernR, § 4, S. 72.

[516] Zuletzt wieder durch *Schmidt*, in: FS Wiedemann, S. 1219.

Während die Annahme einer BGB-Gesellschaft innerhalb eines Unterordnungskonzernes auf Bedenken stößt und abgelehnt werden muss[517], ist dieser Ansatz im Bereich der vertraglichen Gleichordnungskonzerne als korrekt anzusehen, da hier grundsätzlich von einem Konzernverhältnis verschiedener Mitglieder auf gleicher Ebene auszugehen ist.

Dieser Zusammenschluss auf gleicher Ebene ist heute häufig als Bildung einer BGB-Gesellschaft anzusehen[518].

Auf den ersten Blick erscheint die Betrachtung der Innenhaftung des Gleichordnungskonzerns im Hinblick auf die konzernrechtliche Außenhaftung eher von zweitrangiger Bedeutung. Allerdings gibt eine Innenhaftung einen Einblick in die Strukturen und die einzelnen Rechte und Pflichten der Gesellschaften untereinander. Dies wiederum ist hinsichtlich der später zu untersuchenden Haftungslage bei Zusammentreffen von vertikaler und horizontaler Konzernlage sowie sich eventuell ergebender Haftungsansprüche mit Drittbezug von entscheidender Bedeutung.

Der gesellschaftsrechtliche Bereich der Haftung beim Gleichordnungskonzern ist als vernachlässigtes Feld der Konzernhaftung zu bewerten. Namentlich *K. Schmidt* hat zu dieser Thematik interessante theoretische Ausführungen[519] gemacht, welche allerdings nicht frei von Kritik sind. Die Ausgangslage für seine Betrachtung bildet zunächst ein vertraglicher Gleichungskonzern. Neben der klassischen und allgemein anerkannten Möglichkeit des Gleich-ordnungsvertrages[520], welcher allein die Grundlage für die Folgepflicht der beteiligten Unternehmen im Hinblick auf Weisungen oder Maßnahmen der „Konzernleitung" bilden kann[521], statuiert K. Schmidt parallel noch einen Verlustausgleichsvertrag[522]. Als Begründung zieht er die Ratio des § 302 AktG heran, da nach seiner Auffassung der Beherrschungsvertrag i. S. d. § 302 AktG die Eröffnung des beherrschenden Einflusses bei gleichzeitiger Statuierung eines Verlustausgleiches ermöglichen will. Hierbei stützt sich *K. Schmidt* auch auf die Gesetzesbegründung[523], die besagt, dass derjenige, der die Geschicke der Gesellschaft bestimmt, auch für deren Verluste einstehen muss[524].

---

[517]   Siehe Seite 49.

[518]   *Emmerich*, in: Emmerich/Sonnenschein, KonzernR, § 4, S. 70.

[519]   *Schmidt*, ZHR 155 (1991), 417.

[520]   Siehe Seite 102.

[521]   *Schmidt*, aaO., 417, 430.

[522]   *Schmidt*, aaO., S. 430.

[523]   *Schmidt*, aaO., S. 429.

[524]   Begr. RegE, in *Kropff, AtkG,*, S. 391.

Hieraus leitet *K. Schmidt* nach dem Vorbild der §§ 713, 670, 730 BGB[525] her, dass im Bereich des vertraglichen Gleichordnungskonzerns neben dem Gleichordnungsvertrag eben diese Verlustausgleichsbestimmung in einem Verlustgemeinschaftsvertrag verankert sein muss, wobei diese Verankerung durch den Abschluss eines BGB-Innengesellschaftsvertrages geschehen kann. Dies führt ihn zu der Annahme, dass jede horizontale Haftungssegmentierung unter Konzernschwestergesellschaften entfällt und mit einem zusätzlichen vertikalen Durchgriff auf die Muttergesellschaft nach den TBB-Grundsätzen bzw. analog §§ 302, 303 AktG einhergeht[526].

Erst Recht soll dies im Bereich des qualifiziert faktischen Gleichordnungskonzerns gelten, da der Schutz und Risikoausgleich im qualifiziert faktischen Gleichordnungskonzern zumindest ebenso stark und ausgeprägt sein muss wie im vertraglichen Gleichordnungskonzern[527]. Die Regeln des BGB-Gesellschaftsrechtes sollen daher auch und gerade im Bezug auf diese gesetzliche Verlustausgleichspflicht zur Anwendung gelangen[528].

Unter anderem auch im Hinblick auf die neuere Rechtsprechung des *Bundesgerichtshofes* zur GbR[529] nähert man sich auf diese Art und Weise der Haftungsbegründung einem Konzernrechtsbild, welches dem Konzern an sich eine eigene Rechtspersönlichkeit zusprechen möchte[530].

### 3.) Übertragbarkeit der Ansätze aus der „Bremer Vulkan"-Entscheidung

Die Anwendung der neueren Rechtsprechung des *Bundesgerichtshofes*[531] für den Bereich der faktischen oder qualifiziert faktischen GmbH-Konzerne kann für den Bereich des Gleichordnungskonzerns keine Auswirkung haben. Während die neue Haftungsgrundlage im vertikalen GmbH-Konzern an der Gesellschafterstellung anknüpft, ist dies für den Bereich der Gleichordnungskonzerne ausgeschlossen.

---

[525]   *Schmidt*, ZHR 155 (1991), 417, 429.

[526]   *Schmidt*, in: FS Wiedemann, S. 1199, 1219.

[527]   *Schmidt*, ZHR 155 (1991), 417, 441 f.

[528]   *Schmidt*, ZHR 155 (1991), 417, 441 f.

[529]   BGH NJW 2001, 1056.

[530]   Siehe Seite 40.

[531]   BGH ZIP 2001, 1874.

Die neuentwickelte Herleitung des *Bundesgerichtshofes* für eine Haftung seit dem „Bremer Vulkan"-Urteil[532] wurzelt immer noch auf der mitgliedschaftlichen Stellung des Gesellschafters[533]. Kennzeichen des Gleichordnungskonzerns ist gerade die Unabhängigkeit von konzernrechtlich vermittelter Einflussnahmen anderer am Gleichordnungskonzern teilnehmenden Unternehmen. Die - für den vertikalen GmbH-Konzern typische Gefährdungslage aufgrund der umfangreichen Einflussnahmemöglichkeiten der Gesellschafter auf die Geschäftsführung der Gesellschaft - existiert im Gleichordnungskonzern in dieser Form aufgrund einer mitgliedschaftlichen Verbindung der am Gleichordnungskonzern beteiligten Unternehmen jedoch nicht[534].

Auch das Anerkenntnis durch den *Bundesgerichtshof*, dass die GmbH an sich ein „Eigeninteresse" hat[535], führt nicht zur Übertragbarkeit der neuen Rechtsprechung auf den Gleichordnungskonzern. Auch die Verletzung dieses Eigeninteresse der Gesellschaft an ihrem Bestand kann aufgrund einer Missachtung von wesentlichen Pflichten durch Gesellschafter entstehen[536]. Der *Bundesgerichtshof* sprich davon, dass das Eigeninteresse der Gesellschaft für die Gesellschafter nicht disponibel ist[537]. Voraussetzung für die Anwendbarkeit der Regeln für den sog. „existenzvernichtenden Eingriff"[538] ist somit auch hier die mitgliedschaftliche Stellung des in die Haftung zu Nehmenden[539].

Für den Bereich des GmbH-Konzerns ergibt sich somit eine Aufspaltung unterschiedlicher Haftungsherleitungen[540]. Während für die vertikale Konzernverbindung der Schutz der abhängigen GmbH entweder auf eine Treuepflichtverletzung oder die Kapitalerhaltungsvorschriften gestützt werden kann, bleibt es innerhalb des Gleichordnungskonzerns bei der Unterteilung

---

[532]    BGHZ 149, 10.

[533]    *Altmeppen*, in: Roth/Altmeppen, GmbHG, Anh. § 13, Rdnr. 160. Mittlerweile wird auch die Haftung vorhandener Mitgesellschafter problematisiert, siehe hierzu z. B. *Altmeppen*, ZIP 2002, 961.

[534]    Ebenso *Vetter*, ZIP 2003, 601, 609.

[535]    BGHZ 149, 10, 16.

[536]    In diesem Sinne *Altmeppen*, in: Roth/Altmeppen, GmbHG, Anh. § 13, Rdnr. 180.

[537]    BGHZ 149, 10, 16. Der *Bundesgerichtshof* spricht diesbezüglich immer von der Haftung des Alleingesellschafters und stellt somit die Haftung auf die Gesellschafterstellung ab.

[538]    Bezeichnung gemäß BGHZ 149, 10, BGH ZIP 2002, 848, 850.

[539]    In diesem Sinne auch *Vetter*, ZIP 2003, 601, 609.

[540]    Vergl. hierzu auch *Vetter*, aaO.

zwischen faktischen und qualifiziert faktischen Konzernlagen und den daraus resultierenden unterschiedlichen Haftungsbegründungen.

### III.) Eingeschränkte Haftungsmodelle in der Literatur

Mit der Problematik der qualifiziert faktischen Gleichordnungskonzerne beschäftigte sich die Literatur auch teilweise nur unter dem Gesichtspunkt der qualifiziert faktischen Konzernierung.

In diesem Kontext ist zunächst *Wellkamp* zu nennen[541], welcher die §§ 302, 303 AktG jeweils auf die vertraglichen wie auch faktischen Gleichordnungskonzerne anwendet[542]. Grundlage seiner analogen Anwendung ist die durch die Korrelation zwischen Gesamtkonzerninteresse und Risikohaftung bedingte Verlustübernahmeverpflichtung.

Im Gleichordnungskonzern ist ein den anderen Konzernarten vergleichbarer Gefährdungstatbestand gegeben, da durch Einflussnahmen einer Leitungsinstanz auch der Eingriff in den Kapitalbestand der Schwestergesellschaften möglich ist[543].

Ebenso ist zu beachten, dass Eingriffe in den Kapitalbestand der gleichgeordneten Gesellschaften ohne eine Sanktionierungsmöglichkeit „straflos" blieben, während im Über-/ Unterordnungsverhältnis Haftungsansätze gem. §§ 302, 303 AktG gegeben sind[544].

Genau diese eher pauschale und konturlose Übertragung der Bestimmungen §§ 302, 303 AktG kann auf diesem Wege nicht als alleinige Herleitung für eine derartige Haftungsbegründung dienen.

Nach *Wellkamp* ist die einzige Voraussetzung für die Anwendung der Haftungsregelungen die Verbindung der Unternehmen im Gleichordnungskonzern an sich. Hier verfällt Wellkamp zurück in die Begründung von Konzernhaftungsfolgen allein aufgrund der Tatsache einer Verbindung zwischen Unternehmen. Er stellt sich also für den Gleichordnungskonzern eine Strukturhaftung vor.

Mittlerweile war anerkannt, dass für die Folgen der Konzernhaftung gerade im qualifiziert faktischen Konzern neben einer reinen Konzernierung weitere Kriterien erfüllt sein müssen, welche eine analoge Anwendung der §§ 302,

---

[541]   *Wellkamp*, DB 1993, 2517.

[542]   *Wellkamp*, aaO., 2521.

[543]   *Wellkamp*, aaO., 2520.

[544]   *Wellkamp*, aaO., 2520.

303 AktG notwendig machen[545]. Anerkanntermaßen muss sich eine Benachteiligung eines Unternehmens durch Einflussnahme von anderen Unternehmen aus demselben Konzernverbund feststellen lassen.

Ähnlich wie *Wellkamp* sieht *Raiser*[546] im Bereich der Haftung im Gleichordnungskonzern eine enge Verwandtschaft zum Unterordnungskonzern. Je stärker eine Konzernleitung zentralisiert werde, desto mehr näherten sich die Probleme denen des Unterordnungskonzerns an[547].Grundsätzlich sieht *Raiser* eine Haftung der einen Schwestergesellschaft für die Verbindlichkeiten einer anderen Schwestergesellschaft dann, wenn diese Leitungsmacht über die andere Schwestergesellschaft ausübt[548].

Ebenfalls *Ehlke* stellt die einheitliche Leitung und eine fehlende wirtschaftliche Unterscheidung zwischen den gleichgeordneten Gesellschaften als Haftungsgrund dar[549]. Allerdings führt ihn das nicht zu einer Anwendung der §§ 302, 303 AktG, sondern *Ehlke* löst dies über eine Durchgriffshaftung, da er den Anwendungsbereich der §§ 30, 31 GmbHG erweitern möchte[550].

### IV.) Haftungsmodell in Anlehnung an §§ 30, 31 GmbHG

Grundsätzlich erscheint die oben dargestellte Haftung[551] der begünstigten Schwestergesellschaft aufgrund der §§ 30, 31 GmbHG nachvollziehbar. Die Probleme sind allerdings im Detail zu finden. Die Haftung Dritter im Rahmen der Ansprüche auf Ersatz gemäß §§ 30, 31 GmbHG, welche der Sphäre des Gesellschafters zuzurechnen ist, ist zur Zeit von der Rechtsprechung noch nicht umfassend entschieden, sondern jeweils an Einzelfällen entwickelt worden. Hierbei darf man aber nicht einen wichtigen Problemkreis übersehen: die Gleichwertigkeit innerhalb eines Gleichordnungskonzerns. Wie eingangs bei der Darstellung der einzelnen unterschiedlichen Konzernarten verdeutlicht, gibt es im Sinne der Über-/ Unterordnungskonzerne bei dem Gleichordnungskonzern in allen Gesellschaften keinen herrschenden Gesellschafter.

---

[545]  Der *Bundesgerichtshof* seit dem „TBB"-Urteil in BGZ 122, 123.

[546]  *Raiser*, Recht der Kapitalgesellschaften, § 56, Rdnr. 4 ff.

[547]  Im Ergebnis *Raiser,* aaO.

[548]  *Raiser*, in: FS Ulmer, S.493, 509.

[549]  *Ehlke*, DB 1986, 523, 526.

[550]  *Ehlke*, aaO., 526.

[551]  Siehe Seite 91.

Mit einem solchen herrschenden Mehrfachgesellschafter oder auch nur der beherrschenden Stellung eines Unternehmens im Gleichordnungskonzern bei anderen Konzernmitgliedern, würde man die Idealsicht des Gleichordnungskonzerns verlassen. Es ist nicht darstellbar, eine Haftung zu statuieren, welche von einer starken Gesellschafterstellung ausgeht, obwohl gerade diese - im Gleichordnungskonzern zumindest aufgrund einer gesellschaftsrechtlichen Stellung - nicht vorliegen darf.

Bei z. B. verdeckten Gewinnausschüttungen innerhalb eines Gleichordnungskonzern ist somit nicht an eine direkte Anwendung der §§ 30, 31 GmbHG zu denken, es wäre höchstens eine analoge Anwendung zu erwägen. Eine derartig analoge Anwendung innerhalb eines Gleichordnungskonzerns ist meines Erachtens aber ebenfalls nicht möglich[552]. Hier sind zum einen die bereits genannten Einwände zu beachten, aber auch die Ratio der §§ 30, 31 GmbHG liegt im Schutz der abhängigen Gesellschaft gegen unternehmensfremde und unternehmensschädliche Beeinflussungen einer starken Partei (Gesellschafter). Schon allein dieses Ziel wird im Gleichordnungskonzern verfehlt, da eine Beeinflussung gerade nicht angenommen werden kann. Ebenfalls würde eine Übertragung, die ausdrücklich erfolgen muss, nicht über die Notwendigkeit einer Leistung an einen Gesellschafter hinweg helfen. In einem typischen Gleichordnungskonzern besteht über eine Gesellschafterstellung zunächst keine Verbindung der beteiligten Unternehmen untereinander. Selbst wenn Überkreuzbeteiligungen innerhalb des Gleichordnungskonzerns vorliegen (jeweils aber unter der Schwelle der Abhängigkeit), haben diese Beteiligungen aufgrund der Gesellschafterstellung wegen der fehlenden Mehrheit in den einzelnen Gesellschaften keine Macht, ein Unternehmen zu einer Beeinträchtigung seines Stammkapitals zu bewegen.

Sollte ein Unternehmen dies dennoch tun, geschieht dies nicht aufgrund einer konzernrechtlichen Struktur oder Einflussnahme, sondern aufgrund seiner eigenen Entscheidung bzw. Entscheidung des Mehrheitsgesellschafters. In einem solchen Fall sind die §§ 30, 31 GmbHG direkt anwendbar.

Die Regelungen der §§ 30, 31 GmbHG können folglich somit nicht zur Begründung einer horizontalen Haftung im Gleichordnungskonzern führen.

### V.) Gerichtliche Betrachtung einer horizontalen Haftung

Höchstrichterlich ist die Haftungsfrage für den Bereich des qualifiziert faktischen Gleichordnungskonzerns noch nicht entschieden. Auch in der

---

[552] Anders *Milde*, Der Gleichordnungskonzern im Gesellschaftsrecht, § 6, S. 177 allerdings ohne genaue Begründung und Auseinandersetzung.

unterinstanzlichen Rechtsprechung finden sich nur wenige Ansatzpunkte für eine tiefergehende Befassung mit dem Thema.

Deutlicher bei dem Thema war das *AG Eisenach* in seiner ausdrücklichen Zulassung des horizontalen Haftungsausgleichs[553]. Leider lässt es aber auch die Herleitung der horizontalen Haftung ausdrücklich offen[554]. Das Gericht konstruiert unter Berufung auf *K. Schmidt*[555] als gesetzliche Verlustgemeinschaft der Konzernschwestern im qualifiziert faktischen Gleichordnungskonzern, als Erweiterung der Konzernhaftungsrechtsprechung zu §§ 302, 303 AktG[556] oder als teleologische Erstreckung der §§ 30, 31 GmbHG[557].
Der Gesichtspunkt, dass eine Haftung auf gleicher konzernrechtlichen Ebene eine mildere ist, als die Haftung in andere Konzernebenen hineinzutragen, wird hier ebenfalls als Begründung für die Herleitung der horizontalen Haftung angeführt[558], ist jedoch als zu pauschal abzulehnen[559].

Das OLG Dresden hat in einem Fall eine Haftung nach §§ 302, 303 AktG zugesprochen, sich aber bei der genauen Herleitung bzw. Darstellung des Konzernhaftungstatbestandes zu keiner Festlegung durchringen können[560].
Im vorliegenden Fall wandelte sich ein Gleichordnungskonzern im Verlaufe des Streites zwischen den Parteien in einen Unterordnungskonzern. Hierbei muss erwähnt werden, dass es sich zu Beginn nicht um einen typischen Gleichordnungskonzern gehandelt hat, sondern die Schwesterngesellschaften beide ebenfalls Tochtergesellschaften eines Mutterunternehmen waren[561].
Beklagte war von Anfang an eine der Schwestergesellschaften, welche später zur alleinigen Gesellschafterin der weiteren Schwestergesellschaft wurde.
In der Entscheidung argumentierte das OLG jeweils nur mit vertikal begründeten Haftungsvoraussetzungen, welche zur Haftung der Beklagten führten[562]. Hierbei wird aus der Entscheidung leider nicht deutlich, ob die

---

[553]   AG Eisenach AG 1995, 519.

[554]   AG Eisenach aaO., S. 520.

[555]   *Schmidt,* ZHR 155 (1991), 417, 440.

[556]   AG Eisenach AG 1995, 519 mit Verweis auf BGHZ 95, 330.

[557]   AG Eisenach AG 1995, 519 mit Hinweis auf *Ehlke,* DB 1986, 523, 526.

[558]   AG Eisenach aaO., S. 520.

[559]   Ablehnend auch *Hüffer,* AktG, § 18, Rdnr. 21; *Schmidt,* in: FS Wiedemann, S. 1199, 1210.

[560]   OLG Dresden NZG 2000, 598, 600 f.

[561]   OLG Dresden NZG 2000, 598, 599 f.

[562]   OLG Dresden NZG 2000, 598, 599 ff.

allgemeinen Haftungsvoraussetzungen der §§ 302, 303 AktG, welche unstreitig vorliegen, an die konzernrechtliche Lage der Gleichordnung oder der später eingetretenen Über-/Unterordnung geknüpft werden. Da im vorliegenden Fall die Ansprüche in der Zeit der Gleichordnung begründet lagen, müssten die Ausführungen des Gerichtes sich auf den Gleichordnungskonzern beziehen. Diesen Schritt macht *Grüner* in seiner Anmerkung deutlich[563]. Allerdings nimmt er die Anwendung der §§ 302, 303 AktG als gegeben an und thematisiert nicht das Problem des Gleichordnungskonzerns ohne Abhängigkeit[564].

## VI.) Diskussion der vorhandenen Haftungskonzepte

Bei der Betrachtung der Außenhaftung des Gleichordnungskonzerns ist es möglich, teilweise auf schon für den klassischen Über-/ Unterordnungskonzern entwickelte Ansätze zurückzugreifen. Dies wird bei verschiedenen Herleitungen auch praktiziert. Die Ansätze der Rechtsprechung sind für die horizontale Haftung zwar vielversprechender, weil ein deutlicheres Augenmerk auch auf diese Möglichkeit gelegt wird, allerdings sind klare Begründungen dort nicht zu finden.

Für den Bereich des faktischen Gleichordnungskonzerns ist die Haftung im Falle eines einzeln noch auszugleichenden Nachteils nach Beeinflussung aufgrund einer Verletzung der Treuepflicht mittlerweile anerkannt. Die gesteigerte Treuepflicht zwischen den Unternehmen ist die notwendige Konsequenz der Gefahren, die aufgrund der engen Verbindung zwischen den Gesellschaften bestehen.
In diesem Fall leiten sie eine Haftung für das schädigende Verhalten aus der anerkannten gesellschaftsrechtliche Treuepflicht her[565]. Das Haftungsmodell der §§ 311 ff. AktG kann auch im Bereich des Gleichordnungskonzerns keine Anwendung finden.
Der Regelungszweck des Normbereiches der §§ 311 ff. AktG zielt auf den Bestandsschutz einer abhängigen Gesellschaft[566]. Diese soll so gestellt werden, als bestünde die Abhängigkeitslage nicht.
Gerade wegen dieses Schutzzweckes verbietet sich die Anwendung auf den Gleichordnungskonzern. Hier ist zu beachten, dass sich die beteiligten Unternehmen im Gleichordnungskonzern freiwillig und grundsätzlich gleichberechtigt zusammengeschlossen haben und hierdurch jedes Unternehmen

---

563    *Grüner*, NZG 2000, 601, 602.

564    Siehe Seite 104.

565    Grundlegend BGHZ 65, 15. 18 ff. „ITT"; *Orth*, DStR 1994, 250, 253.

566    *Geßler*, in: G/H/E/K, AktG,§ 311, 35.

gleichzeitig als Verpflichteter und Berechtigter nach §§ 311 ff. AktG agiert. Ebenfalls muss das Argument der vorzugswürdigen Treuepflicht im Bereich des GmbH-Konzerns Beachtung finden[567].

Einen anderen Weg beschreitet *Karsten Schmidt* in seiner Herleitung der Haftung im Gleichordnungskonzern[568]. Während man den Abschluss von Gleichordnungsverträgen in der Praxis mangels Offenkundigkeit schon mit Hilfe der Auslegung konstruieren muss, erfordert das Modell von *K. Schmidt* noch einen weiteren Vertrag, welcher ebenfalls nur durch Auslegung herzustellen ist. Diese Auslegung wird aber dazu führen, dass den beteiligten Unternehmen ein Vertragsverhältnis auferlegt wird, welches sie mit den Haftungsfolgen bei direkter Befragung nur in den seltensten Fällen abschließen wollten. Diesen Einwand hat *K. Schmidt* selbst vorausgesehen und versucht ihn zu entkräften, indem er selbst von Verträgen spricht, die es in der Realität nicht gäbe[569]. Daneben ist diese Konstruktion von *K. Schmidt* auch überflüssig, da anerkanntermaßen zumindest ein Gesellschaftsvertrag zwischen den beteiligten Unternehmen für die Gleichordnung anerkannt ist[570] und damit auch die Prinzipien der horizontalen Risikoverteilung gem. §§ 713, 670 BGB während des Bestehens und gem. §§ 730 ff. BGB nach dessen Auflösung zwischen den Beteiligten existieren.

Bei näherer Betrachtung ist allerdings feststellen, dass zunächst der Ansatz einer GbR die Herleitung einer horizontalen Haftung um einiges weiter bringen könnte, da hiermit auch gleichzeitig Haftungsansprüche außenstehender Dritter entstehen. Allerdings muss deutlich herausgestellt werden, dass sich beim Gleichordnungskonzern in der Regel um reine BGB-Innengesellschaften handelt, da kein Gesellschaftsvermögen gebildet wird. Für derartige Innengesellschaften gelten besondere Rechtsgrundsätze. Schuldner eines jeden Anspruches ist bei Innengesellschaften grundsätzlich nie die Gesellschaft mit dem Gesamthandsvermögen, sondern immer nur der einzelne Gesellschafter selbst. Dies verstellt den direkten Haftungszugriff außenstehender Dritter auf eine andere Konzerngesellschaft als die ursprünglich am Vertrag beteiligte Gesellschaft.

---

[567]  Siehe Seite 68.

[568]  *Schmidt*, ZHR 155 (1991), 417; *ders.*, in: FS Wiedemann, S. 1199.

[569]  *Schmidt*, ZHR 155 (1991), 417, 431, ohne jedoch näher auf diesen Kritikpunkt einzugehen.

[570]  *Emmerich*, in: Emmerich/Sonnenschein, KonzernR, § 4, S. 70; *Hüffer*, AktG, § 18, Rdnr. 20; *Würdinger*, in: GroßKomm AktG, § 291, Rdnr. 34; *Koppensteiner*, in: KK, AktG, § 18, Rdnr. 7.

Innerhalb seines Modells erkennt *K. Schmidt* die Gefahr, sich durch eine uneingeschränkte Übertragung seiner Haftungsherleitung auf den qualifiziert faktischen Konzern einer reinen Strukturhaftung zu nähern[571]. Auch er benötigt für die Haftung die Voraussetzungen der qualifizierten faktischen Konzernierung, welche speziell für den Vertikalkonzern entwickelt worden sind[572].

Warum aber die Haftungsherleitung sowohl bei dem vertraglichen als auch bei dem qualifiziert faktischen Gleichordnungskonzern auf einer Rechtsfortbildung durch analoger Anwendung der §§ 730 ff. BGB beruhen soll[573], wird nur unzureichend erläutert.

Hier beschränkt sich *K. Schmidt* auf die Begründung, dass auch dann, wenn kein Gleichordnungsvertrag mit Verlustübernahme vereinbart worden ist, die beteiligten Unternehmen dem Risikoausgleich nicht entgehen dürfen[574]. Den Vergleich mit der Entwicklung zur Rechtsprechung über stillschweigend abgeschlossene Beherrschungsverträge[575] nimmt er zum Anlass, auch im Falle der horizontalen Konzernierung ein gesetzliches Schuldverhältnis zum Verlustausgleich zu fordern[576]. Offen bleibt jedoch die Frage, warum ein neues gesetzliches Schuldverhältnis entwickelt werden muss, wenn der Gesetzgeber in §§ 302, 303 AktG und die Rechtsprechung im Bezug auf den qualifiziert faktischen Vertikalkonzern eine Haftungsbegründung eröffnet haben. Auch ist die aus seinem Modell anzuleiten Folge abzulehnen. Ausdrücklich plädiert *Schmidt* unter dem Begriff „wechselseitiger Haftungsdurchgriff" dafür, im Rahmen der Horizontalhaftung jegliche Haftungssegmentierung zwischen den Konzerngesellschaften einer Ebene aufzuheben[577], was letztlich zur Aufhebung der Rechtssubjektsqualität jeder einzelnen Gesellschaft führt. Hiermit nähert man sich dann wieder dem Konzernrechtsbild, welches auch von der Einheitstheorie propagiert wird[578] und welches gerade aus dem Grund der generellen Überschreitung bzw. Abschaffung der Trennungsgrenzen zwischen den Konzerngesellschaften abzulehnen ist[579].

---

[571]    *Schmidt*, ZHR 155 (1991), 417, 442.

[572]    *Schmidt*, aaO., S. 442.

[573]    *Schmidt*, aaO., S. 440.

[574]    *Schmidt*, aaO., S. 442.

[575]    Der Bundesgerichtshof stellte in BGHZ 95, 330, 342 klar, dass die Annahme stillschweigend abgeschlossener Beherrschungsverträge eine unzulässige Fiktion eines Vertrages darstellt.

[576]    *Schmidt*, ZHR 155 (1991), 417, 441.

[577]    *Schmidt*, in: FS Wiedemann, S. 1221.

[578]    Siehe oben Seite 44 ff.

[579]    Siehe oben Seite 53 ff.

Der Ansatz von *Raiser* hingegen lässt eine dogmatische Herleitung seines Ansatzes vermissen[580]. Er bejaht sowohl die Ansätze von *Ehlke, Schmidt, Lutter* und *Drygala*, setzt sich jedoch nicht explizit mit deren unterschiedlichen Haftungsherleitungen auseinander[581]. Die Ansatzpunkte von *Ehlke*[582], *Schmidt*[583], *Lutter* und *Drygala*[584] resultierten letztlich alle in der Annahme einer horizontalen Haftung zwischen den Schwestergesellschaften. In ihrer dogmatischen Begründung jedoch reichen sie von der Anwendung der §§ 30, 31 GmbHG[585], der Annahme einer Verlustgemeinschaft[586] bis hin zur Anwendung der §§ 302, 303 AktG analog[587]. Weiterhin geht *Raiser* davon aus, dass die Leitung im Gleichordnungskonzern in wechselseitiger Abstimmung auf Basis der Gleichberechtigung erfolgt und jeweils alle Interessen der beteiligten Unternehmen berücksichtigt werden[588]. Dies erscheint doch eher eine theoretische Annahme zu sein. Im Konzerngefüge wird im Rahmen der täglich Konzernleitung und -steuerung es häufiger vorkommen, dass Entscheidungen zwar dem Konzerninteresse als solchen dienen, jedoch die beteiligten Unternehmen unterschiedliche davon profitieren werden[589]. Ebenso ist die Prämisse von Raiser fraglich, dass die horizontale Haftung nur eintreten soll, wenn eine Gesellschaft trotz rechtlicher Gleichordnung die Leitung über die andere Gesellschaft ausübt[590]. Entgegen dieser Beschränkung sollte die horizontale Haftung im Gleichordnungskonzern auch dann greifen, wenn im Ergebnis aufgrund der Gleichordnung zu Lasten einer Gesellschaft und zu Gunsten einer oder aller anderen beteiligten Gesellschaften gehandelt wird.

Für den Bereich des Gleichordnungskonzerns ist hinsichtlich der Haftung bei qualifiziert faktischer Gleichordnung bislang keine höchstrichterlich Entscheidung getroffen worden. Die unterinstanzlichen Gerichte haben sich mit

---

[580] Mit dieser Kritik übereinstimmend schon *Lutter/Drygala*, ZGR 1995, 557, 563.

[581] *Raiser*, in: FS Ulmer, S. 493, 507.

[582] *Ehlke*, DB 1986, 523 ff.

[583] *Schmidt*, ZHR 155 (1991), 417 ff.

[584] *Lutter/Drygala*, ZGR 1995, 557 ff.

[585] *Ehlke*, DB 1986, 523, 526 ff.

[586] *Schmidt*, ZHR 155 (1991), 417, 439.

[587] *Lutter/Drygala*, ZGR 1995, 557, 565.

[588] *Raiser*, in: FS Ulmer, S. 493, 508.

[589] *Bayer*, in: MünchKomm AktG, § 18, Rdnr. 58; *Wellkamp,* DB 1993, 2517; *Timm*, Die Aktiengesellschaft als Konzernspitze, S. 150

[590] *Raiser*, in: FS Ulmer, S. 493, 508.

diesem Problem bereits in Teilen schon beschäftigt[591], ohne allerdings detailliert eine Herleitung für die Anwendung der §§ 302, 303 AktG im Bereich des Gleichordnungskonzerns darzulegen[592].

Zu Recht steht im überwiegenden Teil der Literatur eine Anwendung der §§ 302, 303 AktG im Falle eines qualifiziert faktischen Gleichordnungskonzern grundsätzlich außer Frage[593].

*Wellkamps* Ansatz weist in die richtige Richtung, da er erkennt, dass aufgrund einer vergleichbaren Gefährdungslage im Gleichordnungskonzern die Regelungen aus dem Unterordnungskonzern Anwendung finden müssen, um einen vergleichbaren Schutz zu gewährleisten. Allerdings ist der Kritik beizupflichten, welche *Wellkamp* vorwirft, bei der Haftungsbegründung allein auf die Konzernierung abzustellen und weitergehende Erfordernisse zumindest nicht deutlich zu machen. Insofern bedarf die Herleitung von *Wellkamp* weiterer Ergänzungen.

Ähnlich wie bei einem qualifiziert faktischen Unterordnungskonzern ist das Kriterium der Verletzung von Eigeninteressen der betroffenen Unternehmen bei gleichzeitiger Unmöglichkeit der einzelnen nachteiligen Einflussnahme zu erweitern. Dies führt im Falle der qualifiziert faktischen Konzernierung zu einer Gleichbehandlung unterschiedlicher Konzernarten.

Mit dieser Ergänzung liegt der Ansatz von *Wellkamp* dann ebenfalls im gleichen Rahmen wie auch das Konzept von *Raiser*. *Ehlke* hingegen wendet sich nach Festlegung o. g. Voraussetzungen aber nicht der Anwendung der §§ 302, 303 AktG zu, sondern möchte hier eine Durchgriffshaftung angewandt wissen. Zur Anwendbarkeit der §§ 302, 303 AktG äußert er sich nicht.

Zum Verständnis seiner Herleitung muss man sich aber zunächst vergegenwärtigen, welchen Hintergedanken *Ehlke* bei der Entwicklung verfolgte. Ihm ging es in erster Linie darum, anhand der Autokran-Entscheidung

---

[591]  AG Eisenach AG 1995, 519; OLG Dresden NZG 2000, 598.

[592]  In diesem Sinne *Grüner,* NZG 2000, 601, 603; siehe AG Eisenach AG 1995, 519 f., welches die dogmatische Herleitung ausdrücklich offen lässt. Ebenso OLG Dresden NZG 2000, 598, 600 f.

[593]  *Emmerich,* in: Emmerich/Habersack, Aktien- und GmbH-Konzernrecht, § 19, Rdnr. 38 m. w. N; *ders.,* in: Emmerich/Sonnenschein, KonzernR, § 4, S. 72; *Zeidler,* in: Michalski GmbHG, Syst. Darst. Konzernrecht, Rdnr. 301; *Krieger,* in: MünchHb. AG, § 68, Rdnr. 86; *Müller-Wiedenhorn,* VvaG im Unternehmensverbund, S. 220 f.; ablehnend *Donle,* DStR 1995, 1918, 1922; *Raiser,* Recht der Kapitalgesellschaften, § 56, Rdnr. 13.

des BGH[594] klarzustellen, dass eine Haftung des Privatvermögens des Gesellschafters der beteiligten Gesellschaften nicht notwendig war[595].
In der Entscheidung ging es aber nicht, wie *Ehlke* annahm, um den Versuch, den Gesellschafter mit seinem Privatvermögen als Konzernspitze darzustellen, um an das Vermögen der Konzerngesellschaften zu kommen[596]. Die beteiligten Gesellschaften waren alle insolvent, so dass lediglich die Haftung des Privatvermögens blieb.

Die Abwehr einer Durchgriffshaftung entsprechend dem Konzept von *Ehlke*, die darauf abzielte die Einbeziehung des Vermögens des Gesellschafters in die Haftungsmasse, führt daher am Sachverhalt vorbei. Auch vermag sein Argument nicht zu überzeugen, dass die Haftung auf einer Konzernebene eine mildere ist als bei dem anerkannten vertikalen Haftungsmodell[597]. Bei der Zulassung des Haftungszugriffes auf eine andere Konzernebene, wie sie bei der vertikalen Haftung geschieht, folgt die Haftung i. d. R. auch dem Vermögens- bzw. Vorteilsfluss, welcher durch die Beeinflussung ausgelöst worden ist. Nur dieser Vermögensfluss kann im Rahmen einer abstrakten Betrachtung von Konzernebenen Ausgangspunkt für eine Haftung sein. Weiterhin ist hinzuzufügen, dass *Ehlke* jeweils aus der Sicht von Gläubigern generell argumentiert. Die Tatsache, dass sich die Gläubiger einer Schwestergesellschafter nach seinem Modell plötzlich die Haftungsmasse „ihrer" GmbH mit den Gläubigern einer anderen GmbH teilen müssen, problematisiert er nicht. *Ehlke* spricht hierbei lediglich davon, dass grundsätzlich, wenn alle Geschäftstätigkeiten in einer GmbH zusammengeführt werden würden, auch dort alle Gläubiger sich die Haftungsmassen teilen würden[598]. Wenn nach *Ehlke* generell der Zugriff auf sämtliche Schwestergesellschaften zugelassen werden würde[599], würde zumindest die Gläubiger von Schwestergesellschaften benachteiligt, welche aufgrund der Konzernmaßnahmen nicht begünstigt worden sind, da ihnen z. B. kein Vermögensvorteil zugeflossen ist.

Die vorgenommene Unterteilung je nach Intensität der Einflussnahmen der konzernrechtlichen Haftungsfolgen hat sich im Bereich der Über-/ Unterordnungskonzerne bewährt[600]. In den Fällen, in denen der Einzelausgleich

---

[594]   Siehe oben Seite 74.

[595]   *Ehlke*, DB 1986, 523, 526.

[596]   *Ehlke*, aaO., 524, 526.

[597]   *Ehlke*, aaO., 526.

[598]   *Ehlke*, DB 1986, 523, 526; siehe hierzu auch *Priester*, ZIP 1986, 137, 144 f.

[599]   *Ehlke*, aaO.

[600]   So auch *Lutter/Drygala*, ZGR 1995, 557, 564.

aufgrund schädigenden Verhaltens nicht mehr möglich ist, ist eine Vergleichbarkeit mit einem vertraglichen Unterordnungskonzern gegeben, was dazu führen muss, dass der Gleichordnungskonzern in den genannten Fällen wie ein Unterordnungskonzern zu behandeln ist.

Im Falle eines qualifiziert faktischen Gleichordnungskonzerns kommt im Ergebnis bei nicht mehr ausgleichsfähigen schädigenden Einflussnahmen nur die analoge Anwendung der §§ 302, 303 AktG in Betracht[601]. In diesem Zusammenhang ist in aller Deutlichkeit darauf hinzuweisen, dass aus dem Gleichordnungskonzern kein Unterordnungskonzern geworden ist, sondern der Gleichordnungskonzern nur bei Vorliegen bestimmter Konstellationen wie ein Unterordnungskonzern behandelt wird[602].

Folglich sind die §§ 302, 303 AktG analog für die Konzernform eines qualifiziert faktischen Gleichordnungskonzerns anzuwenden.

Die für den Über- / Unterordnungskonzern zunächst nachvollziehbare Anwendung der §§ 30, 31 GmbHG als Haftungsgrundlage aufgrund einer Konzernierung muss im Gleichordnungskonzern wegen der fehlenden bzw. zu schwachen Gesellschafterstellung der anderen Konzernmitglieder scheitern. Hier verbleibt nur der vom Gesetzgeber vorgesehene Anwendungsbereich für die Fälle der Leistung an den Gesellschafter direkt.

### VII.) Festlegung des Haftungskonzeptes des Gleichordnungskonzerns

Die §§ 302, 303 AktG analog kommen im Falle eines qualifiziert faktischen Gleichordnungskonzern zur Anwendung[603]. Festzuhalten ist dass aus dem Gleichordnungskonzern durch die Anwendung kein Unterordnungskonzern geworden ist, sondern der Gleichordnungskonzern nur bei Vorliegen bestimmter Konstellationen ähnlich einem Unterordnungskonzern behandelt wird[604].

---

[601] Aufgrund seiner Ansicht nach mangelnder Analogiefähigkeit ablehnend *Koppensteiner,* in: Rowedder, GmbHG, Anh. nach § 52, Rdnr. 107; auf den Einzelfall bezogen *Zeidler,* in: Michalski, GmbHG, Syst. Darst. Konzernrecht, Rdnr. 301.

[602] Im Ergebnis auch *Lutter/Drygala,* ZGR 1995, 557, 565.

[603] *Emmerich,* in: Emmerich/Habersack, Aktien- und GmbH-Konzernrecht, § 19, Rdnr. 38 m. w. N; *Zeidler,* in: Michalski, GmbHG, Syst. Darst. Konzernrecht, Rdnr. 301.

[604] Im Ergebnis auch *Lutter/Drygala,* ZGR 1995, 557, 565.

## E) Ableitung aus dem Gleichordnungskonzern für den generellen horizontalen Verlustausgleich

Die bisher getroffenen Feststellungen bieten bei genauerer Betrachtung interessante Aspekte hinsichtlich der Entwicklung eines horizontalen Ausgleiches im Konzernrecht. Man muss, wie *Karsten Schmidt* es nannte, „die systembildende Kraft" des Gleichordnungskonzerns, anerkennen[605].

Sobald sich mehrere Unternehmen vertraglich zum Gleichordnungskonzern zusammenschließen, bilden sie eine Gesellschaft bürgerlichen Rechtes[606]. Die ausgeführte Geschäftsführung für *alle* Unternehmen im Rahmen der Vereinbarung stellt die Grundlage der Gleichordnung dar[607]. Durch diesen Zusammenschluss beabsichtigen die Unternehmen, zwar gleichberechtigt nebeneinander, aber als Konzerneinheit zu agieren.

Inwiefern die Annahme eines von *K. Schmidt* geforderten Verlustgemeinschaftsvertrages als erforderlich zu beurteilen ist, kann dahingestellt bleiben.

Klar ist, dass für den Bereich des vertraglichen Gleichordnungskonzerns die Haftungsregeln der BGB-Gesellschaft Anwendung finden müssen. Als typisches Beispiel einer Gleichordnung finden sich die einzelnen Unternehmen zwecks gemeinsamer Zielerreichung zusammen.

Der Bereich der faktischen Gleichordnungskonzerne ist auf den ersten Blick schon differenzierter zu betrachten. Der anerkannte Ansatz der gesteigerten gesellschaftsrechtlichen Treuepflicht bietet hier den entsprechenden Einstieg, eine Haftung zwischen den beteiligten Unternehmen zu begründen. Die Anwendung der §§ 311 ff. AktG scheidet ebenso aus wie der Ansatz der analogen Haftung nach §§ 730 ff. BGB[608].

Den für den vertraglichen und den faktischen Gleichordnungskonzern geltenden Haftungsregeln ist gemein, dass sie jeweils nur eine Haftung der beteiligten Unternehmen untereinander statuieren können.

Dem steht die Haftung aufgrund faktisch qualifizierter Gleichordnung gegenüber. Mit Blick auf die im Regierungsentwurf zum Aktiengesetz ausgeführte Begründung bezüglich der haftungsrechtlichen Regelungen gemäß §§ 300 ff. AktG[609] wird deutlich, dass der Rechtsgedanke statuiert werden sollte, dass derjenige, welcher einen maßgeblichen Einfluss auf die wirtschaftliche

---

[605]   *Schmidt,* ZHR 155 (1991), 417, 431 f.

[606]   *Hüffer,* AktG, § 18, Rdnr. 20.

[607]   *Schmidt,* ZHR 155 (1991), 417, 429.

[608]   Siehe Seite 112.

[609]   Begr. RegE, in *Kropff,* AktG, S. 394.

Entwicklung eines Unternehmens nimmt, auch für dessen Verluste einzustehen hat. Der *Bundesgerichtshof* hat auf Grundlage dieser Kriterien festgelegt, dass im Falle einer umfassenden Einflussnahme und Interessenverletzung einer Konzerngesellschaft durch ein anderes Konzernunternehmen die Haftungsregelungen der §§ 302, 303 AktG anzuwenden sind. Dieser Haftungsansatz für den Gleichordnungskonzern ermöglicht in Abhängigkeit von der Konzernintensität eine Innen- und Außenhaftung und kann bei Vorliegen der Voraussetzungen zu Ansprüchen außenstehender Gläubiger führen.

### F) Feststellung des Anspruchsgegners bei horizontaler Haftung

Bei den horizontalen Haftungsmöglichkeiten bleibt ferner die Frage unbeantwortet, welches Unternehmen als Anspruchsgegner für außenstehende Gläubiger anzusehen ist.

Für den Bereich des einfach faktischen Gleichordnungskonzerns ist die Frage vergleichsweise einfacher zu beantworten, denn auf Grundlage der gesteigerten gesellschaftsrechtlichen Treuepflicht kommt hier nur ein Innenausgleich zwischen den beteiligten Unternehmen in Betracht[610].
Für den einfach faktischen Gleichordnungskonzern muss man sich vor Augen halten, dass hier zunächst nur einzelne schädigende Maßnahmen vorliegen, welche alle noch einem Einzelausgleich zugänglich sind. Somit lässt sich relativ schnell bestimmen, welches das belastete und welches das begünstigte Unternehmen im Gleichordnungskonzern ist.
Die Treuepflicht innerhalb des Konzerns führt nicht zu einem Direktanspruch außenstehender Gläubiger. Vielmehr führt die zwischen den beteiligten Unternehmen wirkende Treuepflicht ausschließlich zu Ansprüchen genau dieser beteiligten Unternehmen untereinander.
Aber auch für die Haftung des begünstigten gegenüber dem belasteten Unternehmen stellt sich nun die Frage, ob dem begünstigten Unternehmen jede belastende Maßnahme zugerechnet werden kann, die auf der anderen Seite zu einem Vorteil bei ihm führt.

*Drygala* möchte die Handlungen eines Leitungsorgans im faktischen Gleichordnungskonzern über § 31 BGB der begünstigten Gesellschaft zurechnen[611], was jedoch auf grundlegende Bedenken stößt, da über § 31 BGB ausschließlich Handlungen von Organen zugewiesen werden können, sofern

---

[610]  *Emmerich*, in: Emmerich/Sonnenschein, KonzernR, § 4, S. 72.

[611]  *Drygala*, Der Gläubigerschutz bei der typischen Betriebsaufspaltung, S. 122.

diese durch eigenverantwortliche und selbständige Handlungen den Verband repräsentieren[612].

Festzuhalten ist, dass bei Handlungen eines faktischen Leitungsorgans dieses zunächst im Interesse des Gesamtkonzerns handelt und speziell nur für ein Unternehmen. Daher scheidet auch eine Art von Doppelhandlung für den Gesamtkonzern und das begünstigte Unternehmen aus.

Eine Herleitung über § 31 BGB ist jedoch entbehrlich. Für den Bereich des einfach faktischen Gleichordnungskonzerns bewegt man sich immer noch im Bereich des möglichen Einzelausgleichs, so dass das begünstigte Unternehmen eindeutig bestimmbar ist.

Das Verhalten von dessen Organen ist allerdings gem. § 31 BGB dem begünstigten Unternehmen zuzurechnen. Entweder hat dieses Unternehmen allein durch die Einflussnahme auf das faktische Leitungsorgan oder zumindest durch die Möglichkeit der nachteiligen Einflussnahme aufgrund der einfach faktischen Gleichordnung zu der nachteiligen Maßnahme mit beigetragen.

In beiden Fällen ist die Möglichkeit der nachteiligen Einzelmaßnahme nur entstanden, weil sich die Organe des begünstigten Unternehmens auf eine faktische Gleichordnung mit anderen Unternehmen eingelassen haben, was im Falle einer Benachteiligung eines anderen Unternehmens in einer Verletzung der gesteigerten Treuepflicht mündet.

Für den Bereich des qualifiziert faktischen Gleichordnungskonzerns gestaltet sich die Feststellung des Anspruchsberechtigten schwieriger.

Zunächst ist auch hier das begünstigte Unternehmen zu betrachten. *Drygala* sieht dieses Unternehmen ebenfalls als Anspruchsgegner der Haftung gem. §§ 302, 303 AktG analog[613].

Wie oben dargelegt, liegt den §§ 302, 303 AktG der Gedanke zugrunde, dass ein Unternehmen, welches ein anderes derartig benachteiligt und zu interessenwidrigen Entscheidungen veranlasst, auch außenstehenden Dritten gegenüber für diese Nachteile haftet[614].

Als Folge der Analogie zu den §§ 302, 303 AktG ist zunächst festzuhalten, dass die benachteiligte Gesellschaft selbst Anspruchsinhaber der Forderungen aus §§ 302, 303 AktG analog ist. I. d. R. werden diese Rechte durch den Geschäftsführer oder Insolvenzverwalter geltend gemacht.

Sollte aber das beeinflusste Unternehmen haftungsrechtlich ausfallen, wandelt sich der Anspruch aus §§ 302, 303 AktG analog in einen Zahlungsanspruch aus § 322 AktG[615]. Der Grundsatz der Haftungsbeschränkung auf das

---

[612]   BGHZ 49, 21; BGH NJW 1972, 334; *Heinrichs*, in: Palandt, BGB § 31, Rdnr. 8.

[613]   *Drygala*, Der Gläubigerschutz bei der typischen Betriebsaufspaltung, S. 124.

[614]   *Buchner/Weigl*, DNotZ 1994, 580, 585.

[615]   BGH AG 1995, 35, 37.

Gesellschaftsvermögen des einen Konzernunternehmens, der im einfach faktischen Konzern noch uneingeschränkt gilt, wird hier im Ergebnis aufgehoben[616].

Zu identifizieren bleibt nun der Gegner für einen derartigen Anspruch. Unbestritten ist zunächst, dass das begünstigte Unternehmen für die außenstehende Gläubiger der Anspruchsgegner ist.

Interessant könnte es sowohl für die benachteiligte Gesellschaft als auch den außenstehenden Gläubiger werden, wenn ihm auch die Möglichkeit gegeben wäre, sich gleichermaßen an andere Unternehmen des Gleichordnungskonzerns zu wenden.

Problematisch erscheint aber zunächst, dass die weiteren am Gleichordnungskonzern beteiligten Unternehmen keinerlei Einfluss auf die benachteiligte Gesellschaft ausgeübt und unter Umständen auch keine Vorteile hieraus gezogen haben. Gesetzt den Fall, sie hätten Vorteile erhalten, könnte dies eine abweichende Betrachtung rechtfertigen.

Zunächst soll hier aber eine Betrachtung unter der Prämisse erfolgen, dass die weiteren am Gleichordnungskonzern beteiligten Unternehmen keinerlei Vorteile aus der Beeinflussung gezogen haben und auch am nachteiligen Einfluss nicht beteiligt waren. Wenn schon in dieser Konstellation eine Haftung zu bejahen ist, wird dies erst Recht in der anderen Konstellation gelten.

Besonderes Augenmerk ist auf das Verhältnis zwischen den Unternehmen aufgrund der Gleichordnung zu legen. Die am Gleichordnungskonzern beteiligten Unternehmen gehen eine Art der gesetzlichen Verlustübernahmepflicht[617] oder Verlustausgleichspflicht[618] ein. Die Pflicht zur Konzernhaftung ergibt sich im Vertikalkonzern aus der Stellung des herrschenden Unternehmens und der damit verbundenen Gefahr für die abhängigen Gesellschaften.

Richtet man nun den Blick auf den Gleichordnungskonzern und führt sich die o. g. Begründung für die Vertikalhaftung vor Augen, erscheint eine Übertragbarkeit mangels vergleichbarer Voraussetzungen ausgeschlossen.

Allerdings gilt es zu beachten, dass auch in einem Gleichordnungskonzern eine gewisse Abhängigkeit gegeben sein kann[619].

Einer eingehenden Betrachtung ist die Entwicklung innerhalb des Gleichordnungskonzerns im Falle der qualifiziert faktischen Konzernierung zu unterziehen.

---

[616]  *Decher*, in: MünchHb. GmbH, § 71, Rdnr. 38.

[617]  *Emmerich*, in: Scholz, GmbH, Anh. KonzernR, Rdnr. 127.

[618]  *Schmidt*, ZHR 155 (1991), 417, 440.

[619]  Siehe Seite 104.

Ein Konzernunternehmen übt einen derartigen Druck innerhalb des Gleichordnungskonzern aus, der darauf abzielt, sich zu Lasten eines anderen Konzernunternehmens Vorteile zu verschaffen. Hierzu benutzt es entweder das vorhandene Leitungsorgan oder hat anderweitige Einflussmöglichkeiten zur Beeinflussung der Maßnahmen in seinem Sinne. Diese Situation wäre damit identisch mit der Beeinflussung im Vertikalkonzern. Aus zwei gleichgeordneten Unternehmen wird aufgrund der Beeinflussung ein dem Vertikalkonzern vergleichbares Verhältnis. Um Missverständnisse zu vermeiden, ist deutlich darauf hinzuweisen, dass damit nicht das Entstehen eines Vertikalkonzerns zwischen diesen beiden Unternehmen gemeint ist. Es bleibt hier beim Gleichordnungskonzern, allerdings mit einer vergleichbaren Lage im Verhältnis zwischen den beiden beteiligten Unternehmen.

An dieser Stelle stellt sich aufgrund dieser konzernrechtlichen Entwicklung die Frage nach einer Haftung der anderen Unternehmen im Gleichordnungskonzern. *Jaschinski* weist eine horizontale Konzernhaftung nur denjenigen Gesellschaften zu, welche auch an der Einflussnahme beteiligt sind oder welche durch die Einflussnahme begünstigt sind[620]. Damit wird die Annahme einer globalen horizontalen Haftung zwischen den Konzerngesellschaften verneint und nach der Meinung von *Jaschinski* soll damit das Problem vermieden werden, dass Konzernschwestergesellschaften generell haften sollen, obwohl sie keinen Vorteil aus der Konzernlage gezogen haben[621].

Hier greift die Argumentation von *Jaschinski* jedoch zu kurz. Die Schwesterunternehmen, zu deren Gunsten sich die Gleichordnung nicht ausgewirkt hat, sind zwar nicht unmittelbar an der Einflussnahme und dem Ergebnis beteiligt, aber doch Teil der Gleichordnungsstruktur. Ebenso muss sich vor Augen geführt werden, dass, anders als in einem Unterordnungskonzern, die Unternehmen sich grundsätzlich aus freien Stücken zu einem Gleichordnungskonzern zusammengeschlossen haben und damit gerade die typische Konzerngefährdungslage geschaffen haben, dass Interessenverletzung eintreten können[622]. Der Einwand, dass es sich hierbei dann um eine reine Strukturhaftung handeln würde[623], ist zurückzuweisen. Das Wesen des Gleichordnungskonzern liegt darin, dass sich rechtlich selbständige Unternehmen zumindest im Verhältnis untereinander freiwillig unter eine gemeinsame Leitung stellen und damit zwangsläufig auch die Möglichkeit für

---

[620] *Jaschinski*, Die Haftung von Schwestergesellschaften im GmbH-Unterordnungskonzern, S. 170.

[621] *Jaschinski*, aaO.

[622] Im Ergebnis ebenso *Wellkamp*, DB 1993, 2517, 2520.

[623] So *Jaschinski*, Die Haftung von Schwestergesellschaften im GmbH-Unterordnungskonzern, S. 158.

eine Interessenverletzung einer beteiligten Gesellschaft schaffen. Der Zusammenschluss auf freiwilliger Basis und die Schaffung der Gefährdungslage führt gerade zu der generellen horizontalen Haftung, welche somit nicht auf der Konzernstruktur beruht, sondern auf dem freiwilligen Zusammenschluss an sich. Ausschlaggebend ist, dass sich alle Unternehmen freiwillig in das Gleichordnungsgefüge eingegliedert haben. Aufgrund mangelnder Beherrschung im klassischen Sinne kann hier nicht von einem Zwang gesprochen werden. Durch diesen Zusammenschluss eröffnen die beteiligten Unternehmen überhaupt erst die Möglichkeit der Entstehung benachteiligender Einflussnahmen innerhalb des Gleichordnungskonzerns.

Als Ausfluss der gesetzlichen Verlustgemeinschaft des Gleichordnungskonzerns ist hier eine Gefährdungslage anzuerkennen, welche ohne die gewollte Gleichordnung nicht existent wäre. Hierbei ist es unerheblich, ob die unbeteiligten Unternehmen nichts gegen die qualifizierte faktische Gleichordnung getan haben oder tun konnten. Allein durch den Zusammenschluss und die hieraus resultierende Möglichkeit für jedes beteiligte Unternehmen, entweder begünstigtes oder belastetes Unternehmen zu werden, ergeben sich Haftungsansprüche auch außenstehender Dritter gegen die anderen Unternehmen des Gleichordnungskonzerns.

Im Ergebnis ist hier *K. Schmidt* zu folgen, welcher in Fällen qualifiziert faktischer Gleichordnung eine daraus resultierende Verlustgemeinschaft zwischen den Schwestergesellschaften annimmt[624]. Allerdings kann seiner Herleitung aus den §§ 730 ff. BGB nicht gefolgt werden[625]. Vielmehr ergibt sich die Haftung aus dem Rechtsgedanken der Regelungen der §§ 302, 303 AktG[626]. Als Kritikpunkt könnte diesbezüglich angebracht werden, dass hier eine Konzernzustandshaftung normiert werden soll. Dies ist aber nicht der Fall. Es bleibt bei der Konzernverschuldenshaftung als Grundlage für dieses Modell.

Nicht allein die Konzernierung an sich führt zu einem qualifiziert faktischen Gleichordnungskonzern. Damit ein solcher überhaupt vorliegt, müssen die Voraussetzungen einer qualifiziert faktischen Konzernierung, sprich Unmöglichkeit des Einzelausgleiches etc., erfüllt sein.

In der zweiten Stufe ist hinsichtlich der Frage der Haftung der Schwestergesellschaften die reine Teilnahme am Gleichordnungskonzern als Kriterium heranzuziehen. Dieses führt allerdings nicht allein zur Annahme einer Haftung, sondern stellt lediglich Ergebnis eines Verhaltens und somit nicht Haftungsvoraussetzung im Rahmen einer etwaigen Strukturhaftung dar.

---

[624] *Schmidt,* ZHR 155 (1991), 417, 440.

[625] Siehe Seite 112.

[626] *Römermann/Schröder,* in: Römermann, MAH GmbH-Recht, § 21, Rdnr. 185, welche generell eine horizontale Haftung befürworten, ohne jedoch sowohl die Herleitung als auch die Tatbestandsvoraussetzungen näher zu erläutern.

Durch den Zusammenschluss der Unternehmen zum Gleichordnungskonzern, wird eine typische Gefährdungslage geschaffen[627]. Diese verwirklicht sich aber nicht von allein, was bei einer Strukturhaftung ausreichen würde, sondern offenbart sich erst dann, wenn die schädliche Einflussnahme auf ein beteiligtes Unternehmen ansteht.

Im Falle des Vorhandenseins eines Leitungsorgans des Gleichordnungskonzerns verwirklichen auch die an der Beeinträchtigung nicht unmittelbar beteiligten Unternehmen die Konzerngefahr[628] dadurch, dass sie die Benachteiligung nicht verhindern. Sollten die einzelnen Unternehmen keine Möglichkeit der Einflussnahme gehabt haben, müssten sie aus dem Gleichordnungsverbund auszuscheiden beabsichtigen. Bei einem Verbleiben im Gleichordnungskonzern im Angesicht der schwerwiegenden Beeinträchtigung eines anderen beteiligen Unternehmens dulden sie zumindest diese Benachteiligung. Eine Zurechnung des Verhaltens kann problemlos nach § 31 BGB erfolgen. Diese Elemente gehen über eine Strukturhaftung weit hinaus.

Allerdings ist ebenso das erkennbare Bestreben und Recht anzuerkennen, in haftungsbeschränkter Weise am Rechtsverkehr teilnehmen zu wollen. Aus diesem Grunde sind bei der Haftung der Schwestergesellschaften auch strenge Kriterien als Korrektiv der Haftung anzulegen.

Es kann sich bei einer derartigen Haftung nur um eine doppelte Ausfallhaftung handeln, d. h. zunächst muss sich der außenstehende Gläubiger an das beeinträchtigte Unternehmen wenden, da dieses rechtsgeschäftlich seinen Anspruchsgegner darstellt. Bei Ausfall dieses Konzernunternehmens kann sich der Gläubiger an das begünstigte Unternehmen wenden. Erst nach Ausfall auch dieses Unternehmens steht ihm der Weg zur der Inanspruchnahme der übrigen Konzerngesellschaften offen. Damit wird die Konzernhaftung zunächst an das Verhältnis gebunden, indem die Interessenverletzung zu Tage getreten ist und erst im zweiten Schritt eröffnet sich die Möglichkeit, sich anderen Schwestergesellschaften zu wenden.

## G) Horizontale Haftung bei Gleichordnung als Fazit

Im Ergebnis ist festzuhalten, dass zunächst ein qualifiziert faktischer Gleichordnungskonzern vorliegen muss, aufgrund dessen das begünstigte

---

[627] *Ehlke*, DB 1986, 523, 527.

[628] Die Terminologie der Konzerngefahr an sich ist grundsätzlich insoweit anerkannt und beschreibt die Gefahr für die Gesellschaft und die beteiligten Gesellschafter, dass unternehmerische Interessen eines oder einer Gruppe von Gesellschaftern stark genug sind, zum Nachteil der Gesellschaft zu wirken. Siehe BGHZ 115, 187, 190; BGHZ 122, 123, 126.

Unternehmen in erster Linie gem. §§ 302, 303 AktG analog für die qualifizierte Benachteiligung eines anderen Konzernunternehmens haftet[629].

Erst wenn dieses Unternehmen für einen Gläubiger ausfällt, eröffnet sich für diesen die Möglichkeit, sich auch an die anderen Schwestergesellschaften zu wenden, da diese es entweder unterlassen haben die Benachteiligung abzuwenden oder nicht aus dem Verbund ausgetreten sind, so dass sich die Konzerngefahr dadurch verwirklichen konnte.

Im Gleichordnungskonzern existiert somit eine generelle horizontale Konzernhaftung, welche Grundlage einer generellen Haftung zwischen Schwestergesellschaften in einem Konzern sein kann.

### § 7 Horizontaler Ansatz des Bundesarbeitsgerichtes

Neben dem *Bundesgerichtshof* hatte sich auch das *Bundesarbeitsgericht* in der Vergangenheit mehrfach mit konzernrechtlichen Problematiken zu beschäftigen[630]. Im Ergebnis lehnte es das BAG unter überwiegender Zustimmung der arbeitsrechtlichen Literatur[631] ab, den Schutzinteressen der Arbeitnehmer durch Anerkennung eines konzerndimensionalen Arbeitsrechtes gerecht zu werden. Das BAG zog sich vielmehr auf die gesellschaftsrechtliche Trennungsvorgabe zurück und negierte somit einen konzernweiten Kündigungsschutz[632] oder eine konzernweite Gleichbehandlung[633]. Letztlich folgte es immer der Rechtsprechung des *Bundesgerichtshofes* und übernahm die Entscheidungspraxis[634]. Auf diesem Wege wurden die Ergebnisse aus den Urteilen von „Autokran" bis „Video"[635] übernommen.

Bewegung in die konzernrechtliche Betrachtung von arbeitsrechtlichen Tatbeständen durch das BAG kam erst durch das Urteil vom 8.9.1998[636]. Gegenstand dieser Entscheidung war die Frage, inwieweit die Klägerin, ein Pensionssicherungsverein, Ersatz von Versorgungszahlungen, die er an

---

[629] So auch *Emmerich*, in: Emmerich/Sonnenschein, KonzernR, § 4, S. 72; *Hüffer*, AktG, § 18, Rdnr. 22.

[630] BAG AG 1993, 382; BAG AG 1994, 510; BAGE 61, 94, AP Nr. 22 zu § 16 BetrAVG; BAG NZA 1993, 72; BAG NZA 1995, 368; BAG RdA 1992, 400.

[631] Vergl. besonders hierzu *Zöllner*, AG 1994, 285 ff.; *Junker*, ZIP 1993, 1599 ff.; *Henssler*, RdA 1992, 289, 300 ff.; *Windbichler*, Arbeitsrecht im Konzern, S. 259 ff.

[632] Z. B. BAG AG 1991, 434.

[633] BAGE 52, 380, 391 ff.

[634] *Ziegenhain*, ZIP 1994, 1003, 1006.

[635] Vergl. BAG ZIP 1991, 884 mit Anm. *Schulte*, EwiR 1991, 957.

[636] BAG ZIP 1999, 723, Urteil vom 8.9.1998 - 3 AZR 185/97.

Arbeitnehmer einer weiteren Konzerntochter geleistet hat, von einer anderen Konzerntochter verlangen kann.

Die beiden Konzerntochtergesellschaften gingen aus einer Betriebsaufspaltung in Vertriebsgesellschaft (Besitzgesellschaft) sowie Betriebs- und Produktionsgesellschaft hervor. Beide waren in der Form einer GmbH & Co KG organisiert. Komplementär-GmbH war in beiden Fällen eine Verwaltungs-GmbH. Die Gesellschafter der Verwaltungs-GmbH waren gleichzeitig auch Kommanditisten der beiden GmbH & Co KG`s. Bei allen drei Gesellschaften trat zwischenzeitlich der Insolvenzfall ein.

Der BAG bejaht jetzt eine Haftung der einen Konzerngesellschaft für die Verbindlichkeiten der anderen Konzernschwestergesellschaft[637]. Diese Entscheidung kann zu einem Meilenstein in der konzernrechtlichen Betrachtung von Unternehmensverbänden durch das BAG werden, was insbesondere unter dem Gesichtspunkt gilt, dass Betriebsaufspaltungen durch diesen Ansatz weiter an Attraktivität verlieren, da Haftungsbeschränkungen über dieses Modell zunehmend unmöglich erscheinen.

## A) BAG-Herleitung einer horizontalen Haftung

Das *Bundesarbeitsgericht*[638] orientiert sich am bekannten Modell der Haftung in qualifiziert faktischen Konzernverbindungen, indem es die Kriterien der „TBB"-Entscheidung von einem „objektiv missbräuchlichem Verhalten" und einer daraus resultierenden „Verletzung der Eigeninteressen der Gesellschaften" mittelbar zu Anwendung kommen lässt[639] und ansonsten einen allgemeinen Durchgriffstatbestand zugrunde legt[640]. Das Ergebnis des Vorliegens dieser Kriterien soll dann eine „rechtsähnliche Anwendung" der §§ 302, 303 AktG sein[641].

Die genaue Herleitung der Haftungsherleitung durch das Bundesarbeitsgericht bleibt trotz der Anwendung bekannter Haftungsvoraussetzungen weitgehend unklar[642].

---

[637]   BAG ZIP 1999, 723, 724.

[638]   BAG ZIP 1999, 723.

[639]   BAG ZIP 1999, 723, 725.

[640]   *Schaub*, NZA 1989, 5, 8; *Ulmer*, NJW 1986, 1579, 1586; *Wiedemann*, ZIP 1986, 1293, 1302.

[641]   BAG aaO.

[642]   *Schmidt*, in: FS Wiedemann, S. 1199, 1215; ebenso *Windbichler*, RdA, 2000, 235, 238.

Kernpunkt der Haftungsbegründung ist die Aussage, dass die Betriebsgesellschaft umfassend durch die Besitzgesellschaft gesteuert worden ist[643]. Hierbei orientiert sich das BAG eher am Merkmal der umfassenden Leitungsmacht aus dem „Video"-Urteil[644] des BGH als an der aktuelleren „TBB"-Entscheidung[645]. Über dies mag man hier hinwegsehen, da es eher zu einer Einschränkung der Konzernhaftung führt. Offen bleibt aber in der Entscheidung des BAG, durch welche Maßnahmen die Besitzgesellschaft ihre Konzernschwestergesellschaft gesteuert haben soll. Die „Wohl und Wehe"-Verbindung der Betriebsgesellschaft zur Besitzgesellschaft aufgrund der notwendigen Überlassung der Produktionsmittel durch die Besitzgesellschaft allein reicht nicht aus[646].

Vielmehr stellt der BAG klar, dass das beherrschende Unternehmen innerhalb dieser Verbindung nur die Verwaltungsgesellschaft als Komplementär-GmbH war[647]. Ebenso wird betont, dass nicht die Besitzgesellschaft, sondern die beherrschende Verwaltungsgesellschaft als Obergesellschaft den Tatbestand der missbräuchlichen Ausübung der Konzernleitungsmacht erfüllt habe[648].

Der weitere Haftungsansatz des BAG wird nun jedoch undeutlich, da das schädigende Verhalten der Obergesellschaft einem Schwesterunternehmen gegenüber der anderen Konzernschwestergesellschaft zugerechnet werden soll[649]. Eine Begründung für diese Annahme ist im Urteil nicht erkennbar, vielmehr gehört das Urteil aufgrund der angewandten Haftungsvoraussetzungen in die Kategorie der Durchgriffsentscheidungen[650].

Grundsätzlich erfolgt eine Zurechnung von schädigendem Verhalten immer zu derjenigen Rechtspersönlichkeit, welche durch dieses Verhalten auch die Vorteile erlangt[651]. Zugegebenermaßen verschafft sich in diesem Fall die

---

[643]  BAG ZIP 1999, 723, 724 f.

[644]  BGHZ 115, 187.

[645]  Das *Bundesarbeitsgericht* führt hierzu umfassend aus, warum der Produktionsgesellschaft keinerlei Raum für eine eigenständige Willenbildung bliebt. Siehe BAG ZIP 1999, 723, 725; diesen Punkt kritisierend ebenso *Henssler*, ZGR 2000, 479, 489.

[646]  *Henssler*, ZGR 2000, 479, 489; *Schmidt*, in: FS Wiedemann, S. 1199, 1216.

[647]  BAG aaO.

[648]  BAG aaO.; die fehlende Begründung ausdrücklich kritisierend *Windbichler*, RdA, 2000, 235, 240.

[649]  Siehe *Henssler,* ZGR 2000, 479, 493 ff., welche deutlich die Ungenauigkeiten der Begründung des Bundesarbeitsgerichtes herausarbeitet.

[650]  So auch *Schmidt*, in: FS Wiedemann, S. 1215; *Windbichler*, RdA, 2000, 235, 242.

[651]  Im Ergebnis BGHZ 95, 128, 132.

Besitzgesellschaft durch die Einflussnahme der Konzernobergesellschaft die Vorteile. Für eine Zurechnung im klassischen Sinne müsste der Besitzgesellschaft aber dann das Verhalten der Obergesellschaft zugerechnet werden und nicht umgekehrt. Ein Einfluss der Besitzgesellschaft auf die Obergesellschaft ist jedoch nicht zu erkennen und wird vom BAG auch nicht dargestellt bzw. angenommen[652].

Denkbar wäre allenfalls, dass das BAG auf einen „umgekehrten Haftungsdurchgriff" hinaus wollte[653]. Ein solcher wird jedoch heute trotz ehemaliger Anwendung durch den BGH in früheren Jahren[654] allgemein mit der Begründung abgelehnt[655], ein solcher „umgekehrter Haftungsdurchgriff" widerspreche, den Kapitalerhaltungsvorschriften des GmbHG, da er die GmbH mit Ansprüchen belastet, welche alleine den Gesellschafter betreffen[656]. Die Ansprüche der Gläubiger der Gesellschafter sind beschränkt auf die Möglichkeit der Pfändung des Geschäftsanteils. Bei Anerkennung eines „umgekehrten Haftungsdurchgriffes" wird dadurch der Gesellschaft und damit ebenfalls anderen Gesellschaftsgläubigern Vermögen entzogen[657]. Eine genauere Auseinandersetzung des BAG fehlt auch im Hinblick auf diese Problematik[658].

Im Ergebnis ist die Sichtweise des Bundesarbeitsgerichtes im Hinblick auf die Rechtsfolge einer horizontalen Haftung im Lichte des besonderen Schutzes der Arbeitnehmer zu sehen und zu verstehen, wobei die Herleitung und die genauen Tatbestandsvoraussetzungen nebulös bleiben.

---

[652] Vielmehr möchte das *Bundesarbeitsgericht* die Besitzgesellschaft mehr als Werkzeug der Muttergesellschaft sehen und damit dessen Verhalten auch der Muttergesellschaft zurechnen. Die Frage, weshalb sich die Besitzgesellschaft (Tochtergesellschaft) jedoch das pflichtwidrige Verhalten der Muttergesellschaft zurechnen lass en muss, bleib unbeantwortet. Siehe auch BAG ZIP 1999, 723, 725.

[653] Auch so gesehen von *Henssler*, ZGR 2000, 479, 496.

[654] Vergl. BGHZ 3, 136 ff.; 10, 205ff.

[655] *Winter*, in: Scholz, GmbHG, § 13, Rdnr. 96, *Pentz*, in: Rowedder, GmbHG § 13, Rdnr. 156 ff.; BGH NJW-RR 1990, 738; *Schmidt*, GesellschaftsR, § 9 IV 6., S. 246; *Hueck*, in: Baumbach/Hueck, GmbHG, § 13, Rdnr. 18; *Wiedemann*, GesellschaftsR I, S. 228; *Lutter/Hommelhoff*, GmbHG, § 13, Rdnr. 14 f.

[656] Vergl. *Goette*, DStR 1999, 1822 f; *ders.* DStR 1996, 974 f.

[657] *Hueck*, in: Baumbach/Hueck, GmbHG, § 13, Rdnr. 18; *Goette*, Die GmbH, § 9, Rdnr. 44.

[658] So ebenfalls gesehen von *Henssler*, ZGR 2000, 479, 496.

## B) Konkretisierung bzw. Begründung des Haftungsansatzes

Aufgrund der Bedeutung der geschaffenen Rechtsfolge bedarf es in der vorliegenden Entscheidung einer eingehenderen Betrachtung des Ansatzes des *Bundesarbeitsgerichtes*. Als Folge der Entscheidung müsste ein Gläubigerdurchgriff im Konzernverbund generell dann erlaubt werden, wenn ein beherrschendes Unternehmen mehrere abhängige Gesellschaften leitet und dabei nicht die Vermögenswerte bei sich, sondern bei einer Tochtergesellschaft ansammelt. Die Konsequenzen dieses Haftungsansatzes wären kaum überschaubar und würden bei bestehenden Konzernverbänden zu enormen Haftungsrisiken führen.

## I.) Haftung aufgrund vertikaler Konzernierung

Eine Haftung nach den Regeln des vertikalen Zusammenschlusses scheidet hier eindeutig aus, da diese lediglich zur Haftung der Muttergesellschaft, niemals aber zur Haftung der Konzernschwestern führt. Jeglicher Versuch, einen Haftungsübergang auf die Schwestergesellschaften zu schaffen, scheitert an der Unmöglichkeit einer Zurechnung und mündet schließlich in der allgemeinen Ablehnung eines „umgekehrten" Haftungsdurchgriffes[659].

## II.) Gleichordnungsrechtliche Haftungsherleitung

Abgesehen von der Tatsache, dass es sich bei den Schwestergesellschaften um GmbH & Co KG`s handelt und die Verwaltungsgesellschaft eine GmbH ist, sind Parallelen zum „Autokran"-Fall[660] nicht zu verleugnen. Dies gilt insbesondere unter dem Gesichtspunkt, dass zum einen alle Gesellschaften insolvent geworden sind und hinter allen Gesellschaften mittel- oder unmittelbar dieselben Gesellschafter stehen. Nach der im vorherigen Teil festgestellten Haftung innerhalb von Gleichordnungskonzernen[661] wäre ein horizontaler Ausgleich im Rahmen einer qualifiziert faktischen Gleichordnung denkbar. Voraussetzung wäre allerdings, dass die vorliegende Konzernstruktur als Gleichordnungskonzern zu klassifizieren ist.

Bezogen auf die Ausgangssituation scheint dies auf den ersten Blick nicht zu gelingen, da die Verwaltungsgesellschaft in Form einer GmbH ausgestaltet ist

---

[659] Siehe Seite 135.

[660] Siehe Seite 74.

[661] Siehe Seite 120.

und die maßgeblichen Anteile an den Tochtergesellschaften hält[662]. Somit scheint unzweifelhaft ein Unterordnungskonzern vorzuliegen. Besondere Aufmerksamkeit ist hierbei allerdings auf die Gesellschafter der einzelnen Unternehmen zu richten. In diesem Fall des BAG waren dieselben Personen alleinige Kommanditisten der Tochtergesellschaften und gleichzeitig alleinige Gesellschafter der Verwaltungsgesellschaft. Der Leitungswille, ausgeübt durch genau diese beiden Gesellschafter, setzt sich somit in jedem Unternehmen durch. Die rechtliche Struktur der Verwaltungsgesellschaft als Konzernobergesellschaft erscheint hier zweitrangig.

Insgesamt ist festzuhalten, dass diese Konstruktion dennoch keinen Gleichordnungskonzern im konzernrechtlichen Sinne verkörpert. Im Unterschied zum „Autokran"-Fall ist die hier angenommene Konzernspitze gerade nicht eine natürliche Person, sondern eine eigenständige juristische Person, welche als Dachgesellschaft zugleich Allein- oder Mehrheitsbesitzer der übrigen Konzernunternehmen ist. Aus dieser Konstellation lässt sich dann auch die Abhängigkeitsvermutung des § 17 Abs. 2 AktG ableiten. Diese zu widerlegen dürfte nur dann gelingen, wenn die Vertreter der Tochtergesellschaften gleichberechtigten Einfluss auf die Geschäftsführung der Obergesellschaft hätten[663]. Etwas Anderes könnte nur gelten, wenn das Leitungsunternehmen selbst im Besitz der Konzerngesellschaften stünde[664]. Selbst die personenidentische Struktur der jeweiligen Anteilseigner hat keinen Einfluss auf diese Betrachtung. Die Verbindung von GmbH mit Personengesellschaft darf nicht dazu führen, die rechtliche Eigenständigkeit der GmbH einfach außer Acht zu lassen. Trotz gleicher Gesellschafterstruktur ist durch die Schaffung der GmbH eine rechtlich eigenständige juristische Personen entstanden. Die hinter dieser Gesellschaft stehenden anderen Rechtspersönlichkeiten spielen keine Rolle mehr und werden im Handeln durch die GmbH ersetzt.

Etwas Anderes kann schon allein deshalb nicht gelten, da ansonsten eine Änderung der Gesellschafterstruktur eine Änderung des Konzernverhältnisses herbeiführen könnte. Würde man einen Gleichordnungskonzern deshalb annehmen, weil in allen Gesellschaften jeweils die gleichen Gesellschafter anzutreffen sind, würde z. B. bei einem Eintritt weiterer Gesellschafter in einzelne Unternehmen[665] die Notwendigkeit bestehen, das Konzernverhältnis

---

[662] Auf die Problematik von Personengesellschaften im Konzernrecht wird hier nicht eingegangen. Heute ist es aber anerkannt, dass auch Personengesellschaften taugliche Konzernmitglieder sein können.

[663] So *Groman*, Die Gleichordnungskonzerne im Konzern- und Wettbewerbsrecht, S. 51.

[664] *Milde*, Der Gleichordnungskonzern im Gesellschaftsrecht, S. 129.

[665] Z. B. der Verwaltungsgesellschaft im BAG- Fall.

neu zu überprüfen um festzustellen, dass nicht mehr von einem einheitlichen Willen aller Gesellschafter gesprochen werden kann. Aus einem Gleichordnungskonzern wäre damit ein Unterordnungskonzern geworden.

## C) Folgerungen aus der BAG-Entscheidung

Im Hinblick auf die Schutzbedürftigkeit der Arbeitnehmer erscheint die vom BAG getroffene Entscheidung verständlich. Dies gilt insbesondere unter dem Gesichtspunkt, dass zu verteilende Vermögenswerte einzig in der Besitzgesellschaft zu finden waren. Das BAG argumentiert allerdings ausschließlich ergebnisorientiert und umgeht somit alle dogmatischen Problemfelder. Ein konkreter Nutzen für die Herleitung einer horizontalen Haftung lässt sich daher nicht herausarbeiten.

## § 8 Horizontale Haftung als Folge des Umwandlungsgesetzes

Auch in anderen Konstellationen ist eine horizontale Haftung nicht unbekannt. Im Falle einer Abspaltung nach dem Umwandlungsgesetz trifft den abgespaltenen Rechtsträger unter den Voraussetzungen des § 133 UmwG eine gesamtschuldnerische Verpflichtung, für die bestehenden Verbindlichkeiten einzustehen[666].

Diese Haftungstatsache lässt jedoch bezüglich einer Konzernhaftung im gesellschaftsrechtlichen Sinne keine nennenswerten übertragbaren Ansätze erkennen. Die im UmwG statuierte Haftung beruht auf der gesetzlichen Anordnung einer Gesamtschuldnerhaftung. Dies ist unabhängig von jeglichen konzernrechtlichen Gegebenheiten[667]. Die Haftung beruht vielmehr auf der eigenständigen Entscheidung eines Unternehmens, sich eine geänderte Struktur zu geben. Die Rechtsfolge dieser Entscheidung ist die Verteilung der Verpflichtungen und Verbindlichkeiten, welche schon vor der Abspaltung bestanden. Dies sind jedoch keine Ansprüche, welche innerhalb eines Konzerns begründet worden sind, sondern vielmehr solche, die in einem Konzern kraft Gesetzes aufgehen. Letztlich führt diese Regelung nur mittelbar zu einer Haftungsgemeinschaft zwischen Unternehmen gleicher Ebene. Unmittelbar

---

[666] Siehe hierzu u. a. *Teifel*, Durchgriffshaftung und Konzernhaftung nach § 4 Bundes-Bodenschutzgesetz, welcher die Haftung an § 4 Bundes-Bodenschutzgesetz orientiert. Hierbei haftet der abgespaltene Rechtsträger für die Altlasten auf dem Betriebsgrundstück, wenn dieses im Spaltungsvertrag beim abspaltenden Rechtsträger verbleibt.

[667] Im Ergebnis auch *Spindler*, ZGR 2001, 385, 421, welcher zusätzlich noch pragmatische Einwendungen aufgrund der notwendigen Prüfung der Verwaltungsbehörden geltend macht.

sorgt die Regelung des § 133 UmwG für Belastung des Unternehmens mit Verbindlichkeiten aus dem Beginn der Konzernstellung. Aufgrund dieser Haftungsverteilung von Ansprüchen, welche sich zunächst in einer Gesellschaft gebildet haben, kann hier nicht von einer aus konzernrechtlichen Erwägungen statuierten Haftung gesprochen werden.

## § 9 Konzernrechtliche Horizontalhaftung bei Schwestergesellschaften aus Billigkeitsgründen

Interessanter erscheint der Ansatz von *Henssler*[668] zu sein, die horizontale Haftung zu einer Ausfallhaftung zu machen, wenn die Obergesellschaft wegen Insolvenz ausfällt. Er orientiert sich direkt an der vorgenannten Entscheidung des BAG und versucht auf einem eigenständigen Weg, die horizontale Haftung zu begründen.

Am Beispiel der Betriebsaufspaltung möchte er unter Berücksichtigung von § 242 BGB den Gläubigern der Betriebsgesellschaft einen konzernrechtlichen Haftungsanspruch gegen die Besitzgesellschaft als Konzernschwester zubilligen, wenn die eigentlich wegen qualifiziert faktischer Konzernierung haftbare Obergesellschaft wegen Insolvenz ausfällt und die Besitzgesellschaft als begünstigtes Unternehmen Vorteile erlangt hat[669].
Gegen diesen Weg der Begründung soll dann auch nicht mehr der Einwand der Verletzung der Kapitalerhaltungsvorschriften des GmbHG gültig sein[670].
Zum einen stehen dennoch die Kapitalerhaltungsvorschriften diesem Modell entgegen. Nur den Austausch der Rechtsgrundlage unter Beibehaltung der Herleitung sowie der Rechtsfolge lassen sich die notwendigen Kapitalerhaltungsvorschriften nicht umgehen.
Zum anderen darf bei der Anwendung des § 242 BGB nicht unberücksichtigt bleiben, dass für die Eröffnung des Anwendungsbereiches des § 242 BGB zwingend eine Interessenabwägung vorzunehmen ist[671]. Im Verlaufe einer derartigen Interessenabwägung sind die Interessen aller Beteiligten mit zu berücksichtigen[672].

---

[668]  *Henssler*, ZGR 2000, 479.

[669]  *Henssler*, ZGR 2000, 479, 499.

[670]  *Henssler*, aaO., S. 500.

[671]  *Larenz*, SchuldR I AT, § 10 I, S. 126; *Heinrichs*, in: Palandt, BGB, § 242, Rdnr. 5; *Vollkommer*, in: Jauering, BGB, § 242, Rdnr. 4; *Hohloch*, in: Ermann, BGB, § 242, Rdnr. 13 f.; die für die Anwendung des § 242 BGB notwendige Sonderverbindung zwischen den Konzerngesellschaften wird man hingegen noch annehmen können, siehe *Schneider/Burgard*, in: FS Ulmer, S. 579, 590.

[672]  *Grüneberg*, in: Bamberger/Roth, BGB, § 242, Rdnr. 17.

Schließlich geht es nicht nur um die Interessen der Gläubiger der geschädigten Betriebsgesellschaft, welche aufgrund der Insolvenz keinen zahlungskräftigen Schuldner in der Obergesellschaft haben. Allerdings ist ebenso den Interessen der anderen Gläubiger Rechnung zu tragen. Somit rückt hier wiederum der Kernpunkt der Problematik von horizontalen Haftungsverbindungen in den Mittelpunkt.

Die Gläubiger der begünstigten Konzernschwestergesellschaft sehen sich nach dem Modell von *Henssler* der Tatsache ausgesetzt, die Haftungsmasse der Besitzgesellschaft mit weiteren Gläubigern aus der anderen Schwestergesellschaft teilen zu müssen[673]. Mit Blick auf die vorherige Vermögensverschiebung zu Gunsten der Besitzgesellschaft folgen die Gläubiger letztlich nur den haftbaren Vermögenswerten, was keine Benachteiligung der Gläubiger der anderen Schwestergesellschaft hervorruft.
*Henssler* lässt bei seiner Anwendung des § 242 BGB die Interessen der Gläubiger der Konzernobergesellschaft völlig außer Acht. Dies widerspricht der Interessenabwägung im Rahmen des § 242 BGB, in der eine Berücksichtigung der Interessen aller Beteiligten stattfinden muss[674]. Bei typischem Haftungsverlauf müssten sich die Gläubiger der benachteiligten Schwestergesellschaft an die Obergesellschaft wenden und dort zusammen mit den Gläubigern der Obergesellschaft versuchen, Befriedigung zu erlangen[675].
Im Rahmen der dann zu verteilenden Vermögenswerte würde auch die Beteiligung an der begünstigten Schwestergesellschaft nach Abzug der Verbindlichkeiten gegenüber deren Gläubigern zur Verfügung stehen. Beiden Gläubigergruppen, der der Obergesellschaft und der der benachteiligten Untergesellschaft, stünde die Haftungsmasse nach Abzug der regulären Verbindlichkeiten gemeinsam zu.

Bei einer Verschiebung der Ansprüche von Gläubigern der benachteiligten Gesellschaft hin zu anderen Schwestergesellschaften, bleibt den Gläubigern der Obergesellschaft nicht ausschließlich die Haftungsmasse der Tochtergesellschaft gekürzt um die regulären Verbindlichkeiten aus dem Geschäftsbetrieb vorbehalten, sondern eine Haftungsmasse, welche zusätzlich bereits um die Ansprüche der Gläubiger einer anderen Schwestergesellschaft gemindert ist.

---

[673] Als Folge der Verschiebung der Gläubigeransprüche nach *Henssler*, ZGR 2000, 479, 499.

[674] *Roth*, in: MünchKomm BGB § 242, Rdnr. 45.

[675] Dieses Spannungsfeld hinsichtlich der Verschiebung der Gläubigeransprüche zu einer Schwestergesellschaft ist auch tragendes Argument gegen die pauschale Haftungsherleitung bei *Ehlke*. Siehe oben S. 120.

Diese Benachteiligung der Gläubiger der Obergesellschaft lässt sich nicht durch die schädigenden Handlungen rechtfertigen, welche die Obergesellschaft vorgenommen hat. Auf das Geschäftsgebaren der Obergesellschaft haben die Gläubiger i. d. R. keinerlei Einfluss, so dass auch sie unzweifelhaft vor negativen Folgen der Konzernierung zu schützen und ihre Interessen bei einem Versuch der Anwendung des § 242 BGB zu berücksichtigen sind.

Bei der Problemstellung der horizontalen Haftung geht es regelmäßig um die Frage der korrekten Zuordnung eines rechtlich aufgespaltenen Haftungsfonds zu jener Gläubigergemeinschaft, die Forderungen gegenüber einer wirtschaftlichen „Unternehmenseinheit" hat. Die vom BAG gewählte Form einer Durchgriffshaftung wirkt aber nicht ausschließlich zu Lasten der Gläubiger der Besitzgesellschaft[676], die sich nun auch mit den Gläubigern der anderen Konzernschwestergesellschaft die Insolvenzmasse teilen müssen. Vielmehr wirkt sie auch zu Lasten der Gläubiger der Obergesellschaft, welche sich nun einer um die vorrangigen Haftungsansprüche geminderten Insolvenzmasse der Obergesellschaft gegenüber sehen.

Dieses Ergebnis wird unter dem Blickwinkel der Schutzbedürftigkeit des damaligen Klägers zu sehen sein, was auch die ergebnisorientierte Handhabung des Problems und die daraus resultierende dürftige bzw. ausgelassene Herleitung des Haftungsanspruches erklärt. Mögliche Darstellungsversuche der Herleitung scheitern jeweils; insbesondere ist eine Haftungsbegründung anhand des § 242 BGB abzulehnen.

### § 10 Statuierung der horizontalen Haftung als Zwischenergebnis

Vor der Formulierung eines endgültigen Haftungssystems sind die grundsätzlichen Argumente zu überprüfen. Gegebenenfalls ergeben sich strukturelle Problemstellungen, welchen einen Einfluss auf die Haftungsherleitung nehmen könnten.

Ausgangslage für die Betrachtung einer horizontalen Haftung im Gleichordnungskonzern ist die Frage nach der Notwendigkeit einer Haftung. Einzig der Gleichordnungskonzern kennt zur Zeit eine horizontale Haftung zwischen den Konzernschwestergesellschaften.
Es ist festzustellen, dass durch die enge Verknüpfung verschiedener, grundsätzlich eigenständiger Unternehmen und die einheitliche Zielverfolgung grundsätzlich immer die Gefahr besteht, dass die in einem Konzern getroffenen Entscheidungen nicht den Interessen aller beteiligten Unternehmen

---

[676] Anders *Henssler,* ZGR 2000, 479, 495.

entsprechen[677]. Dies hat der Gesetzgeber erkannt und die vorhandenen Konzernhaftungsregeln ins Aktiengesetz aufgenommen.

Ebenso scheidet eine an den Grundsätzen der Kapitalerhaltungsvorschriften der GmbH ausgerichtete horizontale Haftung nach §§ 30, 31 GmbHG aus[678]. Ein Direktanspruch der Gläubiger der benachteiligten Gesellschaft gegen ein weiteres Konzernunternehmen gleicher Stufe kann aufgrund der Zuordnung des Anspruches zur benachteiligten GmbH nicht gewährt werden[679].

Der Anwendung der Vorschrift von Treu und Glauben nach § 242 BGB kann zur Begründung einer horizontalen Haftung nicht herangezogen werden[680], da hierbei die schützenswerten Interessen der Gläubiger der Obergesellschaft nicht ausreichend Berücksichtigung finden. Bei einer Verschiebung der Ansprüche von Gläubigern der benachteiligten Gesellschaft hin zu anderen Schwestergesellschaften steht den Gläubigern der Obergesellschaft nicht mehr nur die Haftungsmasse der Tochtergesellschaft gekürzt um die regulären Verbindlichkeiten aus dem Geschäftsbetrieb zur Verfügung, sondern eine Haftungsmasse, welche zusätzlich bereits um die Ansprüche der Gläubiger einer anderen Schwestergesellschaft gemindert ist[681].

Die von *K. Schmidt* unter dem Begriff „wechselseitiger Haftungsdurchgriff" entwickelte generelle Horizontalhaftung nach dem Modell der Verlustgemeinschaft, die jegliche Haftungssegmentierung zwischen den Konzerngesellschaften einer Ebene aufheben soll[682], nähert sich zu stark dem Konzernrechtsbild, der Einheitstheorie[683], was letztlich zur Aufhebung der Rechtssubjektsqualität jeder einzelnen Gesellschaft führen würde und gerade aus

---

[677]  *Koppensteiner*, in: Rowedder, GmbHG, Anh. n. § 52, Rdnr. 1.

[678]  In diesem Sinne ebenfalls ablehnend *Vetter*, ZIP 2003, 601, 609.

[679]  Grundsätzlich zur Zuordnung zur benachteiligten Gesellschaft: *Lutter/Hommelhoff*, GmbHG, § 31, Rdnr. 2; *Hueck*, in: Baumbach/Hueck, GmbHG, § 31, Rdnr. 7; *Rowedder*, GmbHG, § 31, Rdnr. 2; *Westermann*, in: Scholz, GmbHG, § 31, Rdnr. 8 ff.

[680]  In diesem Sinne jedoch argumentierend *Henssler*, ZGR 2000, 479.

[681]  Grundsätzliche Kritik an der Benachteiligung der Gläubiger der unbeteiligten Schwestergesellschaften: *Ulmer*, in: Hachenburg, GmbHG Anh. § 77, Rdnr. 115; *Hommelhoff*, ZGR 1994, 395, 398; *Stimpel*, in: FS Goerdeler, S. 601, 607; *Eschenbruch*, Konzernhaftung, Rz. 2103.

[682]  *Schmidt*, in: FS Wiedemann, S. 1221.

[683]  Siehe oben Seite 44 ff.

dem Grund der generellen Überschreitung bzw. Abschaffung der Trennungsgrenzen zwischen den Konzerngesellschaften abzulehnen ist[684].

Für den ungeregelten Bereich der Haftung im Gleichordnungskonzern ist bei der Herleitung die Intention des Gesetzgebers bei der Schaffung des Konzernhaftungsrechtes mit zu berücksichtigen.
In der Weiterentwicklung des Haftungsrechtes beim Vertikalkonzern wurde anerkanntermaßen das Gebilde des qualifiziert faktischen Konzerns geschaffen. Dessen Haftung soll sich an den §§ 302, 303 AktG analog orientieren[685].
Grundlage der Herleitung dieser Haftung war die Erkenntnis, dass die Gläubiger durch das Unterlassen der Herstellung einer vertraglichen Beherrschung nicht schlechter gestellt werden dürfen[686].
Diese Überlegungen sind ebenfalls im Bereich des Gleichordnungskonzerns anzuwenden. Wenn es die Unternehmen unterlassen, einen vertraglichen Gleichordnungskonzern mit allen Rechten und Pflichten zu schaffen, dürfen sie hierdurch nicht besser gestellt werden.
Im Ergebnis müssen also die gleichen haftungsrechtlichen Folgen eintreten. Dies gilt insbesondere, da sich die Gefährdungslage durch die nicht mehr einzeln zu kompensierenden Nachteilszufügungen noch verstärkt.
Offen blieb aber die Begründung einer derartigen Haftung. Hierzu gab die Rechtsprechung wenig Anhaltspunkte[687]. Auch die Literatur hielt sich zu diesem Thema bis auf wenige Ausnahmen zurück[688].
Maßgeblich muss aber die Leitentscheidung und die Intention des Gesetzgebers bezüglich der statuierten Konzernhaftung bei Beantwortung dieser Frage sein.
Grundgedanke war immer, dass derjenige, welcher einen maßgeblichen Einfluss auf die Geschicke eines Unternehmens ausübt, auch für dessen Verluste einzustehen hat[689]. Dies findet in den Regelungen der §§ 302, 303 AktG seinen Niederschlag.

---

[684] Siehe oben Seite 53 ff.

[685] *Emmerich*, in: Scholz, GmbHG, Anh. KonzernR, Rdnr. 99 ff. m. w. N.; Zumindest bis zur „Bremer Vulkan"-Entscheidung des *Bundesgerichtshofes* in BGHZ 149, 10.

[686] *Buchner/Weigl*, DNotZ 1994, 580, 583.

[687] Hervorzuheben sind hier AG Eisenach Ag 1995, 519; OLG Dresden NZG 2000, 598, BAG ZIP 1999, 723.

[688] Siehe diesbezüglich *Ehlke*, DB 1986, 523; *Jaschinski*, Die Haftung von Schwestergesellschaften im GmbH-Unterordnungskonzern; *Raiser*, in: FS Ulmer; *Schmidt*, ZHR 155 (1991), 417; *ders.*, in: FS Wiedemann; *Emmerich*, in: Emmerich/Sonnenschein, KonzernR, § 4, S. 7; *Lutter*, ZGR 1982, 244 ff.

[689] Begr. RegE, in *Kropff*, AktG, S. 394.

Hier ist es überflüssig, andere Haftungsherleitungen zu entwickeln, da diese zum einen zu einer Zersplitterung der Haftungsverfassung im Bereich der qualifiziert faktischen Konzernierung führen würden, zum anderen aber auch dogmatischen Schwierigkeiten begegnen, welche nicht zufriedenstellend lösbar sind.

Bei der Behandlung von qualifiziert faktischen Gleichordnungskonzernen müssen folglich die §§ 302, 303 AktG zur Anwendung kommen[690]. Dies bedeutet nicht, dass Gleichordnungskonzerne zu Unterordnungskonzernen werden, es finden lediglich die gleichen Haftungsregeln Anwendung und die gleichen Haftungsvoraussetzungen müssen vorliegen.

In der Folge entsteht zunächst ein Haftungsanspruch der benachteiligten Gesellschaft nach den Grundsätzen der §§ 302, 303 AktG analog. Erst wenn das benachteiligte Unternehmen haftungsrechtlich ausfällt, ergibt sich ein Zahlungsanspruch für die Gläubiger nach § 322 AktG analog.[691]

Bei der Frage nach dem Anspruchsgegner gibt es keine Zweifel, jeweils das oder die Unternehmen des Gleichordnungskonzerns in Anspruch zu nehmen, für die die Haftungsvoraussetzungen der §§ 302, 303 AktG analog vorliegen.

Aber auch die übrigen am Gleichordnungskonzern beteiligten Unternehmen müssen sich einer Haftung ausgesetzt sehen. Dies ergibt sich daraus, dass sie an der Entstehung der Gefährdungslage aufgrund des freiwilligen Zusammenschlusses zum Gleichordnungskonzern beteiligt sind. Diese Haftungsherleitung lässt sich ebenfalls mit dem seit der „TBB"-Rechtsprechung gültigen Konzept der Verhaltenshaftung in Einklang bringen, da nicht allein nach Maßgabe der Konzernstruktur gehaftet wird. Letztlich ist die hier charakterisierte Haftung als Ausfluss der spezifischen Verbundsgefahr[692] zu verstehen, welche sich aus der Gleichordnung und der Einflussnahmen innerhalb der Verbindung ergibt.

Bei der Haftung nach §§ 302, 303 AktG analog im horizontalen Verhältnis des Gleichordnungskonzerns handelt es sich um eine doppelte Ausfallhaftung, da sich zunächst der außenstehende Gläubiger an das beeinträchtigte Unternehmen wenden muss, da dieses rechtsgeschäftlich seinen Anspruchsgegner darstellt. Erst nach Ausfall dieses Unternehmens steht ihm der Weg zur Inanspruchnahme der übrigen Konzerngesellschaften offen.

---

[690]   *Emmerich*, in: Emmerich/Habersack, Aktien- und GmbH-Konzernrecht, § 18, Rdnr. 38 m. w. N; *Zeidler*, in: Michalski, GmbHG, Syst. Darst. Konzernrecht, Rdnr. 301.

[691]   BGH AG 1995, 35, 37.

[692]   Hierzu *Altmeppen*, DB 1994, 1912, 1913, welcher grundsätzlich die Konzernhaftung als Ausfluss der spezifischen Konzerngefahr sieht.

# 3. Teil: Zusammentreffen von horizontaler und vertikaler Abhängigkeit

Nach der Betrachtung der horizontalen Haftung im Gleichordnungskonzern, soll im Folgenden die Frage erörtert werden, ob sich die horizontale Haftung verändert bzw. vielleicht sogar gänzlich nicht zur Anwendung kommt, wenn nicht nur eine Gleichordnung vorliegt, sondern auch eine Über-/Unterordnung gegeben ist. Diese Situation kann in unterschiedlichen Erscheinungsformen vorliegen. Zum einen können die beteiligten gleichgeordneten Unternehmen jeweils abhängige Tochterunternehmen besitzen oder andererseits selbst die Stellung eines Tochterunternehmens von übergeordneten anderen Unternehmen einnehmen. Mischformen der genannten Konstellationen sind ebenfalls denkbar. Zu untersuchen ist auch die Stellung der Konzernschwesterunternehmen innerhalb eines Unterordnungskonzerns.

Das Zusammentreffen von unterschiedlichen Konzernarten und -stufen führt aufgrund der unterschiedlichen Abhängigkeiten jeweils auch zu Unterschieden hinsichtlich des Einflussbereichs der beteiligten Unternehmen. Hieraus resultieren unter Umständen auch unterschiedliche Sphären der Ausübung von Leitungsmacht, welche sich als Ergebnis der Abhängigkeit ergeben. Gerade diese unterschiedlichen Leitungsstränge der Konzernstrukturen können sich als maßgebliches Kriterium hinsichtlich der Behandlung des Problems darstellen.

## § 1 Zusammentreffen von horizontalem und vertikalen Konzern

Das Zusammentreffen verschiedener Konzernstrukturen ist in der Literatur umstritten[693].
Geprägt ist die Behandlung dieses Themas meist durch die Bestrebung, dass eine Gleichordnung bei Hinzutreten weiterer Abhängigkeiten aufgelöst und die vorliegende Konzernstruktur nach den altbekannten Regeln der Über-/Unterordnungskonzerne beurteilt werden soll[694]. *Schmidt* hat dieses Verhalten explizit nach unterschiedlichen Strategien differenziert[695]. Seiner Meinung nach

---

[693]  *Hüffer*, AktG, § 17, Rdnr. 13 ff., *Emmerich*, in: Emmerich/Sonnenschein, KonzernR, § 4, S. 65; *Krieger*, in: MünchHb. AG, § 68, Rdnr. 83; generell ablehnend *Koppensteiner*, in: Rowedder, GmbHG, Anh. nach § 52, Rdnr. 18; *Windbichler*, in: GroßKomm AktG, § 18, Rdnr. 86; *Raiser*, Recht der Kapitalgesellschaften, § 56, Rdnr. 4 f.

[694]  In diesem Sinne z. B. *Drygala*, Der Gläubigerschutz bei der typischen Betriebsaufspaltung, S. 81.; die Möglichkeit des Zusammentreffens von vertikaler und horizontaler Konzernstruktur ausdrücklich offen lassen BGH NJW 1994, 446.

[695]  *Schmidt*, ZHR 155 (1991), 417, 424, welche zwischen dem Ansatz des Verbotes der Entstehung von Abhängigkeit im Gleichordnungskonzern (Verbotsstrategie), der Verharmlosungsstrategie, welche aufgrund fehlender Abhängigkeit einen

unterscheidet sich die Behandlung von der Vermischung von Konzernstrukturen aus einem Gleichordnungskonzern mit Strukturen aus einem Über-/ Unterordnungskonzern durch die Verbotsstrategie, welche schon grundsätzlich jegliche Abhängigkeit innerhalb eines Gleichordnungskonzerns verneint und daher bei Vorliegen einer weiteren Konzernierung keinen Gleichordnungskonzern mehr annimmt[696].

Innerhalb dieser Arbeit wurde jedoch festgestellt, dass ein vollständiges Fehlen von Abhängigkeit in einem Gleichordnungskonzern gerade nicht gegeben ist[697]. Außerdem stellt sich die Frage, welche rechtliche Bewertung aus dem Verbot resultieren soll. Mangels einer klaren Darstellung bliebe es bei Berücksichtigung des Verbotes nur die Anwendung der für den Über-/ Unterordnungskonzern definierten Regeln[698].

Das Resultat entspräche dann genau dem Ergebnis, welches ebenfalls nach der von *Schmidt* benannten Ausweichstrategie erzielt wird[699]. Hierbei soll sich der Gleichordnungskonzern unmittelbar als Über-/ Unterordnungskonzern qualifizieren, wenn eine Abhängigkeit von nicht am Gleichordnungskonzern beteiligten Unternehmen auftritt.[700] Dies wird selbst für den Fall angenommen, in dem ein gemeinsames Gremium zur Leitung des Gleichordnungskonzerns eingerichtet wird.[701] Selbst wenn die Konzernleitung in der Hand einer natürlichen Person liegt, wird diese als Nicht-Unternehmensträger als herrschendes Unternehmen begriffen, wenn die natürliche Person ihre wirtschaftlichen Interessen in mehreren Gesellschaften verfolgen kann[702]. Deutlich kommt hier zum Ausdruck, dass nahezu um jeden Preis versucht wird, im Gleichordnungskonzern zu einer Haftung der beteiligten Schwesterunternehmen zu gelangen. Da aber ein Haftungsmodell für die Konzernschwestergesellschaften bislang nicht existierte, ist dieser Versuch verständlicherweise heute überflüssig, da nun eine Haftungsverfassung für den reinen Gleichordnungskonzern angewendet werden kann.

---

konzernrechtlichen Aktionärsschutz für überflüssig hält, und der Verdrängungsstrategie unterscheidet, welche bei jedweder Form der Abhängigkeit den Gleichordnungskonzern in einen Über-/Unterordnungskonzern umdeutet.

[696]  *Schmidt*, aaO., S. 424; dieser Strategie folgend z. B. *Gromann*, Die Gleichordnungskonzerne im Konzern- und Wettbewerbsrecht, S. 62, 66 f.

[697]  Siehe Seite 104, sondern letztlich eine andere Qualität von Abhängigkeit vorliegt.

[698]  So auch *Wellkamp*, DB 1993, 2517, 2518.

[699]  *Schmidt*, ZHR 155 (1991), 417, 424.

[700]  In diesem Sinne *Lutter/Hommelhoff*, GmbHG, Anh. § 13, Rdnr. 7.

[701]  *Gromann*, Die Gleichordnungskonzerne im Konzern- und Wettbewerbsrecht, S. 51 f.; ablehnend *Hüffer*, AktG, § 18, Rdnr. 20.

[702]  BGHZ 69, 334, 337 f.; 95, 330, 337.

Eventuelle Argumente gegen eine Vermischung von Gleichordnungs- und Über-/Unterordnungskonzern sind im Ergebnis nicht bei der generellen Gestattung dieser Vermischung zu suchen, sondern bei den unterschiedlichen Verbindungsoptionen und den daraus resultierenden Haftungsmöglichkeiten.

## § 2 Entwicklung eines Haftungsmodells für den "Konzern im Konzern"

Eine Analyse des § 18 Abs. 1 S. 1 AktG macht deutlich, dass der Gesetzgeber von der Vorstellung ausgeht, dass mehrere abhängige Gesellschaften unter der Leitung einer Obergesellschaft zusammengefasst werden[703]. Hieraus lässt sich zwar das gesetzliche Leitbild ableiten, wodurch allerdings nicht ausgeschlossen ist, dass auch abweichende Konzerntatbestände vorliegen können[704]. Wie sich die Abhängigkeiten und die daraus resultierenden Leitungskräfte auswirken, kann hierbei von maßgeblicher Entscheidungsrelevanz sein. Zu untersuchen ist, welche verschiedenen Konstellation auftreten können und wie diese zu behandeln sind.

### A) Systematische Untersuchung möglicher Konstellationen

Verschiedene Konstellationen sind bezüglich der gemischten Gleichordnungs- und Unterordnungskonzerne denkbar.

### I.) Gleichordnungskonzern mit zumindest einer gemeinsamen Tochtergesellschaft

Zunächst ist der Fall zu bedenken, dass die Unternehmen aus dem Gleichordnungskonzern selbst Tochterunternehmen beherrschen. Diese Konstellation liegt insbesondere dann vor, wenn die gleichgeordneten Unternehmen reine Holdinggesellschaften sind und die Betriebstätigkeit in einer Tochterfirma ausgeübt wird. In einem solchen Fall ist das oder sind die Tochterunternehmen so zu behandeln, wie sonstige Gemeinschaftsunternehmen bzw. Konzernunternehmen auch[705]. Selbst wenn teilweise ein kombinierter

---

[703]   *Emmerich*, in: Emmerich/Sonnenschein, KonzernR, § 4, S. 65.

[704]   Mit Blick auf Mehrstufige Konzernbindungen siehe *Hüffer*, AktG, § 18, Rdnr. 13; *Emmerich*, in: Emmerich/Sonnenschein, KonzernR, § 4, S. 66 lehnt grundsätzlich die Möglichkeit eines Konzerns im Konzern ab, ebenso *Lutter*, Holding-Handbuch, A 37.

[705]   *Gromann*, Die Gleichordnungskonzerne im Konzern- und Wettbewerbsrecht, S. 73; *Milde*, Der Gleichordnungskonzern im Gesellschaftsrecht, S. 133.

Gleichordnungs- und Unterordnungskonzern angenommen wird[706], liegt doch ein reiner Gleichordnungskonzern vor[707].

Ausschlaggebend ist das Merkmal der einheitlichen Leitung. Diese Einheitlichkeit erfasst alle beteiligten Gleichordnungsunternehmen und soll unteilbar sein[708].Das Merkmal der einheitlichen Leitung erfasst auch die Tochtergesellschaften[709]. Diesbezüglich ist eine differenzierte Betrachtung angebracht. Zunächst bezieht sich das Merkmal der einheitlichen Leitung auf die Ebene des Gleichordnungskonzerns.

Hieraus ergibt sich aber doch zwangsläufig, dass sich diese Leitungsmacht auch in den nachgeordneten Unternehmen fortsetzt, da eine Möglichkeit der eigenständigen Leitung der nachgeordneten Unternehmen nicht gegeben ist, weil das Prinzip der einheitlichen gleichgeordneten Leitung innerhalb des Konzerns keinen Spielraum für eine eigenständige abgetrennte Leitung der nachgeordneten Gesellschaft gewährt[710]. Im Ergebnis sind in der skizzierten Kombination von Gleichordnungs- und Unterordnungskonzern nur die Haftungsregeln des Gleichordnungskonzerns anzuwenden[711].

### II.) Tochterunternehmen nur einzelner Partner im Gleich-ordnungskonzern

Ähnlich sieht die Rechtslage in den Fällen aus, in denen einzelne Unternehmen des Gleichordnungskonzerns selbst beherrschte Unternehmen in den Gleichordnungskonzern einbringen. Die Einheitlichkeit der Leitung innerhalb des Gleichordnungskonzerns bedingt, dass eine eigenständige, von der Gleichordnung unabhängige Leitung der einzelnen Tochtergesellschaften nicht mehr ausgeübt werden kann, so dass die einzelne Konzerntochter dem

---

[706] *Milde,* Der Gleichordnungskonzern im Gesellschaftsrecht, S. 133, jedoch dann von einer Gleichordnung ausgehend; *von Hoyningen Huene,* ZGR 1978, 515, 538.

[707] *Bayer,* in: MünchKomm AktG, § 18, Rdnr. 5; *Gromann,* aaO., S. 71; *Windbichler,* in: GroßKomm AktG, § 18, Rdnr. 86.

[708] *von Hoyningen-Huene* aaO., S. 527 mit Darstellung unterschiedlicher Leitungsformen.

[709] So *Gromann,* Die Gleichordnungskonzerne im Konzern- und Wettbewerbsrecht, S. 72; *Krieger,* in: MünchHb. AG, § 68, Rdnr. 83; *Windbichler,* in: GroßKomm AktG, § 18, Rdnr. 60 ff.

[710] Im Ergebnis ebenso *Windbichler,* in: GroßKomm AktG, § 18, Rdnr. 60; *Geßler,* in: G/H/E/K, AktG, § 18, Rdnr. 79.

[711] Anders *Milde,* Der Gleichordnungskonzern im Gesellschaftsrecht, S. 133, welcher allerdings eine exakte Begründung schuldig bleibt.

Gleichordnungskonzern zuzurechnen ist[712]. Die Gleichschaltung der Leitung ist ein Kernstück der Gleichordnung. Unzweifelhaft ist dies der Fall, wenn ein Gremium zur Leitung des Gleichordnungskonzerns geschaffen worden ist. Aber auch die personenidentische Geschäftsführung oder das Vorhandensein eines nichtunternehmerischen Mehrfachgesellschafters können zu keiner anderen Beurteilung führen[713]. Es wäre lebensfremd anzunehmen, dass z. B. bei einer personenidentischen Geschäftsführung die betroffenen Geschäftsführer in der täglichen Arbeit unterschiedliche Leitungstätigkeiten entwickeln und so unterschiedliche Leitungsstränge aufrechterhalten. Aus Sicht der Tochterunternehmen wird die Leitung eben nicht nur von der herrschenden Gesellschaft ausübt[714]. Aufgrund der Anbindung an die Muttergesellschaft ist sich die abhängige Tochtergesellschaft bewusst, dass die Mutter nicht allein die Leitungsmacht und die damit verbundene Beherrschung ausüben kann. Insoweit umfasst die einheitliche Leitung auch diese Tochtergesellschaften[715]. Hier müssen auch die tatsächlichen Gegebenheiten des täglichen Geschäftsbetriebes Berücksichtigung finden.

Somit verbleibt es auch in dieser Konstellation bei der Annahme eines einheitlichen Gleichordnungskonzerns.

### III.) Gleichordnung unter Einbindung eines abhängigen Unternehmens einer Drittgesellschaft

Anders als in den vorausgegangenen Konstellationen ist hier die Konzernlage dadurch gekennzeichnet, dass der Gleichordnungskonzern nicht mehr die oberste Ebene eines Konzernverbundes darstellt. Vielmehr ist jetzt ein beteiligtes Gleichordnungsunternehmen selbst ein abhängiger Bestandteil eines anderen Unterordnungskonzernes.

---

[712] *Hüffer*, AktG, § 18, Rdnr. 15; in diesem Sinne ebenfalls *Koppensteiner,* in: KK AktG, § 18, Rdnr. 22; *Krieger,* in: MünchHb. AG, § 68, Rdnr. 83.

[713] Anders *Milde*, Der Gleichordnungskonzern im Gesellschaftsrecht, S. 134, welcher ein Nebeneinander von Gleichordnungs- und Unterordnungskonzern ist dieser Konstellation zulässt, obwohl er feststellt, dass die Leitung aus dem Gleichordnungskonzern die aus dem Unterordnungskonzern dominiert.

[714] Deutlich auch in diesem Sinne: *Kuhlmann/Ahnis*, Konzernrecht, S. 40, welche die Aufhebung des Über-/Unterordnungsverhältnisses der Mutter zur Tochter anerkennen; *Gromann*, Die Gleichordnungskonzerne im Konzern- und Wettbewerbsrecht, S. 72.

[715] In diesem Sinnen ebenfalls *Geßler*, in: G/H/E/K, AktG, § 18, Rdnr. 40; *Windbichler,* in: GroßKomm AktG, § 18, Rdnr. 60, 62 f.; *Koppensteiner,* in: KK AktG, § 18, Rdnr. 22; *Krieger*, in: MünchHb. AG, § 68, Rdnr. 83.

Beispielhaft ist hier die Zusammenarbeit zwischen Agfa und Gevaert zu nennen[716]. Die Agfa war als Partner involviert, dessen Anteile sich zu 100 % im Besitz des Unternehmens Bayer befinden. In diesem Fall sind die einzelnen Leitungsstränge deutlich zu unterscheiden. Zum einen besteht eine Leitungsmacht des herrschenden Unternehmens über seine Tochtergesellschaft, zum anderen eine gleichgeordnete Leitung innerhalb des Gleichordnungskonzerns zwischen den auf dieser Ebene beteiligten Unternehmen. Demnach liegen zunächst zwei unabhängige Leitungsstränge vor[717]. Die Gleichordnung an sich hat keinen direkten Einfluss auf die Leitung der beherrschten Gesellschaft durch das Mutterunternehmen. Zugegebener-maßen sind die Einflussmöglichkeiten der Muttergesellschaft aufgrund der Gleichordnung ihrer Tochtergesellschaft nicht gänzlich unbeeinflusst. Allerdings schlägt der Einwand fehl, dass sich das abhängige Unternehmen einer doppelten einheitlichen Leitung gegenüber sehe[718].

Dadurch, dass das abhängige Tochterunternehmen gleichzeitig auch Teil eines Gleichordnungskonzerns geworden ist, existieren parallel zwei voneinander unabhängige Leitungseinflüsse[719]. Ein kombinierter Unterordnungs- und Gleichordnungskonzern ist dementsprechend bei Vorliegen dieser Konstellation anzunehmen[720]. Allerdings ist festzuhalten, dass die vertikale Leitungsmacht durch die horizontale Leitungsmacht insofern überlagert wird, als dass sich der Leitungseinfluss des herrschenden Unternehmens gegenüber der Tochtergesellschaft an dessen Gleichordnung orientieren muss[721]. Somit darf sie keinen Einfluss der Gestalt ausüben, dass der abhängigen Gesellschaft die Möglichkeit genommen wird, als gleichgeordnetes Unternehmen zu agieren und die vertikale Leitungsmacht ist suspendiert, solange die Gesellschaft horizontal im Gleichordnungskonzern eingebunden ist.

Gleiches gilt bezüglich eines Zusammenschlusses mehrerer abhängiger Gesellschaften zu einem Gleichordnungskonzern, solange die am Gleich-

---

[716]   Genaue Konzerndarstellung bei *Gromann*, Die Gleichordnungskonzerne im Konzern- und Wettbewerbsrecht, S. 19.

[717]   In diesem Sinne auch *Milde*, Der Gleichordnungskonzern im Gesellschaftsrecht, S. 134 f.

[718]   *Emmerich*, in: Emmerich/Habersack, Aktien- und GmbH-Konzernrecht, § 18, Rdnr. 33 ff.

[719]   Diese Konstellation ohne nähere Begründung ablehnend *Hüffer*, AktG, § 18, Rdnr. 21.

[720]   *Krieger*, in: MünchHb. AG, § 68, Rdnr. 83; ebenfalls *Milde*, Der Gleichordnungskonzern im Gesellschaftsrecht, S. 135.

[721]   *Milde*, Der Gleichordnungskonzern im Gesellschaftsrecht, S. 135.

ordnungskonzern teilnehmenden Unternehmen von jeweils unterschiedlichen Obergesellschaften abhängig sind.

## IV.) Annahme eines Gleichordnungskonzerns zwischen abhängigen Gesellschaften eines Mutterunternehmens

Schwieriger gestaltet sich die Frage, ob zwischen Tochterunternehmen eines einzigen herrschenden Unternehmens ebenfalls ein Gleichordnungskonzern anzunehmen ist, so dass die entwickelten horizontalen Haftungsansprüche zur Anwendung gelangen können. Eigentlich stellt sich erst hier die konkrete Frage nach einem „Konzern im Konzern" im engeren Sinne. Zur Beantwortung dieser Frage finden sich in der Literatur wenige Hinweise bzw. erfolgt teilweise nur eine eher rudimentäre Auseinandersetzung mit dem Problemkreis[722]. Zumeist wird diese Konstellation abgelehnt, ohne jedoch eine detaillierte Begründung für die Ablehnung zu geben[723].

Bei der Untersuchung dieser Verbindungsmöglichkeit von verschiedenen Konzernarten ist besonderes Augenmerk auf das Vorhandensein der typischen Voraussetzungen des Gleichordnungskonzerns gemäß § 18 Abs. 2 AktG zu legen.

## 1.) Die Betriebsaufspaltung als Ausgangslage?

Als Ausgangslage für die Beantwortung dieser Frage bietet sich eine genauere Betrachtung der Betriebsaufspaltung an. Von einer solchen spricht man, wenn Funktionen, die normalerweise ein einzelnes Unternehmen ausübt, auf zwei oder mehrere rechtlich selbständige Unternehmen aufgeteilt werden, an denen üblicherweise dieselben Gesellschafter beteiligt sind[724]. Regelmäßig geschieht

---

[722] Siehe hierzu z. B. *Emmerich*, in: Emmerich/Sonnenschein, KonzernR, § 4, S. 71, welcher zugesteht, dass die sich die Ansicht durchsetzen könnte, dass Schwestergesellschaften in einem mehrstufigen Konzern zusätzlich einen Gleichordnungskonzern bilden können; *Jaschinski*, Die Haftung von Schwestergesellschaften im GmbH-Unterordnungskonzern, S. 217; *Henssler*, ZGR 2000, 479, 499; *Schmidt*, in: FS Lutter, S. 1167, 1186 ff.; *Milde*, Der Gleichordnungskonzern im Gesellschaftsrecht, S. 135 f; *Raiser*, in: FS Ulmer, S. 493.

[723] So z. B. bei *Krieger*, in: MünchHb. AG, § 68, Rdnr. 83; anders *Römermann/Schröder*, in: Römermann, MAH GmbH-Recht, § 21, Rdnr. 185, welche ohne genaue dogmatische Herleitung Begründung eine horizontale Haftung befürworten; *Windbichler*, in: GroßKomm AktG, § 18, Rdnr. 62 f.; *dies.*, Arbeitsrecht im Konzern, § 13, S. 528; *Semler*, DB 1977, 805, 808; *Rehbinder*, ZGR 1977, 581, 591 f.; *Lutter*, ZGR 1977, 195, 212; *von Hoyningen-Huene*, ZGR 1978, 515, 528 ff.; *Frisinger/Lehmann*, DB 1972, 2337 ff.

[724] *Drygala*, Der Gläubigerschutz bei der typischen Betriebsaufspaltung, S. 81.

dies in der Weise, dass eine Gesellschaft die Vermögenswerte übernimmt (Besitzgesellschaft) und diese an die andere oder anderen Gesellschaften (Betriebsgesellschaften) vermietet oder verpachtet. Dieses unternehmerische Verhalten qualifiziert sich aufgrund der entstehenden Konzernlage als Ausgangspunkt für die Betrachtung einer eventuellen horizontalen Haftung. Sowohl die Besitz- wie auch die Betriebsgesellschaft stehen innerhalb der Unternehmensstruktur auf gleicher Ebene. Wie geradedargestellt, liegt eigentlich eine dem Unterordnungskonzern entsprechende Lage vor, da die Tochtergesellschaften jeweils über den Gesellschafter miteinander verbunden sind.

*Drygala* hingegen negiert die Vergleichbarkeit und nimmt in derartigen Fällen der Betriebsaufspaltung einen faktischen Gleichordnungskonzern an, in dem er die Unternehmereigenschaft ablehnt[725] und hieran sogleich das Fehlen von Abhängigkeiten festmacht[726]. Im Ergebnis verneint er damit die vertikale Konzernstruktur. Die Verneinung der Unternehmenseigenschaft für die Gesellschafter stützt er auf die Annahme, dass der konzerntypische Interessenkonflikt in den Fällen der Betriebsaufspaltung ausgeschlossen sei[727]. Nach Auseinandersetzung mit den Ansätzen von *Bentler*[728], *Schulze-Osterloh*[729] und *Weimar*[729], *Ziegler*[730] und *Wiedemann*[731] stützt er seine Ablehnung der Qualifizierung des Gesellschafters sowohl der Betriebs- als auch der Besitzgesellschaft darauf, dass die Besitzgesellschaft nicht selbständig am Markt

---

[725] *Drygala,* aaO., S. 112 ff., 136.

[726] *Drygala,* aaO., S. 112.

[727] *Drygala,* aaO., S. 81 ff.

[728] *Bentler,* Das Gesellschaftsrecht der Betriebsaufspaltung: insbesondere die Verzahnung der Gesellschaftsverträge, S. 110 f., welcher zwischen Mehrheitsgesellschafter und Mehrheitsgruppe bei der Bestimmung des herrschenden Unternehmens unterscheidet.

[729] *Schulze-Osterloh,* ZGR 1983, 123, 147 ff.; *Weimar,* ZIP 1988, 1525, 1526 f., welche ein eigene unternehmerischesinteresse annehmen, da gerade die Möglichkeit der Vermögensverschiebung geschaffen wird.

[730] *Ziegler,* Kapitalersetzende Gebrauchsüberlassungsverhältnisse und Konzernhaftung bei der GmbH, S. 177 ff., stimmt zwar grundsätzlich der Kritik an der Einordnung des herrschenden Gesellschafters bei der Betriebsaufspaltung als Unternehmen zu, möchte jedoch die endgültige Bestimmung daran festmachen, ob durch die Betriebsaufspaltung ein Vermögensverwaltungs- oder ein Betriebserhaltungsmodell geschaffen werden soll.

[731] *Wiedemann,* ZIP 1986, 1293, 1300 ff, welcher sich grundsätzlich auf die „Autokran"-Entscheidung des Bundesgerichtshofes in BGHZ 95, 330 beruft und den herrschenden Gesellschafter als Unternehmen qualifiziert.

auftritt, da sie lediglich ihren Vertragspartner in der Betriebsgesellschaft hat[732]. Der Gesellschafter beider Unternehmen hätte folglich nicht die Möglichkeit, wahlweise Geschäftschancen in der einen oder der anderen Gesellschaft wahrzunehmen[733]. Die Rechtsform des Hauptgesellschafters in beiden Unternehmen soll bei der Bestimmung der Unternehmenseigenschaft damit unerheblich sein.

Dieser Ansicht kann nicht zugestimmt werden. Die Interessen der Besitzgesellschaft müssen weder zwangsläufig mit den Interessen der Betriebsgesellschaft übereinstimmen, noch tritt sie am Markt regelmäßig ausschließlich der Betriebsgesellschaft gegenüber auf[734]. Selbst wenn man annimmt, dass sich das Interesse der Besitzgesellschaft allein in der Zurverfügungstellung der Produktionsanlagen zu Gunsten der Betriebsgesellschaft erschöpft, schließt sie das nicht von einem eigenständigen Marktauftritt ab. Die tatsächlichen Gegebenheiten dürfen hierbei nicht vernachlässigt werden. Um den Unternehmenszweck der Vermietung oder Verpachtung zu erfüllen, können neben Verwaltungsaufgaben z. B. auch Arbeiten für die Instandhaltung der zu vermietenden Produktionsmittel notwendig sein. Sobald hierzu Fremdfirmen eingeschaltet, Ersatzteile am Markt gekauft oder sonstige Dienstleistungen werden, lässt sich eine gewisse Art des eigenständigen Geschäftsbetriebes nicht verleugnen.

Auf den Punkt gebracht ist festzuhalten, dass sich die Interessen der Besitz- und Betriebsgesellschaft auch diametral entwickeln können. Sinn der Besitzgesellschaft ist die angemessene wirtschaftliche Verwertung der Produktionsanlagen. Dem gegenüber steht das Interesse an einem kostengünstigen Einkauf genau dieser Produktionsanlagen. Eine Verschiebung dieser für jedes Gesellschaft isoliert und objektiv zu bewertenden Interessen kann nur dann stattfinden, wenn der Hauptgesellschafter beider Unternehmen entsprechenden Einfluss ausübt. Genau dieses Risiko soll jedoch durch die konzernrechtlichen Haftungsregelungen erfasst werden.

Die Zweckpaltung als Folge der Betriebsaufspaltung rechtfertigt vor allem die Annahme eines im konzernrechtlichen Sinne herrschenden Unternehmens und zwar unabhängig von dessen Rechtsform. Vor Betriebsaufspaltung ist der Gesellschafter des Unternehmens dann im Sinne des Konzernrechtes als

---

[732] *Drygala*, Der Gläubigerschutz bei der typischen Betriebsaufspaltung, S. 99 f, wobei jedoch zugestehen muss, dass eine Schädigung der Betriebsgesellschaft letztlich doch nicht ausgeschlossen ist.

[733] *Drygala*, NJW 1995, 3237.

[734] Dies gesteht selbst *Drygala* zu, in: *Drygala*, Der Gläubigerschutz bei der typischen Betriebsaufspaltung, S. 100; *Brandmüller*, Betriebsaufspaltung, A 23.

herrschendes Unternehmen zu qualifizieren, wenn neben diesem Unternehmen weitere wirtschaftliche Interessenbindungen zu anderen Unternehmen bestehen, er im Ergebnis also mehrere Zwecke verfolgt bzw. verfolgen kann. Genau dieser, im konzernrechtlichen Sinne als Gefährdungslage zu bezeichnender Zustand tritt aufgrund der Zweckspaltung im Rahmen der Betriebsaufspaltung auf[735]. Der gemeinsame Zweck im ungeteilten Unternehmen auf erfolgreiche Teilnahme am Wettbewerb wird durch die Betriebsaufspaltung in zwei gegenläufige Interessen geteilt, bei denen ein Gleichlauf nur durch die Einflussnahme des Gesellschafters herzustellen ist. Somit erfüllt jedoch der hinter den Unternehmen stehende Gesellschafter alle Voraussetzungen zur Anerkennung als Unternehmen im konzernrechtlichen Sinne[736].

Aufgrund der notwendigen Anerkennung des hinter der Besitz- und Betriebsgesellschaft stehenden Gesellschafters als Unternehmen im konzernrechtlichen Sinne ist im Zuge einer Betriebsaufspaltung daher kein faktischer Gleichordnungskonzern in der Konzernstufe unter dem Gesellschafter beider Unternehmen zu sehen.

### 3.) Annahme eines Gleichordnungskonzerns auf horizontaler Ebene innerhalb eines Unterordnungskonzerns

Im Rahmen der Herleitung einer möglichen horizontalen Haftung zwischen Schwestergesellschaften, welche von einer gemeinsamen Obergesellschaft abhängig sind, wird ebenfalls diskutiert, dass die Qualifizierung der Schwestergesellschaften als zumindest faktischer Gleichordnungskonzern durch Anwendung der entsprechenden Haftungsregelungen generell zu einer horizontalen Haftung auch innerhalb eines bestehenden Über-/ Unterordnungskonzerns führen können[737].

#### a) Fehlende Abhängigkeit zur Obergesellschaft

Zunächst stellt sich die Frage nach der Abhängigkeit innerhalb des angenommenen Konzerngefüges.

*Jaschinski* nimmt aufgrund der Tatsache, dass die von einer gemeinsamen Muttergesellschaft abhängigen Schwestergesellschaften zueinander auf einer

---

[735]  Im Ergebnis auch *Raiser*, NJW 1995, 1804, 1805.

[736]  Vergl. *Bolsenkötter*, DB 1967, 1089, 1100; *Schäfer*, BB 1966, 229, 231; *Koppensteiner*, ZHR 131 (1968), 289, 306 ff.; *Altmeppen*, in: Roth/Altmeppen, GmbHG, Anh. § 13, Rdnr. 4; BGH NJW 2001, 370; BGH NJW 1994, 446; BGHZ 69, 334, 337; BGHZ 122, 123; BAG ZIP 1996, 333, 334.

[737]  *Jaschinski*, Die Haftung von Schwestergesellschaften im GmbH-Unterordnungs- konzern, S. 217.

gleichen Konzernstufe stehen und voneinander unabhängig sind, an, dass diese einen Gleichordnungskonzern darstellen[738]. Im Ergebnis sollen somit die Tatbestandsvoraussetzungen für die Annahme eines Gleichordnungskonzerns nach § 18 Abs. 2 AktG vorliegen[739]. Dieser Ansicht ist im Ergebnis nicht zuzustimmen. Unbestreitbar ist eine gewisse Vergleichbarkeit zwischen einem Gleichordnungskonzern und der hier gegenständlichen Anordnung von Schwestergesellschaften innerhalb eines Über-/ Unterordnungskonzerns gegeben. Die Stellung der Schwestergesellschaften auf einer Ebene des Konzerns ist unwiderlegbar. Auch das Merkmal der fehlenden Abhängigkeit aus dem § 18 Abs. 2 AktG steht für sich genommen alleine nicht der Feststellung von *Jaschinski* entgegen. Wie bereits festgestellt wurde, liegt in kooperativen Gleichordnungskonzernen die einheitliche Leitung eben nicht bei *einem* Konzernunternehmen, sondern in der Hand *der* Konzernunternehmen[740]. Dies ist als qualitativer Unterschied zu der Beherrschung eines Unternehmens durch ein anderes Konzernunternehmen zu werten.

In § 18 Abs. 2 AktG wird als Voraussetzung für die Annahme eines Gleichordnungskonzerns das Fehlen eines Abhängigkeitsverhältnisses genannt. Dies bezieht sich allerdings lediglich auf Abhängigkeitsverhältnisse zwischen den Unternehmen, welche Bestandteil des Gleichordnungskonzerns sein sollen. Insoweit erfasst der Wortlaut der Vorschrift „...ohne dass das eine Unternehmen von dem anderen abhängig ist..." nicht eine eventuell vorhandene Obergesellschaft, sondern nur das horizontale Verhältnis der Unternehmen untereinander[741].

Wie festgestellt, fällt die durch die Gleichordnung vermittelte Abhängigkeit im horizontalen Verhältnis nicht in den Anwendungsbereich des Abhängigkeitsbegriffes nach § 18 Abs. 2 AktG, da es sich bei dieser Abhängigkeit um eine Abhängigkeit anderer Qualität handelt[742]. Das Vorhandensein einer Obergesellschaft vermag - bezogen auf die Voraussetzung der fehlenden Abhängigkeit - nicht zu einer Versagung der Anerkennung eines

---

[738] *Jaschinski*, Die Haftung von Schwestergesellschaften im GmbH-Unterordnungskonzern, S. 217.

[739] *Jaschinski*, aaO., S. 218.

[740] *Lutter/Drygala*, ZGR 1995, 557, 560; in diesem Sinne ebenfalls *Bayer*, in: MünchKomm AktG § 18, Rdnr. 57.

[741] *Gromann*, Die Gleichordnungskonzerne im Konzern- und Wettbewerbsrecht, S. 4 f., leitet daraus ab, dass beteiligte Unternehmen nicht von einem gemeinsamen Leitungsorgan abhängig sein dürfen. Sollten abhängige Unternehmen unter einheitlicher Leitung eines herrschenden Unternehmens zusammengefasst sein, entsteht nach seiner Meinung immer ein Unterordnungskonzern; ähnlich *Schmidt*, ZHR 155 (1991), 417, 421 ff.

[742] Siehe Seite 104.

gleichgeordneten Zusammenschlusses zwischen den Konzerntochtergesellschaften zu führen. Insoweit muss man eine Parallele zum klassischen
Gleichordnungskonzern zugestehen. Jedoch ist nachfolgend das Merkmal der
einheitlichen Leitung näher zu betrachten.

### b) Die einheitlichen Leitung als Differenzierungskriterium

Wie bereits dargestellt, bedarf es für die Annahme einer Konzernverbindung
zwischen Unternehmen der Feststellung eines Leitungsstranges zwischen den
beteiligten Unternehmen[743].

Nun wäre anzunehmen, dass sich bei dem „Konzern im Konzern"-Modell
Leitungseinflüsse jeweils von der Obergesellschaft zu den Tochtergesellschaften
finden lassen. Zusätzlich sollten ebenfalls Leitungsstränge zwischen den
Tochtergesellschaften vorliegen, welche unabhängig von den Leitungssträngen
der Obergesellschaft zu identifizieren sind[744]. Nur in einem solchen Fall könnte
man bestrebt sein, einen „Konzern im Konzern" zuzulassen.

Die Annahme eines Modells des „Konzerns im Konzern" im Rahmen der
mitbestimmungsrechtlichen Regelungen für Arbeitnehmer innerhalb eines
Gemeinschaftsunternehmens kann hier herangezogen werden. Für den Bereich
des § 5 Abs. 1 MitbestG wird die Möglichkeit eines „Konzerns im Konzern"
anerkannt, wenn es darum geht, dass der Mitbestimmung der Arbeitnehmer ein
möglichst umfassender Anwendungsbereich eingeräumt werden soll[745]. Dies soll
insbesondere im Falle einer mitbestimmungsfreien Konzernspitze gegeben
sein[746].

Zu beachten ist in diesem Zusammenhang, dass die Zielsetzung dieser Annahme
in dem Schutz der Arbeitnehmer begründet ist und daher eher als ergebnis-
orientierter Ansatz zu verstehen ist. Auch stellt die Konstellation des
Gemeinschaftsunternehmens die Grundlage dieser Entwicklung dar, d. h. es

---

[743]   Siehe oben S. 101; *Schneider*, BB 1981, 249, 250 bezeichnet die Konzernleitung nicht
nur als Beteiligungsverwaltung, sondern aus qualitativer Sicht als Unternehmensleitung
an sich.

[744]   Diese Konstellation im Zusammenhang mit dem Gleichordnungskonzern ablehnend
*Hüffer*, AktG, § 18, Rdnr. 21

[745]   BAG AG 1988, 106; BAG NJW 1996, 1691; *Oetker*, in: Schaub, ErfK ArbR, § 18
AktG, Rdnr. 4 ff.; OLG Frankfurt aM BB 1986, 2288; OlG Frankfurt aM WM 1986,
885, 886; OLG Zweibrücken DB 1984, 107; OLG Düsseldorf DB 1979, 699; ablehnend
*Joost* in: MünchHb. ArbR, § 315, Rdnr. 15 ff.; *Richardi* in: MünchHb. ArbR, § 32,
Rdnr. 50 f.; *Meik*, BB 1991, 2441, 2443.

[746]   *Emmerich*, in: Emmerich/Habersack, Aktien- und GmbH-Konzernrecht, § 18, Rdnr. 27
mit weiteren Nachweisen.

muss sich um eine Tochtergesellschaft handeln, welche zu mehreren verschiedenen Unternehmen in einem Abhängigkeitsverhältnis steht[747]. Allerdings blieb bislang offen, inwieweit diese Regelungen im Zuge des Schutzes der Mitbestimmung auch bei anderen Konzernkonstellationen greifen sollen. Ohne detailliertere Auseinandersetzung mit dem arbeitsrechtlichen Problemkreis ist diese Übertragung abzulehnen, da sich die Zielsetzung der Herleitung grundsätzlich vom Konzernrecht unterscheidet. Dies gilt insbesondere deshalb, da für den mitbestimmungsrechtlichen „Konzern im Konzern" angenommen wird, dass Tochtergesellschaften ausnahmsweise die Ausübung originärer Leitungsmacht gestattet ist.

Die von *Schmidt* entwickelte Haftungsbegründung für die horizontale Haftung überzeugt in diesem Zusammenhang nicht und scheitert letztlich an der Verkennung der unterschiedlichen Leitungskräfte[748]. *Schmidt* vergleicht die Erfordernisse und Voraussetzungen der vertikalen Haftung mit der der horizontalen Haftung und zieht hieraus den Schluss, welcher zu einer grundsätzlichen horizontalen Konzernhaftung führt[749]. Der Übertragung der Verlustausgleichspflicht aus dem vertikalem Konzern auf die horizontale Konzernebene ist zunächst vordergründig grundsätzlich zuzustimmen. Wie dargestellt, existiert im horizontalen Verhältnis des Gleichordnungskonzerns eine Haftung zwischen den beteiligen Konzerngesellschaften gleicher Ebene[750]. Es liegt hier aber keine vergleichbare Konzernlage vor. Bei der Betrachtung von untereinander unabhängigen Gleichordnungs- und Unterordnungskonzernen ist dies ohne weiteres richtig. Bei angesprochenem Vergleich kommt aber auch die Schwäche der Herleitung für den Konzern im Konzern zum Ausdruck. *Schmidt* macht dies an dem Merkmal der Führung der Tochtergesellschaften als Betriebsabteilungen der Obergesellschaft fest[751]. Impliziert wird jedoch auch, dass die Obergesellschaft allein die Leitungsmacht ausübt und den Tochtergesellschaften jeglichen Spielraum für eine eigenständige horizontale Leitungsmacht nimmt. Nur dann könnte man von zwei vermischten Konzerntypen sprechen. *Schmidt* setzt eine qualifizierte Gleichordnung zwischen den Tochtergesellschaften voraus, welche neben der Vertikalhaftung zu einer eigenständigen Haftung führen soll[752].

---

[747]    *Emmerich*, in: Emmerich/Sonnenschein, KonzernR, § 4, S. 86 f.

[748]    *Schmidt*, ZHR 155 (1991), 417, 446.

[749]    *Schmidt*, aaO.

[750]    Siehe Seite 143 ff.

[751]    *Schmidt*, aaO., S. 443.

[752]    *Schmidt*, aaO.

Völlig außer Acht gelassen wird von *Schmidt* wie auch von *Jaschinski*, dass die Leitungsmacht der Obergesellschaft in einem derart verschachtelten Konzern weiterhin von der Obergesellschaft ausgeübt wird und sich letztlich im Verhalten der Tochter-/ Schwestergesellschaften ausdrückt[753]. *Jaschinski* argumentiert alleine, dass die Konzernschwestergesellschaften wie Gleichordnungskonzerne auf einer Ebene stehen und dabei unabhängig sind[754] und hält eine horizontale Haftung zwischen Konzernschwestergesellschaften für möglich, da die Lage der Konzernschwestergesellschaften in einem Unterordnungskonzern mit der Lage eines faktischen Gleichordnungskonzerns zwischen diesen Schwestergesellschaften vergleichbar ist[755].

Die Frage der Leitungsqualität und der Manifestierung der Leitungsmacht der Obergesellschaft in den einzelnen Tochtergesellschaften bleibt jedoch von ihr unbeantwortet. Vielmehr stellt *Jaschinski* einzig auf den Begriff der Abhängigkeit ab[756]. Zugegebenermaßen hindert theoretisch die Abhängigkeit von der Obergesellschaft nicht, auch eine Abhängigkeit von anderen Konzernschwestergesellschaften anzunehmen. Jedoch bleibt die Frage unbeantwortet, ob es auch in der Abhängigkeit eine gewisse Abstufung gibt[757]. Letztlich ist festzustellen, dass eine Abhängigkeit nur gegenüber einer anderen Gesellschaft bestehen kann. Die Untersuchung des Begriffes der Abhängigkeit alleine[758] reicht nicht aus, zwischen Tochtergesellschaften eines Unterordnungskonzerns mit einer Obergesellschaft eine Haftung zwischen Konzernschwestergesellschaften herzuleiten.

Der Begriff der Leitungsmacht wird von *Jaschinski* als für die Annahme eines Gleichordnungskonzerns zwischen Schwestergesellschaften innerhalb eines Über-/Unterordnungskonzerns nicht entscheidend betrachtet[759]. Den Ausführungen von *Jaschinski* nach liegt eine einheitliche Leitung in Gestalt der

---

[753]  In diesem Sinne *Koppensteiner*, in: KK AktG, § 18, Rdnr. 22, welcher auch grundsätzlich von einer einheitlichen Leitung im Konzern ausgeht.

[754]  *Jaschinski*, Die Haftung von Schwestergesellschaften im GmbH-Unterordnungskonzern, S. 217 f.

[755]  *Jaschinski*, aaO., S. 95 ff., 218; ablehnend *Raiser*, Recht der Kapitalgesellschaften, § 56, Rdnr. 5.

[756]  *Jaschinski*, aaO., S. 218.

[757]  Siehe oben S. 104 ff.

[758]  *Jaschinski*, aaO., S. 95.

[759]  *Jaschinski*, Die Haftung von Schwestergesellschaften im GmbH-Unterordnungskonzern, S. 134 f.

Leitung der Obergesellschaft vor[760]. Mit Blick auf die im § 18 Abs. 2 AktG definierten Voraussetzungen ist die Annahme einer autonomen Entscheidung, d. h. einer Entscheidung, welche nicht durch die Obergesellschaft geprägt ist, zugegebenermaßen nicht Tatbestandsvoraussetzung für die Qualifizierung als Gleichordnungskonzern[761]. Dem kann in dieser Form mit Sicherheit nicht widersprochen werden. Jedoch ist die Autonomie der Entscheidung nicht ausschlaggebend. Entscheidend ist vielmehr, dass sich rechtlich selbständige Unternehmen einer gemeinsamen Leitung unterstellen, was vom Wortlaut bedingt, dass diese Unternehmen vorher zunächst einer anderen Leitung unterstanden haben. Die Leitungsmacht an sich und nicht die Intention bzw. Autonomie der Entscheidung sich zusammenzuschließen ist maßgeblich. Bei der Auslegung des Merkmals der einheitlichen Leitung ist allerdings zu beachten, dass weitere Merkmale nicht ausdrücklich erwähnt sind, obgleich sich diese bei einer semantischen Auslegung aufdrängen. Das Erfordernis des Zusammenschlusses unter einheitlicher Leitung setzt zwingend voraus, dass zunächst unterschiedliche Leitungskräfte vorhanden sind, welche sich anschließend vereinigen[762].

Bei Vorliegen einer derartigen Konstellation muss man sich vor Augen führen, dass die Obergesellschaft alle Einflussmöglichkeiten zur Führung der abhängigen Gesellschaften besitzt und dort ebenfalls aufgrund ihrer Leitungsmacht die Entscheidungen herbeiführt[763]. Würde man den Zusammenschluss der Tochtergesellschaften zu einem Gleichordnungskonzern anerkennen, wäre jede Entscheidung bzw. Maßnahme jeweils nur als Ausfluss der ursprünglichen Leitungsmacht der Obergesellschaft zu betrachten[764].

---

[760] *Jaschinski*, aaO., S. 135., was sie darauf stützt, dass das Fehlen einer autonomen Entscheidung hinsichtlich der Konzernierung nicht Bestandteil des Tatbestandes für einen Gleichordnungskonzern ist.

[761] *Jaschinski*, aaO., S. 135.

[762] *Semler*, aaO.

[763] In diesem Sinne argumentierend auch *Koppensteiner*, in: KK AktG, § 18, Rdnr. 22, welcher ohne konkrete Blickrichtung auf die Fragestellung nach einem Gleichordnungskonzern innerhalb eines Unterordnungskonzerns feststellt, dass die einheitliche Leitung, welche von der Muttergesellschaft ausgeht, allumfassend ist und keinen Raum für anderweitige eigenständige Leitungsmacht lässt. Auch führt er an, dass es innerhalb eines solchen Konzerngebildes nur einen Konzernbericht geben kann, *Koppensteiner*, in: KK AktG, § 18, Rdnr. 23; in diesem Sinne ebenso *Grauer*, Konzernbildungskontrolle im GmbH-Recht, S. 122 f.

[764] Im Ergebnis auch *Semler*, DB 1977, 805, welcher deutlich macht, dass die Ausübung von Leitungsmacht in Konzernzwischenstufen lediglich rechtlich irrelevante delegierte Leitungsmacht ist, welche von der Konzernobergesellschaft stets korrigiert werden

Plastisch dargestellt, würde die Obergesellschaft den Gleichordnungskonzern selbst aus der Taufe heben, indem sie gegenüber den Tochtergesellschaften einer derartigen Konzerngestaltung zustimmt. Eine eigenständige Leitungsmacht der Tochtergesellschaften, welche in Intensität und Umfang der Leitungsmacht der Muttergesellschaft vergleichbar ist, liegt nicht vor[765]. Vielmehr sind die Leitungsstufen unterhalb der Obergesellschaft als verlängerter Arm zur Durchführung für die Konzernspitze anzusehen[766] und man muss zu dem Ergebnis kommen, dass andere Konzernverhältnisse bzw. eine weitere Leitungsmacht zwangsläufig in dem von den Unternehmen gebildeten Gleichordnungskonzern aufgehen müssen[767]. In einem Konzerngebilde an sich kann es nur eine bestimmende originäre Leitungsmacht geben, welche den Konzern und dessen Ausrichtung bestimmt[768]. Eine weitere existierende Leitungsmacht muss sich letztlich von dieser originären Macht ableiten und folglich im Umfang und Intensität hinter dieser zurückbleiben[769]. Es wäre kaum darstellbar, dass die Leitungsmacht innerhalb der Tochtergesellschaft dafür ausreichen würde, die Leitungsentscheidungen durch die Muttergesellschaft auszuhebeln[770].

---

kann; siehe auch *Abeltshauser*, Leitungshaftung im Kapitalgesellschaftsrecht, § 3, S. 43 welcher von einer originären Leitungsmacht spricht.

[765] *Milde*, Der Gleichordnungskonzern im Gesellschaftsrecht, S. 136; im Ergebnis auch *Scheffler*, in: FS Goerdeler, S. 470, 4712, welcher deutlich macht, dass die einheitliche Leitung im Konzern zur Ausrichtung der Führung der Konzernunternehmen auf einheitliche Ziele führt.

[766] So ebenfalls *Lutter*, ZGR 1977, 195, 212; *von Hoyingen-Huene*, ZGR 1978, 515, 529; *Semler*, DB 1977, 805.

[767] *Milde*, Der Gleichordnungskonzern im Gesellschaftsrecht, S. 102 f., welcher feststellt, dass die einheitliche Leitung notwendigerweise zu einer Interessengleichrichtung aller beteiligter Unternehmen führt und für Einzelinteressen (der Tochtergesellschaften) kein Raum mehr bleibt.

[768] In diesem Sinne auch *Abeltshauser*, Leitungshaftung im Kapitalgesellschaftsrecht, § 3, S. 41 ff.; *Semler/Spindler*, in: MünchKomm AktG, Vor § 76, Rdnr. 138, *Kort*, in: GroßKomm AktG, § 76, Rdnr. 143; *Scheffler*, Konzernmanagement, S. 23.

[769] Im Ergebnis *Lutter*, in: FS Stimpel, S. 825, 839 ff., welcher die Konzernleitung jeweils fest bei der Obergesellschaft ansiedelt; ebenso *Martens*, in: FS Heinsius, S. 523, 526, 531; ebenso *Schneider*, BB 1981, 249, 250 bezeichnet die Konzernleitung nicht nur als Beteiligungsverwaltung, sondern aus qualitativer Sicht als Unternehmensleitung an sich.

[770] *Abeltshauser*, Leitungshaftung im Kapitalgesellschaftsrecht, § 3, S. 41, welcher die unternehmerische Leitungsmacht bezüglich der Konzernierung an sich ebenfalls deutlich bei der Obergesellschaft verankert.

Nur unter der Annahme einer möglichen dezentralen Leitung wäre dennoch ein solche Konstellation als „Konzern im Konzern" denkbar[771]. Zusätzlich müsste den Tochtergesellschaften in deren Konzernstufe noch Raum für eigene konzernleitende Entscheidungen von einer Qualität vergleichbar der Konzernleitung an sich gewährt worden sein[772]. Aus rein praktischen Erwägungen erscheint diese Annahme richtig. Auch liegt eine sog. dezentrale Konzernleitung vordergründig vielleicht auch häufiger vor, was aber nicht den Blick auf die genauen Macht- bzw. Leitungsverhältnisse verstellen darf[773]. Jegliche Maßnahme der Tochtergesellschaften muss mit dem Einverständnis der Obergesellschaft geschehen[774]. Möglicherweise wird nicht jeder einzelne Geschäftsvorfall genehmigt[775], allerdings wird zumindest die Zielrichtung der Geschäftspolitik vorgegeben[776]. Wenn also ein Zusammenschluss zu einem Gleichordnungskonzern zwischen den Tochtergesellschaften stattfinden und auch durch die Tochtergesellschaften selbst angestrebt werden sollte, könnte dieser Zusammenschluss nur dann zustande kommen, wenn die Obergesellschaft keinen Einfluss dagegen ausübt und sie im Ergebnis noch Raum für eine unternehmensführende Leitung unterhalb ihrer eigenen Leitungsmacht zulassen würde[777]. Dadurch hätte sie dann aber bewusst nicht interveniert und damit die Leitungsmaßnahmen der Tochtergesellschaften gebilligt und zu ihren eigenen Maßnahmen gemacht[778]. Weiterhin muss man sich verdeutlichen, dass bei Steuerung z. B. nur des zentralen Finanzmanagements im Konzern alleine durch

---

[771]  *Koppensteiner*, in: KK AktG, § 18, Rdnr. 22.

[772]  *Bayer*, ZGR 1977, 173, 183 ff.

[773]  Anders *Altmeppen*, in: Roth/Altmeppen, GmbHG, Anh. § 13, Rdnr. 16, welcher generell dem Merkmal der einheitlichen Leitung ohne ausführliche Begründung keine allzu herausragende Bedeutung zumisst.

[774]  Das Einverständnis wird man auch durch ein Nichteinschreiten konstruieren können („Konzernleitung durch Unterlassen"), *Abeltshauser*, Leitungshaftung im Kapitalgesellschaftsrecht, § 3, S. 43.

[775]  Dies wäre aufgrund der rechtlichen Selbständigkeit bei Unternehmen ohne Beherrschungsvertrag auch nicht möglich.

[776]  Siehe bezüglich der Konzernleitungspflicht *Jungkurth*, Konzernleitung bei der GmbH, S. 52 ff., welcher die Pflicht zur Konzernintegration und die Festlegung der strategischen Ausrichtung und der Organisation des Konzerns als eine der Hauptaufgaben der Konzernleitung sieht; ebenso *Scheffler*, in: FS Goerdeler, S. 470, 473, welcher originäre Führungsaufgaben der Konzernleitung bestimmt.

[777]  Diese Möglichkeit ablehnend: *Emmerich*, in: Emmerich/Sonnenschein, KonzernR, § 4, S. 66 *Hüffer*, AktG, § 18, Rdnr. 13

[778]  *Abeltshauser*, Leitungshaftung im Kapitalgesellschaftsrecht, § 3, S. 43 spricht hier von dezentraler Leitung durch Unterlassen.

die Obergesellschaft keinerlei Raum für eine maßgebliche unabhängige Unternehmensführung auf den nachgeordneten Konzernebenen bleibt[779]. Die Haftungsherleitung anhand eines qualifiziert faktischen Gleichordnungskonzerns hat bezüglich der Frage der Haftung unter Konzernschwestergesellschaften keinen Einfluss, da hier die Sachlagen nicht miteinander vergleichbar sind. Die horizontale Haftung der beteiligten Gleichordnungsunternehmen beruht u. a. auch darauf, dass sie durch den Zusammenschluss geradezu freiwillig die Gefährdungslage bezüglich der möglichen Benachteiligung eines teilnehmenden Unternehmens geschaffen haben. Anders verhält es sich aber bei den Konzernschwestern im Unterordnungskonzern. Diese werden sich nicht freiwillig und aus eigenem Interesse oder eigener Ausübung der Leitungsmacht zum Gleichordnungskonzern zusammenschließen. Hier ist der Einfluss der Obergesellschaft zu berücksichtigen[780]. Grundlage für die Haftung aller beteiligter Gleichordnungsunternehmen ist u. a. die gemeinsame freiwillige Schaffung der Gefährdungslage[781]. Von einer vergleichbaren Lage kann bei Konzernschwestergesellschaften im Über-/ Unterordnungskonzern nicht gesprochen werden, da diese keine eigenständige Leitungsmacht ausüben können[782].

In einem Unterordnungskonzern manifestiert sich die Leitungsmacht der Obergesellschaft gerade in den einzelnen Konzerngesellschaften. Dies geschieht unmittelbar in den direkten Tochtergesellschaften und mittelbar über die Tochtergesellschaften auch in den Enkelgesellschaften[783]. Vereinfacht gesagt, steht sich die Obergesellschaft im Ergebnis mit ihrer Leitungsmacht in der einen Tochtergesellschaft von Anfang an ihrer eigenen Leitungsmacht in der anderen Tochtergesellschaft gegenüber[784]. Diese Einheitlichkeit der Leitungsmacht führt gerade nicht zur Annahme eines faktischen Gleichordnungskonzerns zwischen Schwestergesellschaften und damit einer sog. mehrfachen Konzernzu-

---

[779]    In diesem Sinne ebenfalls *Lutter*, Holding-Handbuch, A 43; *Scheffler*, Konzernmanagement, S. 36 f., welcher zu den originäre Konzern-leitungsaufgaben gerade die Konzernsteuerung und Finanzplanung zählt.

[780]    Insoweit ebenso noch *Jaschinski*, Die Haftung von Schwestergesellschaften im GmbH-Unterordnungskonzern, S. 135.

[781]    Gemeint ist die zweite Stufe der Haftung neben den Voraussetzungen der Konzernverschuldenshaftung.

[782]    *Semler*, DB 1977, 805, 808, welcher vom Verlust der Fähigkeit zur eigenständigen Willensbildung spricht.

[783]    *Emmerich*, in: Emmerich/Habersack, Aktien- und GmbH-Konzernrecht, § 18, Rdnr. 19.

[784]    *Gromann*, Die Gleichordnungskonzerne im Konzern- und Wettbewerbsrecht, S. 71 f; *Semler*, DB 1977, 805, 808.

gehörigkeit[785]. Ohne eigenständige Leitungsmacht bzw. Leitungsqualität ist die Entstehung eines Gleichordnungskonzerns zwischen diesen Tochtergesellschaften allerdings nicht möglich[786].

Im Ergebnis bliebt es im Falle einer derartigen Konstellation bei nur einer maßgeblichen Leitung, nämlich der der Obergesellschaft, da die einheitliche Leitung innerhalb eines Konzern ebenfalls nur von einem einzigen Punkt ausgehen kann[787].

## 4.) Fazit

Aufgrund der oben festgestellten einheitlichen Leitung in der vertikalen und horizontalen Unternehmensverbindung scheidet eine Annahme eines Gleichordnungskonzerns zwischen den Schwesterunternehmen einer Obergesellschaft aus. Alleine die Vergleichbarkeit der Verhältnisse zwischen der Ebene des Gleichordnungskonzerns und des Unterordnungskonzern reicht nicht aus, eine Übertragbarkeit der vertikalen Haftung auf die horizontale Ebene anzunehmen[788]. Im Ergebnis findet das horizontale Haftungssystem des Gleichordnungskonzerns innerhalb eines Unterordnungskonzerns keine Anwendung und kann nicht zur Begründung von horizontalen Haftungsansprüchen herangezogen.

## B) Haftungsansprüche aus der Sicht des Gläubigers

Die vorgenannten unterschiedlichen Kombinationsmöglichkeiten führen zu fallspezifischen Haftungsszenarien. Im Ergebnis ist festzuhalten, dass die sich jeweils überlagernden Leitungsstränge bzw. -einflussmöglichkeiten die Anwendung der entscheidenden Konzernregeln bestimmen.

---

[785] Im Ergebnis auch *Hüffer*, AktG, § 18, Rdnr. 15; *Bayer*, in: MünchKomm AktG, § 18, Rdnr. 55, welcher betont, dass sich die einheitliche Leitung durch eine herrschende Konzernspitze und die einheitliche Leitung eines Gleichordnungskonzerns ausschließen; mit Bezugnahme auf die gesellschaftsrechtlich vermittelte Leitungsmacht auch *Joost*, in: MünchHb. ArbR, § 315, Rdnr. 15.

[786] *Semler*, DB 1977, 805, 808; *Milde*, Der Gleichordnungskonzern im Gesellschaftsrecht, S. 102 f.

[787] Ebenso *von Hoyingen-Huene*, ZGR 1978, 515, 531.

[788] Im Ergebnis anders *Jaschinski*, aaO., S. 217.

**I.) Gleichordnungskonzern bzw. deren Mitglieder als Obergesellschaft**

Aufgrund der einheitlichen Leitung und der daraus resultierenden Abhängigkeit liegt in einem solchen Fall nur ein gesamter Gleichordnungskonzern vor[789], da sich die Leitung des Gleichordnungskonzerns in den einzelnen Tochtergesellschaften fortsetzt, ohne eine qualitative Änderung zu erfahren[790]. Für diese Art des Konzernauftrittes bedeutet dies, dass die allgemein gültigen Haftungstatbestände des vertraglichen, des einfach faktischen und des qualifiziert faktischen Gleichordnungskonzerns zur Anwendung gelangen[791] und zwar unabhängig davon, ob die untergeordnete Gesellschaft nur Tochterunternehmen eines Unternehmens aus dem Gleichordnungskonzern oder Tochterunternehmen aller gleichgeordneten Gesellschaften ist.

**II.) Betrachtung des Gleichordnungskonzerns bei Einbindung einer abhängigen Gesellschaft**

Im Unterschied zu der vorgenannten Konstellation ist hier eine Mischung zwischen Gleichordnungs- und Unterordnungskonzern gegeben, die das Vorliegen einer von der Gleichordnungslage unterschiedlichen Abhängigkeit aufgrund unterschiedlichen Leitungseinflusses und damit eine abweichende Betrachtung der gegebenen Haftungslage bedingt. Weiterhin erscheint auf den ersten Blick maßgeblich, ob es sich im Rahmen der Konzernhaftung in dieser Konstellation um Ansprüche von Gläubigern handelt, welche aus einer Beziehung zu einer der unabhängigen Gleichordnungsgesellschaften oder einer der abhängigen Gleichordnungsgesellschaft herrühren. Dies kann unter dem Gesichtspunkt der Auswirkung der vertikalen Konzernverbindung besondere Bedeutung gewinnen.

**1.) Konzernhaftung bei der „abhängigen" Gleichordnungsgesellschaft**

Wie sieht aber nun genau die Haftungslage bei Ansprüchen von Gläubigern der „abhängigen" Gleichordnungsgesellschaft aus[792]?

---

[789] *Gromann*, Die Gleichordnungskonzerne im Konzern- und Wettbewerbsrecht, S. 71, 73; *Milde*, Der Gleichordnungskonzern im Gesellschaftsrecht, S. 133; *Bayer*, in: MünchKomm AktG, § 18, Rdnr. 5; *Windbichler*, in: GroßKomm AktG, § 18, Rdnr. 86.

[790] *Gromann*, Die Gleichordnungskonzerne im Konzern- und Wettbewerbsrecht, S. 71 ff; im Ergebnis ebenso *Windbichler*, in: GroßKomm AktG, § 18, Rdnr. 60; *Geßler*, in: G/H/E/K, AktG, § 18, Rdnr. 79.

[791] Siehe Seite 143 ff.

[792] Abhängig meint in diesem Zusammenhang nicht eine Abhängigkeit im Gleichordnungskonzern, sondern lediglich die Abhängigkeit von der die Gesellschaft beherrschenden Konzernmutter.

Zunächst ist zu berücksichtigen, dass sich durch die Bildung des Gleichordnungskonzerns zwischen den Gesellschaften eine neue Konzernebene herausgebildet hat. Aus dieser Verbindung resultieren alle Voraussetzungen des Gleichordnungskonzerns und dessen Haftungsverfassung, da die typische Gefährdungslage eines Gleichordnungskonzerns vorliegt[793].

Nicht ausgeblendet werden darf die Vertikalbeziehung zwischen dem abhängigen Mitglied des Gleichordnungskonzerns und dessen Obergesellschaft. Mit der Einbindung der abhängigen Gesellschaft in den Gleichordnungskonzern wird gleichzeitig die Möglichkeit des Einflusses und der Leitung der in den Gleichordnungskonzern eingebundenen „abhängigen" Gesellschaft durch die Obergesellschaft eingeschränkt, weil die Einbindung in den Gleichordnungskonzern tatbestandsvoraussetzend auch die Gleichschaltung der Leitung im Gleichordnungskonzern erfordert[794]. Die Vertikalleitung und deren Möglichkeiten beschränkt sich im Ergebnis auf die Zulassung der Einbindung und die Entscheidung über die Auflösung und den Austritt aus dem Gleichordnungskonzern[795]. Die Vertikalbeziehungen werden folglich während des Bestehens des Gleichordnungskonzerns von den Gleichordnungsbeziehungen überlagert[796].
Aus dieser Überlagerung folgt, dass auch in der Beantwortung der Haftungsfrage diese Wirkung nicht außer Acht gelassen werden darf. Die Überlagerung kann nur dazu führen, dass im Hinblick auf die typischen Gefährdungslagen aufgrund der Gleichordnung und der damit verbundenen Ausschaltung des Vertikaleinflusses zunächst die entwickelte Haftungsverfassung des Gleichordnungskonzerns Anwendung finden muss[797].

---

[793]  *Gromann*, Die Gleichordnungskonzerne im Konzern- und Wettbewerbsrecht, S. 57 f.; *Milde*, Der Gleichordnungskonzern im Gesellschaftsrecht, S. 157; *Emmerich*, in: Emmerich/Habersack, Aktien- und GmbH-Konzernrecht, § 19, Rdnr. 38 m. w. N; *Zeidler*, in: Michalski, GmbHG, Syst. Darst. Konzernrecht, Rdnr. 301.

[794]  *Gromann*, Die Gleichordnungskonzerne im Konzern- und Wettbewerbsrecht, S. 71 f.; *Milde*, Der Gleichordnungskonzern im Gesellschaftsrecht, S. 102 f., welcher feststellt, dass die einheitliche Leitung notwendigerweise zu einer Interessengleichrichtung aller beteiligter Unternehmen führt und für Einzelinteressen (der Tochtergesellschaften) kein Raum mehr bleibt.

[795]  *Milde*, Der Gleichordnungskonzern im Gesellschaftsrecht, S. 134 f.

[796]  *Milde*, Der Gleichordnungskonzern im Gesellschaftsrecht, S. 134 f.

[797]  Dies ergibt sich auch grundlegend aus dem Schutzzweck des Konzernrechtes, die konzernspezifischen Gefahren für die Gläubiger einer abhängigen Gesellschaft abzuwehren, siehe hierzu *Hüffer*, GesellschaftsR, § 35, S. 374 und dem im Regierungsentwurf zum Aktiengesetz statuierten Rechtsgedanken, dass derjenige, welcher massgeblichen Einfluss ausübt, auch für dessen Verluste einzustehen hat, siehe Begr. RegE, in *Kropff*, AktG, S. 394.

Die Vertikalbeziehung an sich darf aber nicht aus den Augen gelassen werden. Zwar wirkt sie sich nicht während des Stadiums der Gleichordnung primär aus, aber ebenso wenig kann sie negiert werden. *Jaschinski* führt zutreffend aus, dass die Gefahr einer Interessenverletzung in der Kombination zwischen horizontaler und vertikaler Beziehung besteht[798]. Schließlich hat die Vertikalbeziehung dazu geführt, dass die betroffene Gesellschaft aufgrund der Beherrschung oder durch die Beherrschung am Gleichordnungskonzern teilnehmen wollte oder musste und insoweit auch die Möglichkeit der Interessenverletzung besteht und welche als grundsätzliche konzernspezifische Gefahr gerade durch das Recht der verbundenen Unternehmen abgewehrt werden soll[799]. Auch ist zu bedenken, dass die Obergesellschaft bei der Teilnahmeentscheidung maßgeblichen Einfluss auf die Rechte und Pflichten sowie die Ausgestaltung des Gleichordnungskonzerns nehmen könnte und sich insoweit der grundsätzliche Konzernkonflikt auch in diesem Konzernzustand widerspiegelt[800].

Dies allein kann noch nicht zu einer besonderen Bedeutung der Vertikalbeziehung führen, da sich das zu stark einem Modell der Konzernzustandshaftung nähern würde. Vielmehr sind hier ebenso wie in einem Vertikalkonzern ohne gleichgeordnete Tochtergesellschaft die weiteren Voraussetzungen der Konzernhaftung festzustellen. Für den Bereich der Konzernverbindung auf vertikaler Ebene bedeutet dies die Interessenverletzung der abhängigen Gesellschaft, welche zu einer Haftung nach den Grundsätzen des existenzvernichtenden Eingriffes führt[801].

Die Interessenverletzung kann z. B. in der Eingehung der Gleichordnung und die nicht mehr auszugleichenden Nachteile können in den Maßnahmen des Gleichordnungskonzern liegen.

Während für eine Interessenverletzung immer eine Zurechnung zu der Obergesellschaft im Vertikalkonzern stattfinden muss, reicht es aus, dass die Nachteile nicht mehr im einzelnen ausgleichsfähig sind[802]. Hier bedarf es keiner gesonderten Zurechnung, weil für die Konzernhaftung lediglich die Realisierung der typischen Gefährdungslage entscheidend ist.

---

[798] *Jaschinski*, Die Haftung von Schwestergesellschaften im GmbH-Unterordnungskonzern, S. 172 f.

[799] Grundsätzlich *Hüffer*, GesellschaftsR, § 35, S. 374; den Gläubigerschutz besonders betonend *Donle*, DStR 1995, 1918, 1922, welcher hieraus jedoch den Schluss zieht, dass eine horizontale Ausgleichpflicht gar bestehen soll.

[800] Im Ergebnis insoweit noch *Jaschinski*, aaO., S. 173.

[801] Im Sinne der „Bremer Vulkan"-Entscheidung und deren nachfolgenden Entscheidungen.

[802] *Lutter/Hommelhoff*, GmbHG, Anh. § 13, Rdnr. 31; *Altmeppen*, in: Roth/Altmeppen, GmbHG, Anh. § 13, Rdnr. 148; *Goette*, Die GmbH, § 9, Rdnr. 32.

Aufgrund der Überlagerung der vertikalen Verbindung[803] durch die Gleichordnung ist aber das Eingreifen der Vertikalhaftung nur als Ausfallhaftung nach der Haftung des Gleichordnungskonzerns zu verstehen. Dies ergibt sich aus der Fortentwicklung der Auslegung des Haftungsgedankens des Konzernrechtes[804]. *Jaschinski* leitet nur generell und ohne Differenzierung eine Parallelität der Ansprüche aus dem horizontalen und vertikalen Verhältnis her[805]. Die Konzernhaftung soll und will jedoch nur an den Stellen des Konzerns eingreifen, an welchen sich die typischen Gefährdungssituationen auch realisieren[806]. In der angesprochenen Konstellation liegt diese Gefährdungslage aufgrund der Überlagerung der aus der Vertikalbeziehung resultierenden Leitungsmacht gerade auf der horizontalen Ebene.

Erst in der zweiten Stufe beginnt sich die vertikale Gefährdungslage zu realisieren. Nach dem Ausfall der Gleichordnungsunternehmen gegenüber den Gläubigern ist es unbillig, die Vertikalbeziehung gänzlich auszublenden, da die hieraus resultierende Einflussnahme an der Entstehung des Gleichordnungskonzerns und der Ausgestaltung der Ausübung der Leitung innerhalb des Konzern mitbeteiligt war. Hier ist m. E. der Leitgedanke des Gesetzgebers bei der Statuierung der Konzernhaftung im Aktiengesetz, dass der oder diejenigen, die einen maßgeblichen Einfluss innerhalb des Konzerngebildes haben, auch für Verluste einzustehen haben[807], mit heranzuziehen[808]. Dies insbesondere unter dem Gesichtspunkt, dass die nachteilige Einflussnahme letztlich den Ausfluss der typischen Konzerngefahr darstellt[809]. Sollten die oben genannten Voraussetzungen für die Vertikalhaftung vorliegen, spricht nichts dagegen, dass sich die Gläubiger der abhängigen Gleichordnungsgesellschaft in Ansehung Vertikalbeherrschung an die Obergesellschaft wenden.

Im Ergebnis greift somit die Vertikalhaftung für Gläubiger der „abhängigen" Gesellschaft im Gleichordnungskonzern erst dann, wenn auf Ebene des Gleichordnungskonzerns keine solventen Schuldner mehr vorhanden sind.

---

[803] *Milde*, Der Gleichordnungskonzern im Gesellschaftsrecht, S. 135.

[804] Begr. RegE, in: *Kropff*, AktG, S. 394, woraus hervorgeht, dass derjenige, der maßgeblichen Einfluss auf die Unternehmen hat, auch für die Verluste einzustehen hat. Letztlich wird man diesen Gedanken noch um die Abstufung hinsichtlich der Nähe zur Einflussnahme ergänzen müssen.

[805] *Jaschinski*, Die Haftung von Schwestergesellschaften im GmbH-Unterordnungs-konzern, S. 172 f.

[806] *Hüffer*, GesellschaftsR, § 35, S. 374.

[807] Begr. RegE, in *Kropff*, AktG, S. 394.

[808] Vergl. *Roth*, GesellschaftsR, §19, S. 249, welcher ausdrücklich dem AktG gewisse allgemeingültige Regelungsprinzipien für das GmbH-Konzernrecht entnehmen will.

[809] *Eschenbruch*, Konzernhaftung, Rz. 2002; *Hüffer*, GesellschaftsR, § 35, S. 374.

## 2.) Haftungsansprüche der Gläubiger der „unabhängigen" Gleichordnungsunternehmen

Nachdem festgestellt wurde, dass für die Gläubiger der abhängigen Konzerngesellschaft nach Vorliegen bestimmter Voraussetzungen die Möglichkeit besteht, sich an die Obergesellschaft des beherrschten Gleichordnungsunternehmens zu wenden, ist zu prüfen, inwieweit dies auch für die Gläubiger der anderen, nicht durch eine Obergesellschaft beherrschten, Gleichordnungsunternehmen gilt.

Unter Ansatz der gleichen Maßstäbe wie im vorherigen Punkt kommt man zu dem Ergebnis, dass die Beherrschung der Gleichordnungsgesellschaft bei den unabhängigen Gleichordnungsunternehmen keine Auswirkung zeigt. Die Vertikalbeziehung besteht ausschließlich zwischen Ober- und Untergesellschaft, so dass die Vertikalebene für die Gläubiger der „unabhängigen" Gleichordnungsgesellschaften keinerlei Bedeutung besitzt. Für sie ist es daher unerheblich, dass in den Gleichordnungskonzern eine von einer anderen Gesellschaft vertikal abhängige Gesellschaft eingebunden ist, da sich für diese Gläubiger nur die typischen Gefährdungslagen des Gleichordnungskonzerns verwirklichen können.

### 3.) Rechtfertigung der Gläubigerdifferenzierung

Diese Unterscheidung zwischen Gläubigern verschiedener Unternehmen eines Gleichordnungskonzerns erscheint auf den ersten Blick unangemessen, da letztlich doch alle im selben Umfang von der Gleichordnung betroffen sind.

Bei genauerer Betrachtung ist jedoch erkennbar, dass sich die Gefährdungslage aufgrund von Konzernzusammenschlüssen bei den Gläubigern der abhängigen Gesellschaft im Gleichordnungskonzern erheblich gesteigert hat. Genau genommen ist hier von einer Verdoppelung der Konzernhaftungsgefahr zu sprechen, da neben dem horizontalen Konzernverhältnis auch ein Vertikalverhältnis vorliegt[810].

Die abhängige Gleichordnungsgesellschaft sieht sich im Ergebnis zwei unterschiedlichen Leitungssträngen ausgesetzt. Hierbei ist unerheblich, dass die vertikale Leitungsmacht aufgrund der Gleichordnung nur im Einklang mit der Gleichordnung ausgeübt werden kann[811].

Zur typischen Konzerngefahr aufgrund der Gleichordnung addiert sich die - wenn auch nachrangige- Gefahr aus der Unterordnung. Beide Elemente der

---

[810] Hinsichtlich der Konzerngefahr siehe *Krieger*, ZGR 1994, 375, 378, welcher deutlich darstellt, dass innerhalb von Konzernen eine erhöhte Gefahr hinsichtlich der Verwirklichung von schädigenden Verhaltensweisen existiert und daher Haftungstatbestände dieser Gefahr Rechnung tragen müssen.

[811] *Milde*, Der Gleichordnungskonzern im Gesellschaftsrecht, S. 135.

Konzernierung in der vorliegenden Konzernkonstellation müssen beachtet und entsprechend dem Zweck der Konzernhaftung, nämlich der Haftung derjenigen, die Einfluss innerhalb der Konzernstruktur ausüben[812], gewertet werden. Allein die aus der gegebenen Konstellation erwachsende Konzerngefahr lässt eine Gewährung der durch den vertikalen Konzernzusammenschluss begründeten nachrangigen Haftung sachgerecht erscheinen. Dies folgt im Ergebnis auch der Zielsetzung des Konzernrechtes, die konzernspezifischen Gefahren für Gläubiger einer abhängigen Gesellschaft dort abzuwehren, wo sie virulent werden[813].

### III.) Schwestergesellschaften innerhalb eines Unterordnungskonzerns

Ein „Konzern im Konzern" zwischen Tochtergesellschaften einer herrschenden Obergesellschaft ist nicht darstellbar. Somit bleibt es bei einem Unterordnungskonzern und den daraus resultierenden Haftungstatbeständen, welche aus einem vertikalen Konzern bekannt sind[814].

### C) Zusammenfassung

Die in dieser Arbeit vertretene Auffassung der horizontalen Haftung im Gleichordnungskonzern lebt von dem Gedanken, dass sich die beteiligten Unternehmen freiwillig zu diesem Konzern zusammengeschlossen und sich eigenständig einer von ihnen selbst geschaffenen allumfassenden Leitung unterworfen haben.

Dies hat zwangsläufig zur Folge, dass Tochtergesellschaften eines Unterordnungskonzerns aufgrund der die existierende Leitungskraft innerhalb des Gleichordnungskonzerns überlagernden Leitung des herrschenden Unternehmens keinen Gleichordnungskonzern zwischen sich bilden können. Hier bleibt es bei einem klassischen Unterordnungskonzern[815].

In den Fällen, in denen der Gleichordnungskonzern abhängige Tochterunternehmen entweder direkt oder indirekt über die teilnehmenden Konzerngesellschaften führt, bleibt es bei nur einer sich aus der Gleichordnung

---

[812]   Begr. RegE, in *Kropff*, AktG, S. 394.

[813]   Im Ergebnis ebenso *Hüffer*, GesellschaftsR, § 35, S. 374.

[814]   Siehe Seite 60 ff.

[815]   *Koppensteiner*, in: KK AktG, § 18, Rdnr. 22; *Semler*, DB 1977, 805; *Lutter*, ZGR 1977, 195, 212; *von Hoyingen-Huene*, ZGR 1978, 515, 529; *Gromann*, Die Gleichordnungskonzerne im Konzern- und Wettbewerbsrecht, S. 71 f.

ergebenden Leitungsmacht, die sich innerhalb der Konzernverhältnisse nach „unten" durchsetzt[816].

Anders gestaltet sich die Lage, wenn nur ein Gleichordnungskonzern gebildet wird, dessen Mehrzahl an Konzernunternehmen unabhängig und nur einige Konzernunternehmen selbst abhängige Tochtergesellschaften von Drittunternehmen sind. In derartigen Fällen lassen sich einzelne von einander unabhängige Leitungseinflussmöglichkeiten nachweisen[817]. Dies führt dazu, dass neben dem eigentlichen Gleichordnungskonzern noch Unterordnungskonzernverhältnisse zwischen den teilnehmenden Gleichordnungskonzernunternehmen und der sie beherrschenden Ober-gesellschaften existieren[818].

Als Ergebnis dieser Konzernlage ergeben sich differenzierte Haftungskonstellationen. Für die Gläubiger von Tochtergesellschaften unabhängiger Gleichordnungsunternehmen findet aufgrund der Fortsetzung der einheitlichen Leitung zur gleichgeordneten Obergesellschaft ausschließlich die reguläre gleichordnungsrechtliche Konzernhaftung Anwendung[819].

Anders gestaltet sich die Haftungslage für die Gläubiger einer abhängigen Gleichordnungsgesellschaft, denn aus den bilateralen Einflussmöglichkeiten resultiert ein abweichendes Haftungsergebnis. In diesem Fall kann es zu einer Kombination von Gleichordnungs- und Unterordnungskonzern kommen. Im Ergebnis greift dann jedoch eine vertikale Konzernhaftung aufgrund des Zurücktretens des Leitungseinflusses aus vertikaler Beziehung hinter die Leitung aufgrund Gleichordnung erst nachdem eine horizontale Haftung gescheitert ist.

In der Folge kommt es zu abweichenden Haftungsergebnissen für die Gläubiger eines Gleichordnungskonzerns, welche aufgrund der unterschiedlichen Gefährdungslagen auch gerechtfertigt sind.

---

[816] *Bayer*, in: MünchKomm AktG, § 18, Rdnr. 5; *Gromann*, aaO., S. 71; *Windbichler*, in: GroßKomm AktG, § 18, Rdnr. 86.

[817] *Milde*, Der Gleichordnungskonzern im Gesellschaftsrecht, S. 134 f.

[818] *Milde*, aaO., S. 135 f.

[819] *Milde*, Der Gleichordnungskonzern im Gesellschaftsrecht, S. 135.

## 4. Teil: Endergebnis

Die bisherige Betrachtung der horizontalen Strukturen in der Rechtsprechung und Literatur wird deren Bedeutung nicht gerecht. Die enge Verknüpfung verschiedener, grundsätzlich eigenständiger Unternehmen und die einheitliche Verfolgung des Konzernzieles lässt prinzipiell immer die Gefahr bestehen, dass die in einem Konzern getroffenen Entscheidungen nicht den Interessen aller beteiligten Unternehmen entsprechen. Eine Konzernvertrauenshaftung hilft hier nicht weiter. Die Haftungsansprüche aufgrund Konzernierung richten sich nicht allein auf die vertikale Struktur des Konzerns, vielmehr sind die horizontalen Strukturen ebenfalls entscheidend für das Haftungssystem der Konzerne.

## § 1 Isolierte Betrachtung des Gleichordnungskonzerns

Im Rahmen der isolierten Betrachtung des Gleichordnungskonzerns existieren drei unterschiedliche Haftungsstränge, welche jeder für sich zu einer horizontalen Haftung führen.

### A) Horizontale Innenhaftung der einflussnehmenden Gesellschaft

Zunächst ist maßgeblich, dass zwischen den einzelnen Unternehmen eines Gleichordnungskonzerns im Falle einer qualifiziert faktischen Gleichordnung eine Haftung nach §§ 302, 303 AktG analog besteht[820]. Dies ergibt sich aus dem Gedanken, dass aufgrund einer vergleichbaren Gefährdungslage im Gleichordnungskonzern die Regelungen aus dem Unterordnungskonzern Anwendung finden müssen, um einen vergleichbaren Schutz im Falle einer qualifiziert faktischen Gleichordnung zu gewährleisten. Grundlage ist die Feststellung, dass aus der Korrelation zwischen Gesamtkonzerninteresse und Risikohaftung eine bedingte Verlustübernahmeverpflichtung resultiert.

Im Gleichordnungskonzern ist ein den anderen Konzernarten vergleichbarer Gefährdungstatbestand gegeben, da durch Einflussnahmen einer Leitungsinstanz auch der Eingriff in den Kapitalbestand der Schwestergesellschaften möglich ist.

Bei der Frage nach dem einzelnen Anspruchsgegner für die Gläubiger der gleichgeordneten Unternehmen spielt dieser Aspekt ebenfalls eine Rolle. Im Bezug auf den direkten Anspruch gegen das begünstigte Unternehmen innerhalb des Konzerns ist der Rechtsgedanke zu beachten, dass derjenige, welcher einen maßgeblichen Einfluss auf die wirtschaftliche Entwicklung eines Unternehmens

---

[820]   Siehe oben S. 126 ff.

hat, auch für dessen Verluste einzustehen hat[821]. Im Ergebnis führt diese Feststellung zu einer Leitungshaftung in Form der Konzernverschuldenshaftung.

### B) Außenhaftung der einflussnehmenden bzw. begünstigten Gesellschaft

Als Folge der Analogie zu den §§ 302, 303 AktG gilt zunächst, dass die benachteiligte Gesellschaft selbst Anspruchsinhaber der Forderungen aus §§ 302, 303 AktG analog ist. Insoweit ist hier von einer Innenhaftung zu sprechen.

Sollte aber das beeinflusste Unternehmen haftungsrechtlich ausfallen, wandelt sich der Anspruch aus §§ 302, 303 AktG analog in einen Zahlungsanspruch aus § 322 AktG und damit in eine Außenhaftung um.

### C) Generelle subsidiäre Außenhaftung der anderen Schwestergesellschaft

Die horizontale Haftung endet jedoch nicht im Verhältnis zwischen benachteiligter und einflussnehmender Gesellschaft.

Der Gläubiger selbst hat im Fall des Ausfalles der benachteiligten Gesellschaft ebenso die Möglichkeit, sich an die anderen gleichgeordneten Unternehmen zu wenden. Auch wenn diese nicht an der Ausübung des interessenwidrigen Druckes auf die benachteiligte Gesellschaft beteiligt sind, sind diese doch Teil des Gleichordnungskonzerns und der daraus resultierenden Gefährdungslage.

Allein durch den Zusammenschluss und die hieraus entstehende Möglichkeit für jedes beteiligte Unternehmen, entweder begünstigtes oder belastetes Unternehmen zu werden, ergeben sich Haftungsansprüche auch außenstehender Dritter gegen die übrigen Unternehmen des Gleichordnungskonzerns[822]. Der Zusammenschluss ist einvernehmlich eingegangen worden und die Unternehmen haben auch einem eventuell nachteiligen Einfluss durch die Leitung des Gleichordnungskonzerns auf ein beteiligtes Unternehmen zumindest konkludent zugestimmt, in dem sie sich auf diesen Zusammenschluss eingelassen und u. U. ein Leitungsorgan gebildet haben, durch welches überhaupt erst nachteilige Einflussnahmen ermöglicht werden.

Aus der im Rahmen dieser Arbeit skizzierten Konstellationen lässt sich keine Konzernzustandshaftung ableiten. Vielmehr verbleibt es auch im Bezug auf die Haftung der anderen Unternehmen des Gleichordnungskonzerns bei der anerkannten Konzernverschuldenshaftung.

---

[821]   Siehe oben S. 128 ff.

[822]   Siehe oben S. 128 ff.

Die Haftung kann sich erst ergeben, wenn alle anerkannten Voraussetzungen einer qualifiziert faktischen Konzernierung gegeben sind. Erst in der zweiten Stufe tritt das Merkmal der Zugehörigkeit zu dem Konzern als Kriterium hinzu. Die Haftung ergibt sich auch in dieser Stufe nicht allein aus der Teilnahme am Konzern, sondern ist vielmehr bedingt durch die Teilnahme am Konzern ohne ausreichende Vorkehrungen wie z. B. Begrenzungen der Leitungsmacht oder einen sofortigen Ausstieg aus dem Gleichordnungskonzern, wenn sich umfassende nachteilige Einflussnahmen auf eine anderes Mitglied abzeichnen.

## § 2 Einbindung eines abhängigen Unternehmens in einen Gleichordnungskonzern

Die Einbindung eines von einer unbeteiligten, außerhalb des in Frage kommenden Konzerns stehenden Obergesellschaft abhängigen Unternehmens in den Gleichordnungskonzern ist unbeachtlich, da die Abhängigkeit und die hieraus resultierende Leitungsmacht des herrschenden Unternehmens von der im Gleichordnungskonzern entstandenen Leitungsmacht überlagert werden und damit keine Auswirkungen zeigen können[823].

Für die Gläubiger der abhängigen Gleichordnungsgesellschaft ergibt sich subsidiär neben den entwickelten horizontalen Haftungsansprüchen die Möglichkeit, sich auch an die Obergesellschaft der gleichgeordneten Tochterunternehmen zu wenden. Aufgrund der Überlagerung des Leitungseinflusses der Obergesellschaft und der damit verbundenen Ausschaltung des Vertikaleinflusses muss zunächst die entwickelte Haftungsverfassung des Gleichordnungskonzerns Anwendung finden[824].

Da die Vertikalbeziehung dazu führte, dass die betroffene Gesellschaft aufgrund der Beherrschung am Gleichordnungskonzern teilnehmen wollte oder musste, ist zu bedenken, dass die Obergesellschaft bei der Teilnahmeentscheidung bedeutenden Einfluss auf die Rechte und Pflichten sowie die Ausgestaltung des Gleichordnungskonzern nehmen konnte und insoweit die Gläubigerdifferenzierung zwischen Gläubigern einer von einer Obergesellschaft unabhängigen Konzernschwestergesellschaft und einer von einer Obergesellschaft abhängigen Konzernschwestergesellschaft sachgerecht ist.

Sofern die Voraussetzungen der qualifiziert faktischen Beherrschung im Vertikalverhältnis festgestellt werden können, wird deutlich, dass sich die abhängige Gleichordnungsgesellschaft zwei unterschiedlichen Leitungssträngen ausgesetzt sieht. Zur typischen Konzerngefahr aufgrund der Gleichordnung addiert sich die - wenn auch nachrangige - Gefahr der Unterordnung, welche gerade auch Ausfluss der Beherrschung der Obergesellschaft ist.

---

[823]    Siehe oben S. 151 ff.

[824]    Siehe oben S. 166 ff.

Aus der Auslegung des Haftungsgedankens der Überlagerung der vertikalen Verbindung durch die Gleichordnung ist aber das Eingreifen der Vertikalhaftung nur als Ausfallhaftung nach der Haftung des Gleichordnungskonzerns denkbar, also für den Fall, dass der Gläubiger bei keiner Konzerngesellschaft auf horizontaler Ebene eine Befriedigung seiner Ansprüche erzielen kann.

## § 3 Konzernhaftung zwischen Unternehmen gleicher Ebene in einem Unterordnungskonzern

Innerhalb dieser Arbeit war ebenfalls die isolierte Betrachtung von Konzernunternehmen einer Stufe innerhalb eines Unterordnungskonzerns zu betrachten.

Im Rahmen dieser Untersuchung hat sich ergeben, dass einzelne Gesellschaften innerhalb eines Unterordnungskonzerns keinen Gleichordnungskonzern bilden können und im Ergebnis somit auch die Haftungstatbestände der gleichgeordneten Konzernverbindung nicht zur Anwendung kommen[825].

Zwar ist grundsätzlich anzuerkennen, dass der Haftung in Folge typischer Konzerngefahren ein entsprechendes Gegengewicht in Form von Ansprüchen der übrigen Gesellschafter und Gläubiger gegenüber stehen muss. Hierbei ist aber zu beachten, dass sich etwaige Ausgleichsansprüche am Verlauf der benachteiligen Einflüsse zu orientieren haben.

Dies ergibt sich aus der Feststellung, dass die durch die Abhängigkeit begründeten Leitungseinflüsse nicht zu trennen sind. Die Leitungsmacht der Obergesellschaft setzt sich in den untergeordneten Gesellschaften weiter fort. Bildlich gesprochen steht sich die Obergesellschaft durch die umfassenden Leitungseinflüsse in der einen Tochtergesellschaft durch die andere Tochtergesellschaft selbst gegenüber[826].

Eine dezentrale Ausübung der Leitungsmacht ist nicht darstellbar, so dass den Tochtergesellschaften keine eigenständige Leitungsmacht zur Verfügung steht. Zwar ist eine „autonome" Entscheidung zur Gleichordnung nicht gesetzliches Tatbestandsmerkmal, allerdings setzt das Erfordernis des Zusammenschlusses unter einheitlicher Leitung zwingend voraus, dass zunächst unterschiedliche Leitungskräfte vorhanden sind, welche sich dann vereinigen. Genau diese unterschiedlichen Leitungsstränge zwischen Konzernschwestergesellschaften eines Unterordnungskonzerns sind jedoch nicht nachweisbar. Selbst wenn man argumentiert, dass auf Ebene der Konzernschwestergesellschaft eine eigene Leitungsqualität existieren könnte, wenn die Obergesellschaft den Konzernschwestergesellschaften einen nicht unbedeutenden Umfang an Eigenständigkeit gewähren würde, muss man festhalten, dass diese

---

[825]   Siehe oben S. 165 ff.

[826]   Siehe oben S. 158 ff.

Leitungsmacht nur eine Ableitung der originären Leitungsmacht der Obergesellschaft darstellt. Aufgrund dieser Ableitung könnte die Leitungsmacht auf Ebene der Konzernschwestergesellschaften immer nur ein „Weniger" als die Hauptleitungsmacht darstellen, ansatzweise vergleichbar mit einer Untervollmacht i. S. d. §§ 164 ff. BGB. Im Ergebnis bliebe es jedoch bei der alleinigen Leitungsmacht der Obergesellschaft.

Ebenso scheidet ein Weg zur Haftungsbegründung aus allgemein gültigen zivilrechtlichen Ansprüchen - unabhängig von der Frage nach einem Gleichordnungskonzern zwischen den Konzerntochtergesellschaften - aus. Der Weg über § 242 BGB bleibt aufgrund der Verringerung des Haftungsfonds für die Gläubiger der Obergesellschaft verschlossen, da im Rahmen der Abwägung die Interessen der Gläubiger der Muttergesellschaft nicht ausreichend berücksichtigt werden. Eine derartige Haftungsbegründung würde zwar zu einer Billigkeitshaftung für die Gläubiger der benachteiligten Gesellschaft, aber reflexartig auch zu einer unbilligen Beeinträchtigung des Haftungsfonds für die Gläubiger der Obergesellschaft führen. Bei einer Verschiebung der Ansprüche von Gläubigern der benachteiligten Gesellschaft hin zu anderen Schwestergesellschaften, steht den Gläubigern der Obergesellschaft dann nicht die nur um die regulären Verbindlichkeiten aus dem Geschäftsbetrieb gekürzte Haftungsmasse der Tochtergesellschaft, sondern ebenfalls gekürzt um die Ansprüche der Gläubiger einer anderen Schwestergesellschaft zur Verfügung.
Diese Benachteiligung der Gläubiger der Obergesellschaft lässt sich nicht durch die schädigenden Handlungen rechtfertigen, welche die Obergesellschaft vorgenommen hat. Auf das Geschäftsgebaren der Obergesellschaft haben die Gläubiger i. d. R. keinerlei Einfluss, so dass auch sie unzweifelhaft vor negativen Folgen der Konzernierung zu schützen sind. Auch wenn dieser Weg anhand einer unklaren Rechtsprechung des *Bundesarbeitsgerichtes* für eine mit dem Gleichordnungskonzern vergleichbaren Lage entwickelt wurde, ist mit gleichen Argumenten eine generelle Haftung der Schwestergesellschaft nach § 242 BGB auszuschließen.

Grundlage für die Haftung aller beteiligter Gleichordnungsunternehmen ist u. a. die gemeinsame freiwillige Schaffung der Gefährdungslage. Von einer vergleichbaren Lage kann bei den Konzernschwestergesellschaften nicht gesprochen werden, da diese keine eigenständigen Leitungs- und Entscheidungsmächte ausüben können.
Sollte aufgrund von Entherrschungsmaßnahmen o. ä. einmal die vertikale Verbindung aufgehoben worden sein, stünde einer Gleichordnung nichts mehr im Wege. In einem solche Falle liegt aber dann auch kein Unterordnungskonzern mehr vor.

# § 4 Abschlussthesen

## A) Horizontale Haftung zwischen Schwestergesellschaften im Gleichordnungskonzern als Ausfallhaftung

Es besteht eine horizontale Haftung nach den Grundsätzen der qualifiziert faktischen Konzernierung gemäß §§ 302, 303 AktG analog zwischen gleichgeordneten Gesellschaften.

Bei einer derartigen Haftung handelt es sich um eine Ausfallhaftung, d. h. erst nach Ausfall des benachteiligten Unternehmens steht dem Gläubiger der Weg zur der Inanspruchnahme der übrigen Konzerngesellschaften offen. Dies statuiert keine Konzernzustandshaftung, sondern es bleibt bei der Konzernverschuldenshaftung als Grundlage für dieses Modell, da die zunächst unbeteiligten Schwestergesellschaften durch die Einbindung und die Zulassung der benachteiligenden Einflussnahmen ohne Austritt aus der Gleichordnung zur Verwirklichung der Konzerngefahr beigetragen haben.

## B) Gläubigerdifferenzierung bei Einbindung einer abhängigen Gesellschaft in den Gleichordnungskonzern

Gläubiger einer Gesellschaft des Gleichordnungskonzerns, welche von einer unbeteiligten, außerhalb des in Frage kommenden Konzerns stehenden Obergesellschaft abhängig ist, haben neben den entwickelten horizontalen Haftungsansprüchen die Möglichkeit, sich ebenfalls an die Obergesellschaft dieser gleichgeordneten Tochterunternehmen zu wenden. Aufgrund der Überlagerung des Leitungseinflusses der Obergesellschaft und der damit verbundenen Ausschaltung des Vertikaleinflusses muss jedoch zunächst die entwickelte Haftungsverfassung des Gleichordnungskonzerns Anwendung finden und erst subsidiär kann die vertikale Haftung der Obergesellschaft eingreifen.

## C) Kein Gleichordnungskonzern zwischen Schwestergesellschaften eines Unterordnungskonzerns

Ein Gleichordnungskonzern zwischen abhängigen Gesellschaften einer gemeinsamen Obergesellschaft kann nicht angenommen werden. Das Erfordernis des Zusammenschlusses unter einheitlicher Leitung setzt zwingend voraus, dass zunächst zwei unterschiedliche Leitungskräfte vorhanden sind, welche sich später vereinigen. Es erfolgt eine Interessengleichordnung, welche keinen Raum für eigenständige Leitungsentscheidungen der Tochtergesellschaften lässt. Wie oben dargelegt existiert lediglich eine

Leitungsmacht, nämlich die der Obergesellschaft, welche in den Tochtergesellschaften zum Ausdruck kommt.

Somit existiert nur im Gleichordnungskonzern eine klassische Horizontalhaftung; Auf den Über-/Unterordnungskonzern sind ist dieses Haftungsmodell nicht anzuwenden und eine generelle wechselseitige Haftung ist abzulehnen.

# Literaturverzeichnis

| | |
|---|---|
| Abeltshauser, Thomas E. | Leitungshaftung im Kapital-gesellschaftsrecht, 1. Auflage, Köln, Berlin, Bonn, München 1998 (zitiert: *Abeltshauser*, Leitungshaftung im Kapitalgesellschaftsrecht) |
| Altmeppen, Holger | Grenzenlose Vermutungen im Recht der GmbH, in: DB 1991, 2225 |
| -*ders.* | Ratio der Konzernhaftung seit „TBB", in: DB 1994, 1912. |
| -*ders.* | Grundlegend Neues zum „qualifiziert faktischen" Konzern und zum Gläubigerschutz in der Einmann-GmbH, in: ZIP 2001, 1837 |
| -*ders.* | Gesellschafterhaftung und „Konzernhaftung" bei der GmbH, in: NJW 2002, 321 |
| -*ders.* | Zur Entwicklung eines neuen Gläubigerschutzkonzeptes in der GmbH, in: ZIP 2002, 1553 |
| -*ders.* | „Dritte" als Adressaten der Kapitalerhaltungs- und Kapitalersatzregeln in der GmbH, in: Festschrift für Bruno Kropff, Düsseldorf 1997 (zitiert: *Altmeppen*, in: FS Kropff) |
| -*ders.* | Ausfall- und Verhaltenshaftung des Mitgesellschafters in der GmbH, in: ZIP 2002, 961 |
| Anderson, Charles B. / Schmidt, Karsten | Durchgriffshaftung bei Einschiffsgesellschaften - eine Diskussionsveranstaltung aus deutscher |

und US-amerikanischer Sicht, in:
Schriften des Deutschen Vereins für
internationales Seerecht, Hamburg 1990
(zitiert: *Anderson/Schmidt*,
Durchgriffshaftung bei
Einschiffsgesellschaften)

Assmann, Heinz-Dieter

Gläubigerschutz im faktischen GmbH-
Konzern durch richterliche
Rechtsfortbildung - Teil 1, in: JZ 1986,
881

-*ders.*

Gläubigerschutz im faktischen GmbH-
Konzern durch richterliche
Rechtsfortbildung - Teil 2, in: JZ 1986,
928

Bälz, Ulrich

Einheit und Vielheit im Konzern, in
Festschrift für Ludwig Raiser, Tübingen
1974
(zitiert: *Bälz*, in: FS Raiser)

-*ders.*

Verbundene Unternehmen, in: AG
1992, 277

Ballerstedt, Kurt

Vertragsfreiheit und Konzentration, in:
Die Konzentration in der Wirtschaft
Band I, hrsg. v. Helmut Arndt,
1.Auflage Berlin 1971

Bamberger, Heinz Georg /
Roth, Herbert

Kommentar zum Bürgerlichen
Gesetzbuch, Band 1, §§ 1-610, 1.
Auflage, München 2003
(zitiert: Bamberger/Roth, BGB)

Bar, Christian v.

Gleichordnungskonzerne und
Kartellverbot, in: BB 1980, 1185

Bartl, Harald / Fichtelmann,Helmar/
Schlarb, Eberhard / Schulze, Hans-
Jürgen (Hrsg.)

Heidelberger Kommentar zu GmbH-
Recht, 4. Auflage, Heidelberg 1998
(zitiert: Heidelberger Kommentar
GmbHG)

| | |
|---|---|
| Bauder, Wolfgang | Anmerkungen zu BGH, Urt. v. 29.3.93 - II ZR 265/91 (TBB), in: BB 1993, 1103 |
| -ders. | Neue Haftungsrisiken im qualifizierten faktischen Konzernen, in: BB 1992, 1009 |
| Baumbach, Adolf / Hueck, Alfred | Gesetz betreffend die Gesellschaften mit beschränkter Haftung, 17. Auflage, München 2000 (zitiert: Baumbach/Hueck, GmbHG) |
| Bayer, Wilhelm F. | Der Anwendungsbereich des Mitbestimmungsgesetzes, in: ZGR 1977, 173 |
| Benecke, Martina | Existenzvernichtender Eingriff statt qualifiziert faktischer Konzern: Die neue Rechtsprechung des BGH zu Haftung von GmbH-Gesellschaftern, in: BB 2003, 1190 |
| Bentler, Helmut | Das Gesellschaftsrecht der Betriebsaufspaltung: insbesondere die Verzahnung der Gesellschafts-verträge, Baden-Baden 1986 (zitiert: *Bentler*, Das Gesellschafts-recht der Betriebsaufspaltung: insbesondere die Verzahnung der Gesellschaftsverträge) |
| Birlenbach, Wieland | Die Begriffe des herrschenden und abhängigen Unternehmens im Recht des Unterordnungskonzerns im Aktiengesetz 1965, Mainz 1973 (zitiert: *Birlenbach*, Die Begriffe des herrschenden und abhängigen Unternehmens im Recht des Unter-ordnungskonzerns im Aktiengesetz 1965) |

| | |
|---|---|
| Bitter, Georg | Das „TBB"-Urteil und das immer noch vergessene GmbH-Vertragskonzernrecht, in: ZIP 2001, 265 |
| -ders. | Der Anfang vom Ende des „qualifiziert faktischen GmbH-Konzerns, in: WM 2001, 2133 |
| Bolsenkötter, Heinz | Zum aktienrechtlichen Begriff des Unternehmens, in: DB 1967, 1098 |
| Bork, Reinhard | Zurechnung im Konzern, in: ZGR 1994, 237 |
| Boujong, Karlheinz | Legitime richterliche Rechtsfortbildung im Recht des qualifiziert faktischen GmbH-Konzerns, in: Festschrift für Brandner, Köln 1996 (zitiert: Boujong, in: FS Brandner) |
| Brandmüller, Gerhard (Hrsg.) / Küffner, Peter (Hrsg.) | Bonner Handbuch GmbH, Stand: 65. Erg.-Lfg. / Oktober 2003, Bonn (zitiert: Bonner Handbuch GmbH) |
| Brandmüller, Gerhard | Die Betriebsaufspaltung nach Handels- und Steuerrecht einschließlich Betriebsverpachtung, 7. Auflage, Heidelberg 1997 (zitiert: Brandmüller, Betriebsaufspaltung) |
| Buchner, Herbert / Weigl, Gerald | Die Haftung im qualifizierten Faktischen Konzern, in: DNotZ 1994, 580 |
| Burgard, Ulrich | Die Tatbestandsvoraussetzungen des qualifiziert faktischen GmbH-Konzerns und ihre Konkretisierung nach „TBB", in: WM 1993, 925 |

Cahn, Andreas

Verlustübernahme und Einzelausgleich
im qualifizierten faktischen Konzern,
in: ZIP 2001, 2159

Centrale für GmbH Dr. Otto
Schmidt (Hrsg.)

GmbH-Handbuch, Band I, Stand:
August 2002, Köln
(zitiert: GmbH-Handbuch)

Decher, Christian

Neues zum qualifizierten faktischen
GmbH-Konzern, in: DB 1989, 965

Diem, Andreas

Besicherung von
Gesellschafterverbindlichkeiten als
existenzvernichtender Eingriff des
Gesellschafters in: ZIP 2003, 1283

Döser, Wulf H.

Der faktische Konzern in AG 2003, 406

Donle, Christian

Der faktische GmbH-Konzern:
Resümee aus der bisherigen
Rechtsprechung und Lösungsansatz für
noch nicht geklärte Probleme, in: DStR
1995, 1918

Dreher, Meinrad.

Die gesellschaftsrechtliche Treuepflicht
bei der GmbH, in: DStR 1993, 1632

Druey, Jean Niclas

Aufgaben eines Konzernrechtes, in:
ZSR 121 II, 273

-ders.

„Konzernvertrauen", in: Deutsches und
europäisches Gesellschaft-, Konzern-
und Kapitalmarktrecht: Festschrift für
Marcus Lutter zum 70. Geburtstag, 1.
Auflage, Köln 2000
(zitiert: Druey, in: FS Lutter)

Drygala, Tim

Betriebsaufspaltung und
Haftungsausschluß doch keine
Illusion?, in: NJW 1995, 3237

| | |
|---|---|
| *-ders.* | Der Gläubigerschutz bei der typischen Betriebsaufspaltung, Köln 1991 (zitiert: *Drygla*, Der Gläubigerschutz bei der typischen Betriebsaufspaltung) |
| *-ders.* | Verhaltenshaftung im faktischen GmbH-Konzern, in: GmbHR 1993, 317 |
| Ebenroth, Carsten Thomas / Wilken, Oliver | Verlustübernahme als Substitut konzernspezifischer Kapitalerhaltung. Betrachtungen zum neuen Video-Urteil des BGH, in: BB 1991, 229. |
| *-dies.* | Beweislast und Gesellschafterhaftung im qualifiziert faktischen GmbH-Konzern, in: ZIP 1993, 558. |
| Ehlke, Michael | Konzerninduzierter Haftungsdurchgriff auf den GmbH-Gesellschafter?, in: DB 1986, 523 |
| Ehricke, Ulrich | Gedanken zu einem allgemeinen Konzernorganisationsrecht zwischen Markt und Regulierung, in: ZGR 1996, 300 |
| *-ders.* | Die Zusammenfassung von Insolvenzverfahren mehrerer Unternehmen desselben Konzerns, in: DZWIR 1999, 353 |
| Emmerich, Volker | Besprechung von Harms, Konzerne im Recht der Wettbewerbsbeschränkungen, in: ZHR 132 (1969), 370 |
| *-ders.* | Nachlese zum Autokran-Urteil des BGH, in: GmbHR 1987, 213. |
| Emmerich, Volker / Habersack, Mathias | Aktien- und GmbH-Konzernrecht, 3. Auflage, München 2003 (zitiert: Emmerich/Habersack, Aktien- und GmbH-Konzernrecht) |

| | |
|---|---|
| Emmerich, Volker / Sonnenschein, Jürgen | Konzernrecht, 7. Auflage, München 2001 (zitiert: Emmerich/Sonnenschein, KonzernR) |
| Ensthaler, Jürgen / Gesmann-Nuissl | Virtuelle Unternehmen in der Praxis – eine Herausforderung für das Zivil-, Gesellschafts- und Kartellrecht, in: BB 2000, 2265 |
| Eschenbruch, Klaus | Konzernhaftung, 1. Auflage, Düsseldorf 1995 (zitiert: *Eschenbruch*, Konzernhaftung) |
| Fleck, Hans-Joachim | Der Grundsatz der Kapitalerhaltung – seine Ausweitung und seine Grenzen, in: Festschrift 100 Jahre GmbH-Gesetz, Köln 1992 (zitiert: *Fleck*, in: FS 100 Jahre GmbHG) |
| Fleischer, Holger | Konzernvertrauenshaftung und corporate advertising - ein aktueller Streifzug durch die schweizerische Spruchpraxis zum Konzer-naußenrecht, in: NZG 1999, 685 |
| Flume, Werner | Der Referentenentwurf eines Aktiengesetzes, Düsseldorf 1958 (zitiert: *Flume*, RefE AktG) |
| -ders. | Das Video-Urteil und das GmbH-Recht, in: DB 1992, 25 |
| Frisinger, Jürgen / Lehmann, Michael | Konzern im Konzern: Wahl der Arbeitnehmervertreter für den Aufsichtsrat im Rahmen von § 76 Abs. 4 BetrVG 1952 und §§ 54 ff. BetrVG 1972 bei nach dem „Divisions-Prinzip" organisierten Konzernen, in: DB 1972, 2337 |

| | |
|---|---|
| Gäbelein, Wolfgang | Ende der Haftungsgrenzen im Konzern, in: GmbHR 1992, 273 |
| Gätsch, Andreas | Gläubigerschutz im qualifiziert faktischen GmbH-Konzern, Berlin 1997 (zitiert: *Gätsch*, Gläubigerschutz im qualifiziert faktischen GmbH-Konzern) |
| Geitzhaus, Georg | Verlustausgleichspflicht als Motor der Konzernplanung (I), in: GmbHR 1989, 397 |
| Geßler, Ernst | Die abhängige Gesellschaft, in: Festschrift für Walter Schmidt, Berlin 1959 (zitiert: *Geßler*, in: FS Schmidt) |
| Geßler, Ernst / Hefermehl, Wolfgang / Eckardt, Ulrich / Kropff, Bruno u. a. | Aktiengesetz, Kommentar, Band 1 (§§ 1-75), München 1973 (zitiert: G/H/E/K, AktG) |
| Goette, Wulf | Haftungsvoraussetzungen im qualifiziert faktischen Konzern, in: DStR 1993 568. |
| -*ders.* | Anmerkungen zum BGH Beschluß v. 3.5.99 II ZR 368/97, in: DStR 1999, 1822 |
| -*ders.* | Anmerkungen zum BGH Beschluß v. 6.5.96 II ZR 134/97, in: DStR 1996, 974 |
| -*ders.* | Die GmbH, 2. Auflage, München 2002 (zitiert: *Goette*, Die GmbH) |
| Grauer, Wolfram | Konzernbildungskontrolle im GmbH-Recht, Minderheitenschutz bei der Begründung der Abhängigkeit, der faktischen Konzernierung und dem Abschluss von Beherrschungs- und/oder Gewinnabführungsverträgen im GmbH- |

Konzernrecht, 1. Auflage, Konstanz
1991
(zitiert: *Grauer*,
Konzernbildungskontrolle im GmbH-
Recht)

| | |
|---|---|
| Gromann, Hans-Georg | Die Gleichordnungskonzerne im Konzern- und Wettbewerbsrecht, 1. Auflage, Köln, Berlin, Bonn, München 1979 (zitiert: *Gromann*, Die Gleichordnungskonzerne im Konzern- und Wettbewerbsrecht) |
| Großkommentar zum Aktiengesetz | (begr. von W. Gadow, E. Heinichen u.a.) 10. Lieferung, §§ 15-22, 4. Auflage, Berlin, New York 1999 Band IV §§ 291 - 410, 3. Auflage, Berlin New York 1975 19. Lieferung, §§ 76-83, 4. Auflage, Berlin, New York 2003 (zitiert: GroßKomm AktG) |
| Grüner, Michael | Anmerkung zu OLG Dresden Urt. v. 27.10.1999, in: NZG 2000, 601 |
| Hachenburg, Max | Gesetz betreffend die Gesellschaften mit beschränkter Haftung (GmbHG), hrsg. v. Peter Ulmer §§ 1-34, 8. Auflage, Berlin New York 1992 §§ 53-85, 8. Auflage, Berlin New York 1997 (zitiert: Hachenburg, GmbHG) |
| Harms, Wolfgang | Konzerne im Recht der Wettbewerbsbeschränkungen, Köln, Berlin, Bonn, München 1968 (zitiert: *Harms*, Konzerne im Recht der Wettbewerbsbeschränkungen) |

Heinsius, Theodor

Haftungsfragen im faktischen GmbH-Konzern, in: AG 1986, 99


Henn, Günter

Handbuch des Aktienrechts, 7. Auflage, Heidelberg 2002 (zitiert: *Henn*, Handbuch des Aktienrechts)


Henssler, Martin

Das Anstellungsverhältnis der Organmitglieder, in: RdA 1992, 289


-*ders.*

Die Betriebsaufspaltung Konzern-rechtliche Durchgriffshaftung im Gleichordnungskonzern?, in: ZGR 2000, 479


Henze, Hartwig

Konzernrecht: Höchst- und obergerichtliche Rechtsprechung, 1. Auflage, Köln 2001 (zitiert: *Henze*, Konzernrecht: Höchst-und obergerichtliche Rechtsprechung)


-*ders.*

Gesichtspunkte des Kapitalerhaltungs-gebotes und seiner Ergänzung im Kapitalgesellschaftsrecht in der Recht-sprechung des BGH, in: NZG 2003, 649


Hirte, Heribert

Der qualifiziert faktische Konzern, in: RWS-Dokumentation 12, 1. Bd. u. 2. Bd., Köln 1992, Fortsetzungsband Köln 1993 (zitiert: *Hirte*, Der qualifiziert faktische Konzern)


Hoffmann, Jochen

Das GmbH-Konzernrecht nach dem Bremer Vulkan-Urteil, in: NZG 2002, 68

Hoffmann-Becking, Michael

Münchener Handbuch zum Gesellschaftsrecht, Band 4 Aktiengesellschaft, 1. Auflage, München 1999 (zitiert: MünchHb. AG)

-ders.

Der qualifiziert faktische AG-Konzern, in: Probleme des Konzernrechtes hrsg. v. Peter Ulmer, 1. Auflage Heidelberg 1989 (zitiert: *Hoffmann-Becking*, Der qualifiziert faktische AG-Konzern)

Hommelhoff, Peter

Die Konzernleitungspflicht, Köln, Berlin, Bonn, 1. Auflage, München 1982

-ders.

Konzernpraxis nach „Video" – zugleich Erwiderung auf eine Urteilsschelte, in: DB 1992, 309

-ders.

Die qualifiziert faktische Unternehmensverbindung: ihre Tatbestandsmerkmale nach dem TBB-Urteil und deren rechtsdogmatisches Fundament, in: ZGR 1994, 395

Hommelhoff, Peter / Semler, Johannes / Doralt, Peter / Roth, Güner H. (Hrsg.)

Entwicklungen im GmbH-Konzernrecht, 1. Auflage, Berlin New York 1986 (zitiert: Hommelhoff, Entwicklungen im GmbH-Konzernrecht)

Hoyingen-Huene, Gerrick v.

Der Konzern im Konzern, in: ZGR 1978, 515

Huber, Ulrich

Zur kartellrechtlichen Problematik der Zusammenfassung von Konzernunternehmen unter einer einheitlichen Leitung im Sinn des § 18 AktG, in: ZHR 131 (1968), 193

| | |
|---|---|
| Hüffer, Uwe | Aktiengesetz, 6. Auflage, München 2004 (zitiert: *Hüffer*, AktG) |
| -*ders.* | Gesellschaftsrecht, 6. Auflage, München 2003 (zitiert: *Hüffer*, GesellschaftsR) |
| -*ders.* | Rechtsform und Haftung bei der juristischen Person, in: NJW 1982, 428 |
| Hueck, Götz / Lutter, Markus / Mertens, Hans Joachim / Rehbinder, Eckhard / Ulmer, Peter / Wiedemann, Herbert / Zöllner, Wolfgang (Hrsg.) | Arbeitskreis GmbH-Reform. Thesen und Vorschläge zur GmbH-Reform, Bd. 2. Kapital- und Haftungsfragen bei der GmbH: Gründung von Einmann-GmbH; Konzernrecht der GmbH; Arbeitnehmerbeteiligung an einer GmbH, Heidelberg 1972 (zitiert: Arbeitskreis GmbH-Reform) |
| Isay, Rudolf | Das Recht am Unternehmen, Berlin 1910 (zitiert: *Isay*, Das Recht am Unternehmen) |
| Jauernig, Othmar | Bürgerliches Gesetzbuch, 10. Auflage, München 2003 (zitiert: *Jauernig*, BGB) |
| Jaschinski, Susanne | Die Haftung von Schwestergesellschaften im GmbH-Unterordnungskonzern, Frankfurt am Main 1997 (zitiert: *Jaschinski*, Die Haftung von Schwestergesellschaften im GmbH-Unterordnungskonzern) |
| Jungkurth, Frank | Konzernleitung bei der GmbH, Die Pflichten des Geschäftsführers, 1. Auflage, Berlin 2000 (zitiert: *Jungkurth*, Konzernleitungspflicht bei der GmbH) |

| | |
|---|---|
| Junker, Abbo | Sozialansprüche im Konzern, in: ZIP 1993, 1599 |
| Keßler, Jürgen | Ende des „qualifiziert faktischen" GmbH-Konzerns, in: GmbHR 2001, 1095 |
| Kiethe, Kurt / Groeschke, Peer | Das schutzwürdige Eigeninteresse der GmbH innerhalb und außerhalb von Konzernsachverhalten, in: NZG 2001, 504 |
| Kirchner, Christian | Ökonomische Überlegungen zum Konzernrecht, in: ZGR 1985, 214 |
| Kleindiek, Detlef | Strukturkonzepte für den qualifiziert faktischen GmbH-Konzern. Anmerkungen zum „Viedeo"-Urteil des BGH, in: ZIP 1991, 1330. |
| -ders. | Kurskorrektur im GmbH-Konzernrecht. Zum „TBB"-Urteil des Bundesgerichtshofes vom 29. März 1993, in: DZWiR 1993, 177. |
| Kleinert, Detlef | Das GmbH-Recht in der Rechtsprechung des BGH – Ein Beispiel für notwendige richterliche Rechtsfortbildung?, in: Festschrift für Helmrich, München 1994 (zitiert: *Kleinert*, in: FS Helmrich) |
| Knoppe-Keuk, Brigitte | Zum Erdbeben Video, in: DB 1992, 1461 |
| Kölner Kommentar zum Aktiengesetz | (hrsg. Wolfgang Zöllner), Band 1 (§§ 1-75), 2. Auflage, Köln, Berlin, Bonn, München 1986 bis 1988 Band 6 (§§ 291-328), 2. Auflage, Köln, Berlin, Bonn, München 1987 (zitiert: KK AktG) |

| | |
|---|---|
| Kohl, Reinhard | Die „TBB"-Entscheidung - Entwarnung im faktischen GmbH-Konzern?, in: MDR 1993, 715. |
| Konzen, Horst | Geschäftsführung, Weisungsrecht und Verantwortlichkeit in der GmbH und GmbH & Co KG, in: NJW 1989, 2977 |
| Koppensteiner, Hans-Georg | Unternehmergemeinschaften im Konzerngesellschaftsrecht, in: ZHR 131 (1968), 289 |
| Kort, Michael | Der Abschluß von Beherrschungs- und Gewinnabführungsverträgen im GmbH-Recht, Köln, Berlin, Bonn, München 1986 (zitiert: *Kort*, Der Abschluß von Beherrschungs- und Gewinnabführungsverträgen im GmbH-Recht) |
| -*ders.* | Die konzerngebundene GmbH in der Insolvenz, in: ZIP 1988, 681 |
| Kowalski, André | „TBB" – Rückkehr zu „Autokran"?, in: GmbHR 1993, 253. |
| Kramer, Bernhard | Strafbewehrte Vermögensbetreuungspflicht des Alleingesellschafters und seiner Organe zu Gunsten der abhängigen Gesellschaft? Zugleich Anmerkung zu BGH WM 2001, 2062 („Bremer Vulkan"), in: WM 2004, 305. |
| Krieger, Gerd | Kann die Praxis mit TBB leben, in: ZGR 1994, 375 |
| Kronstein, Heinrich | Die abhängige juristische Person, München, Berlin, Leipzig 1931 (zitiert: *Kronstein*, Die abhängige juristische Person) |

| | |
|---|---|
| Kropff, Bruno | Das Konzernrecht des Aktiengesetzes, in: BB 1965, 1281 |
| *-ders.* | Aktiengesetz, Düsseldorf 1965 (zitiert: *Kropff*, AktG) |
| *-ders.* | Benachteiligungsverbot und Nachteilsausgleich im faktischen Konzern, in: Festschrift für Kastner, 1972, 279 (zitiert: *Kropff*, in: FS Kastner) |
| Kropff, Bruno / Semler, Johannes (Hrsg.) | Münchener Kommentar zum Aktiengesetz, Band 1, §§ 1-53, München 2000 Band 3, §§ 76-117, München 2004 (zitiert: MünchKomm AktG) |
| Kübler, Friedrich | Anmerkungen zum BGH-Urteil „TBB", in: NJW 1993, 1204 |
| *-ders.* | Haftungstrennung und Gläubigerschutz im Recht der Kapitalgesellschaften – Zur Kritik der „Autokran"-Doktrin des Bundesgerichtshofes, in: Festschrift für Theodor Heinsius zum 65. Geburtstag am 25. September 1991, 1. Auflage, Berlin, New York 1991 (zitiert: *Kübler*, in: FS Heinsius) |
| Kuhlmann, Jens / Ahnis, Erik | Konzernrecht, 1. Auflage, München 2001 (zitiert: *Kuhlmann/Ahnis*, KonzernR) |
| Landsittel, Ralph | Die Zurechnungsklausel in der Fusionskontrolle, in: BB 1994, 799 |
| Langen, Eugen / Bunte, Hermann-Josef | Kommentar zum deutschen und europäischen Kartellrecht, 7. Auflage, Neuwied 1994 (zitiert: Langen/Bunte, KartellR) |

Larenz, Karl

Lehmann, Michael

Limmer, Peter

-ders.

Lutter, Marcus

-ders.

-ders.

-ders.

-ders.

Lehrbuch des Schuldrechts Allgemeiner
Teil, 14. Auflage, München 1987
(zitiert: *Larenz*, SchuldR I AT)
Schranken der beschränkten Haftung.
Zur ökonomischen Legitimation des
Durchgriffs bei der GmbH, in: GmbHR
1992, 200

Die Haftungsverfassung des faktischen
GmbH-Konzerns, Bochum 1991
(zitiert: *Limmer*, Die
Haftungsverfassung des faktischen
GmbH-Konzerns)

Der qualifiziert faktische GmbH-
Konzern nach „TBB", in: DStR 1993,
765.

Zur Binnenstruktur des Konzerns, in
Festschrift für Harry Westermann,
Karlsruhe 1974
(zitiert: *Lutter*, in: FS Westermann)

Haftung aus Konzernvertrauen?, in:
Gedächtnisschrift für Brigitte Knobbe-
Keuk, 1. Auflage, Köln 1997
(zitiert: *Lutter*, in: FS Knobbe-Keuk)

Organzuständigkeiten im Konzern, in:
Festschrift für Walter Stimpel zum 68.
Geburtstag am 29. November 1985, 1.
Auflage, Berlin, New York 1985
(zitiert: *Lutter*, in: FS Stimpel)

Korreferat - Anwendungsbereich des
Mitbestimmungsgesetzes, in: ZGR
1977, 195

Stand und Entwicklung des
Konzernrechtes in Europa, in: ZGR
1987, 324

| | |
|---|---|
| *-ders.* | Die Haftung des herrschenden Unternehmens im GmbH-Konzern, in: ZIP 1985, 1425 |
| *-ders.* | Der qualifizierte faktische Konzern, in: AG 1990, 179 |
| *-ders.* | Die zivilrechtliche Haftung in der Unternehmensgruppe, in: ZGR 1982, 244 |
| *-ders* (Hrsg.) | Holding-Handbuch: Recht – Management – Steuern, 1. Auflage, Köln 1998 (zitiert: *Lutter*, Holding-Handbuch) |
| Lutter, Marcus / Banerja, Nirmal Robert | Die Haftung wegen Existenzvernichtung, in: ZGR 2003, 402 |
| Lutter, Marcus / Drygala, Tim | Grenzen der Personalverflechtung und Haftung im Gleichordnungskonzern, in: ZGR 1995, 557 |
| Lutter, Marcus / Drygala, Tim | Grenzen der Personalverflechtung und Haftung im Gleichordnungskonzern, in: Peiner, Wolfgang (Hrsg.), Grundlagen des Versicherungsvereins auf Gegenseitigkeit, Köln, Göttingen, 1995 (zitiert: *Lutter/Drygala* in: Peiner: Grundlagen des Versicherungsvereins auf Gegenseitigkeit) |
| Lutter, Marcus / Hommelhoff, Peter | GmbH-Gesetz, 15. Auflage, Köln 2000 (zitiert: *Lutter/Hommelhoff*, GmbHG) |
| Lutter, Marcus / Timm, Wolfram | Konzernrechtlicher Präventivschutz im GmbH-Recht, in: NJW 1982, 409 |
| Luttermann, Claus | Unternehmensfinanzierung, Geschäftsleiterpflicht und Haftkapital bei Kapitalgesellschaften, in: BB 2001, 2433 |

| | |
|---|---|
| Martens, Klaus-Peter | Die Organisation des Konzernvorstandes, in: Festschrift für Theodor Heinsius zum 65. Geburtstag am 25. September 1991, 1. Auflage, Berlin, New York 1991 (zitiert: *Martens*, in: FS Heinsius) |
| Meik, Frank | Der Konzern im Arbeitsrecht und die Wahl des Konzernbetriebsrates im Schnittbereich zur Wahl des Aufsichtsrates, in: BB 1991, 2441 |
| Meilicke, Wienand | Unvereinbarkeit der Video-Rechtsprechung mit dem EG-Recht, in: DB 1992, 1867 |
| Meister, Burckhardt W. | Die Sicherheitsleistung der GmbH für Gesellschafterverbindlichkeiten, in: WM 1980, 390 |
| Mestmäcker, Ernst-Joachim | Über das Verhältnis des Rechts der Wettbewerbsbeschränkungen zum Privatrecht, in: AcP 168 (168), 235 |
| Michalski, Lutz | Kommentar zum Gesetz betreffend die Gesellschaften mit beschränkter Haftung (GmbH-Gesetz), Band 1, §§ 1-34, München 2002 (zitiert: Michalski, GmbHG) |
| Michalski, Lutz / Zeidler, Finn | Die Ausgleichshaftung in qualifiziert faktischen Konzernen - eine Analyse für die Praxis, in: NJW 1996, 224 |
| Milde, Thomas | Der Gleichordnungskonzern im Gesellschaftsrecht, 1. Auflage, Berlin 1995 (zitiert: *Milde*, Der Gleichordnungs-onzern im Gesellschaftsrecht) |

| | |
|---|---|
| Müller, Welf | Ist nach dem TBB-Urteil des Bundes-gerichtshofes eine Verlustübernahme-verpflichtung im qualifiziert faktischen Konzern noch begründbar?, in: Festschrift für Heinz Rowedder zum 75. Geburtstag, 1. Auflage, München 1994 (zitiert: *Müller*, in: FS Rowedder) |
| Müller-Wiedenhorn, Andreas | Versicherungsvereine auf Gegen-seitigkeit im Unternehmensverbund, 1. Auflage, Karlsruhe 1993 (zitiert: *Müller-Wiedenhorn*, VvaG im Unternehmensverbund) |
| Müller, Welf / Hense, Burkhard (Hrsg.) | Beck'sches Handbuch der GmbH, 3. Auflage, München 2002 (zitiert: Handbuch der GmbH) |
| Nasall, Wendt | Der existenzvernichtende Eingriff in die GmbH: Einwendungen aus verfassungs- und insolvenzrechtlicher Sicht, in: ZIP 2003, 969 |
| Neye, Hans-Werner | Die Video-Rechtsprechung und das EG-Recht, in: DWiR 1992, 452 |
| Nörr, Knut Wolfgang | Zur Entwicklung des Aktien- und Konzernrechtes während der Weimarer Republik, in: ZHR 150 (1986), 155 |
| Orth, Bernhard | Die Haftung des herrschenden Gesellschafters im einfach faktischen GmbH-Konzern, in: DStR 1994, 250 |
| Palandt, Otto (Hrsg.) | Bürgerliches Gesetzbuch, 63. Auflage, München 2004 (zitiert: Palandt, BGB) |
| Paschke, Marian | Rechtsfragen der Durchgriffsproblematik im mehrstufigen Unternehmensverbund, in: AG 1988, 196 |

| | |
|---|---|
| Peiner, Wolfgang | Konzernstrukturen vom Versicherungsverein auf Gegenseitigkeit, in: VW 1992, 920 |
| Poeche, Jürgen | Konzentrationsfälle und ihre einzel- und gesamtwirtschaftliche Bedeutung, in: DB 1971, 1 |
| Priester, Hans-Joachim | Die eigene GmbH als fremder Dritter - Eigensphäre der Gesellschaft und Verhaltenspflichten ihrer Gesellschafter, in: ZGR 1993, 512 |
| -ders. | Unbeschränkte Konzernhaftung des GmbH-Gesellschafters, in: ZIP 1986, 137 |
| Priester, Hans-Joachim / Mayer, Dieter (Hrsg.) | Münchener Handbuch zum Gesellschaftsrecht, Band 3 Gesellschaft mit beschränkter Haftung, 1. Auflage, München 1996 (zitiert: MünchHb. GmbH) |
| Prütting, Hanns | Insolvenzantragspflicht im Konzern, in: Festschrift für Friedrich Wilhelm Metzeler, 1. Auflage, Köln 2003 (zitiert: *Prütting*, in: FS Metzekler) |
| Prölss, Erich / Schmidt, Reimer / Sasse, Jürgen | Versicherungsaufsichtsgesetz, 11. Auflage, München 1997 (zitiert: *Prölss*, Kommentar zum VAG) |
| Raiser, Thomas. | Betriebsaufspaltung und Haftungsausschluß eine Illusion?, in: NJW 1995, 1804 |
| -ders. | Konzernhaftung und Unterkapitalisierungshaftung, in: ZGR 1995, 156 |

| | |
|---|---|
| *-ders.* | Recht der Kapitalgesellschaften, 3. Auflage, München 2001 (zitiert: *Raiser*, Recht der Kapitalgesellschaften) |
| *-ders.* | Die Haftung einer Schwestergesellschaft für die Schulden einer anderen Schwester nach dem Urteil „Bremer Vulkan" des BGH, in: Festschrift für Ulmer, Berlin 2003 (zitiert: *Raiser*, in: FS Ulmer) |
| Rebmann, Kurt / Säcker, Franz Jürgen / Rixecker, Roland | Münchener Kommentar zum Bürgerlichen Gesetzbuch, Band 2, §§ 241-432, München 2001 (zitiert: MünchKomm BGB) |
| Rehbinder, Eckard | Mehrstufige Unternehmensverbindungen, in: ZGR 1977, 581 |
| *-ders.* | Konzernaußenrecht und allgemeines Privatrecht, Bad Homburg v. d. H., Berlin, Zürich, 1969 (zitiert: *Rehbinder*, Konzernaußenrecht und allgemeines Privatrecht) |
| *-ders.* | Minderheiten- und Gläubigerschutz im faktischen GmbH-Konzern, in: AG 1986, 85 |
| Reuter, Dieter | Die Personengesellschaft als abhängiges Unternehmen, in: ZHR 146 (1982), 1 |
| Richardi, Reinhard / Wlotzke, Otfried (Hrsg.) | Münchener Handbuch zum Arbeitsrecht Band 1, 2. Auflage, München 2000 Band 3, 2. Auflage, München 2000 (zitiert: MünchHb. ArbR) |
| Röhricht, Volker | Die GmbH im Spannungsfeld zwischen wirtschaftlicher Dispositionsfreiheit ihrer Gesellschafter und Gläubiger-chutz, in: Festschrift aus Anlaß des |

|  | fünfzigjährigen Bestehend des Bundesgerichtshofes, Bundes-nwaltschaft und Rechtsanwaltschaft beim Bundesgerichtshof, Köln, Berlin, Bonn, München 2000 (zitiert: *Röhricht*, in: FS 50 Jahre BGH) |
|---|---|
| Römermann, Volker (Hrsg.) | Münchener Anwalts-Handbuch, 1. Auflage, München 2002 (zitiert: Römermann, MAH GmbH-Recht) |
| Roth, Günther H. | Gesellschaftsrecht, 5. Auflage, München 1998 (zitiert: *Roth*, GesellschaftsR) |
| -*ders.* | Gläubigerschutz durch Existenzschutz, in: NZG 2003, 1081. |
| Roth, Günter H. / Altmeppen, Holger | Gesetz betreffend die Gesellschaften mit beschränkter Haftung, 4. Auflage, München 2003 (zitiert: Roth/Altmeppen, GmbHG) |
| Roth, Wulf-Henning | "Video"-nachlese oder das (immer noch) vergessene Gemeinschaftsrecht, in: ZIP 1992, 1054 |
| Rowedder, Heinz / Fuhrmann, Hans / Koppensteiner, Hans-Georg u. a. | Gesetz betreffend die Gesellschaften mit beschränkter Haftung (GmbHG), 4. Auflage, München 2002 (zitiert: Rowedder, GmbHG) |
| Schäfer, Dietrich | Aktuelle Probleme des neuen Aktienrechts, in: BB 1966, 229 |
| Schaub, Günter | Fragen zur Haftung bei Betriebs- und Unternehmensaufspaltungen, in: NZA 1989, 5 |

| | |
|---|---|
| Schaub, Günther / Dieterich, Thomas / Hanau, Peter (Hrsg.) | Erfurter Kommentar zum Arbeitsrecht, 4. Auflage, München 2004 (zitiert: Schaub, Erfk ArbR) |
| Scheffler, Eberhard | Der qualifizierte faktische Konzern, versuch einer betriebswirtschaftliche Definition, in: AG 1990, 173 |
| -ders. | Konzernmanagement, betriebswirt-schaftliche und rechtliche Grundlagen der Konzernführungspraxis, 1. Auflage, München 1992 (zitiert: *Scheffler*, Konzernmanagement) |
| -ders. | Zur Problematik der Konzernleitung, in: Bilanz- und Konzernrecht: Festschrift zum 65. Geburtstag von Dr. Dr. h c. Reinhard Goerdeler, 1. Auflage, Düsseldorf 1987 (zitiert. *Scheffler*; in: FS Goerdeler) |
| Schmidt, Karsten | Die BGB-Außengesellschaft: rechts- und parteifähig, in: NJW 2001, 993 |
| -ders. | Gesellschafterhaftung und „Konzern-haftung" bei der GmbH, in: NJW 2001, 3577 |
| -ders. | Gesellschaftsrecht, 4. Auflage, Köln Berlin Bonn München 2002 (zitiert: *Schmidt*, GesellschaftsR) |
| -ders. | Vom Handelsrecht zum Unternehmens-Privatrecht?, in: JuS 1985, 249 |
| -ders. | Konzernhaftung oder mitgliedschaft-liche Haftung des privaten GmbH-Gesellschafters?, in: ZIP 1986, 146 |

-ders.                          Verlustausgleichpflicht und Konzern-
                                leitungshaftung im qualifiziert
                                faktischen GmbH-Konzernen, in: ZIP
                                1989, 545.

-ders.                          Gleichordnung im Konzern: terra
                                incognita?, in: ZHR 155 (1991), 417

-ders.                          „Konzernhaftung" nach dem TBB-
                                Urteil – Versuch einer Orientierung, in:
                                ZIP 1993, 549.

-ders.                          Konzentrationsprivileg und
                                Gleichordnungsvertragskonzern -
                                Kartellrechtsprobleme des
                                Gleichordnungskonzerns, in: Beiträge
                                zum Handels- und Wirtschaftsrecht,
                                Festschrift für Rittner, München 1991
                                (zitiert: *Schmidt*, in: FS Rittner)

-ders.                          Gesellschafterhaftung und
                                „Konzernhaftung" bei der GmbH, in:
                                NJW 2001, 3577

-ders.                          Zum Stand des Konzernhaftungsrechtes
                                bei der GmbH, in: ZIP 1991, 1325

-ders.                          Sternförmige GmbH & Co KG und
                                horizontaler Haftungsdurchgriff, in:
                                Festschrift für Wiedemann, München
                                2002
                                (zitiert: *Schmidt*, in: FS Wiedemann)

-ders.                          Konzernunternehmen,
                                Unternehmensgruppe und Konzern-
                                Rechtsverhältnis – Gedanken zum
                                Recht der verbundenen Unternehmen
                                nach §§ 15 ff., 291 ff. AktG, in:
                                Festschrift für Lutter, Köln, 2000
                                (zitiert: *Schmidt*, in: FS Lutter)

| | |
|---|---|
| Schneider, Uwe H. | Die Fortentwicklung des Handelsregisters zum Konzernregister, in: WM 1986, 181 |
| -ders. | Konzernleitungspflichten als Rechtsproblem, in: BB 1981, 249 |
| -ders. | Das Recht der Konzernfinanzierung, in: ZGR 1984, 497 |
| -ders. | Konzernbildung, Konzernleitung und Verlustausgleich im Konzernrecht der Personengesellschaften, in: ZGR 1980, 511 |
| -ders. | Neues zum qualifiziert faktischen mbH-Konzern: Das „TBB"-Urteil, in: WM 1993, 782. |
| Schneider, Uwe H. / Burgard, Ulrih | Treuepflichten im mehrstufigen Unterordnungskonzern, in: Festschrift für Ulmer, 1. Auflage, Berlin 2003 (zitiert: *Schneider/Burgard*, in: FS Ulmer) |
| Schrell, Thomas K. / Kirchner, Andreas | Fremdfinanzierte Unternehmenskäufe nach der KBV-Entscheidung des BGH: Sicherheitspakete als existenzvernichtender Eingriff?, in: BB 2003, 1451. |
| Scholz, Franz (Hrsg.) | Kommentar zum GmbH-Gesetz Bd. I §§ 1-44, 9. Auflage, Köln 2000 (zitiert: Scholz, GmbHG) |
| Schüler, Wolfgang | Die Wissenszurechnung im Konzern, 1. Auflage, Berlin 2000 |
| Schulte, Hans | Anmerkungen zum Urteil BAG DB 1991, 1472, in: EWiR 1991, 957 |

| | |
|---|---|
| Schulze-Osterloh, Joachim | Gläubiger- und Minderheitenschutz bei der steuerlichen Betriebsaufspaltung, in: ZGR 1983, 123 |
| Serick, Rolf | Rechtsform und Realität juristischer Personen - ein rechtvergleichender Beitrag zur Frage des Durchgriffes auf die Personen oder Gegenstände hinter der juristischen Person, Tübingen 1980 (zitiert: *Serick*, Rechtsform und Realität juristischer Personen) |
| Semler, Johannes | Die Überwachungsaufgabe des Aufsichtsrates, Köln, Berlin, Bonn, München 1982 (zitiert: *Semler*, Die Überwachungsaufgabe des Aufsichtsrates) |
| *-ders.* | Konzern im Konzern, in: DB 1977, 80 |
| Sernetz Herbert / Haas, Ulrich | Kapitalaufbringung und -erhaltung in der GmbH, Köln 2003 (zitiert: *Sernetz/Haas* Kapitalaufbringung und -erhaltung in der GmbH) |
| Servatius, Wolfgang | Über die Beständigkeit des Erstattungsanspruches wegen Verletzung des Stammkapitals, in: GmbHR 2000, 1028 |
| Spindler, Gerald | Gesellschaftsrechtliche Verantwortlichkeit und Bundesbodenschutzgesetz: Grundlagen und Grenzen, in: ZGR 2001, 385 |
| Staudinger, J. von (Hrsg) | Kommentar zum Bürgerlichen Gesetzbuch mit Einführungsgesetz und Nebengesetzen §§ 652-740, 12. Auflage, Berlin 1991 (zitiert: Staudinger, BGB) |

| | |
|---|---|
| Stimpel, Walter | Haftung im qualifiziert faktischen GmbH-Konzern - Besprechung der Entscheidung BGHZ 107,7, in: ZGR 1991, 144 |
| -ders. | Die Rechtsprechung des Bundesgerichtshofes zur Innenhaftung des herrschenden Unternehmens im GmbH-Konzern, in: AG 1986, 117 |
| -ders. | „Durchgriffshaftung" bei der GmbH: Tatbestände, Verlustausgleich, Ausfallhaftung, in: Bilanz- und Konzernrecht: Festschrift zum 65. Geburtstag von Dr. Dr. H. c. Reinhard Goerdeler, 1. Auflage, Düsseldorf 1987 (zitiert: Stimpel, in: FS Goerdeler) |
| Stodolkowotz, Heinz D. | Die Haftung im qualifizierten faktischen GmbH-Konzern nach der Rechtsprechung des Bundesgerichtshofes, in: ZIP 1992, 1517 |
| Teifel, Jürgen | Durchgriffs- und Konzernhaftung nach § 4 Bundes-Bodenschutzgesetz, Trier 2000 (zitiert: Teifel, Durchgriffs- und Konzernhaftung nach § 4 Bundes-Bodenschutzgesetz) |
| Teubner, Gunther | Unitas multiplex - Das Konzernrecht in der neuen Dezentralität der Unternehmensgruppen, in: ZGR 1991, 189 |
| Theisen, Manuel-Rene | Der Konzern, betriebswirtschaftliche und rechtliche Grundlagen der Konzernunternehmung, Stuttgart 1991 (zitiert: Theisen, Der Konzern) |

| | |
|---|---|
| Timm, Wolfram | Die Aktiengesellschaft als Konzernspitze, Köln, Berlin, Bonn, München 1980 (zitiert: *Timm*, Die Aktiengesellschaft als Konzernspitze) |
| -*ders.* | Grundfragen des „qualifizierten" faktischen Konzerns im Aktienrecht, in: NJW 1987, 977 |
| -*ders.* | Die Sanierung von Unternehmen, in: ZIP 1983, 225 |
| -*ders.* | Das Recht der faktischen Unternehmensverbindungen im Umbruch, in: NJW 1992, 2185 |
| Uhlenbruck, Wilhelm | Konzerninsolvenzrecht über einen Insolvenzplan?, in: NZI 1999, 41 |
| Ulmer, Peter | Besprechung zu Rehbinder, Konzernaußenrecht und allgemeines Privatrecht 1969, in: ZHR 134 (1970), 265 |
| -*ders.* | Verlustübernahmepflicht des herrschenden Unternehmens als konzernspezifischer Kapitalerhaltungsschutz, in: AG 1986, 123 |
| -*ders.* | Probleme des Konzernrechtes, Symposion zum 80. Geburtstag von Wolfgang Schilling, Heidelberg 1989 (zitiert: *Ulmer*, Probleme des Konzernrechts) |
| -*ders.* | Von „TBB" zu „Bremer Vulkan" - Revolution oder Evolution, in: ZIP 2001, 2021. |

-*ders*.                          Gläubigerschutz im „qualifiziert"
                                   faktischem GmbH-Konzern, in: NJW
                                   1986, 1579

Versteegen, Peter                 Das TBB-Urteil als Wegbereiter einer
                                   allgemeinen Intransparenzhaftung der
                                   GmbH?, in: DB 1993, 1225

Vetter, Eberhard                  Rechtsprobleme der Organisation des
                                   Konsortiums bei Großprojekten, in: ZIP
                                   2000, 1041

Vogel, Alexander                  Neuere Tendenzen im
                                   Konzern(haftungs)recht, in: Festschrift
                                   für Jan Nicolas Druey: zum 65.
                                   Geburtstag, 1. Auflage, Zürich Basel
                                   Genf 2002
                                   (zitiert: *Vogel*, in: FS Druey)

Vonnemann, Wolfgang               Die Haftung im qualifizierten
                                   faktischen GmbH-Konzern, in: DB
                                   1990, 217

Weigl, Gerald                     Die Haftung im (qualifiziert) faktischen
                                   Konzern, Heidelberg 1996

Weimar, Robert                    Die typische Betriebsaufspaltung - ein
                                   Unterordnungskonzern?, in: ZIP 1988,
                                   1525

Wellkamp, Ludger                  Der Gleichordnungskonzern - Ein
                                   Konzern ohne Abhängigkeit, in: DB
                                   1993, 2517

Werner, Horst S.                  Die Grundbegriffe der Unternehmens-
                                   verbindungen des Konzernge-
                                   sellschaftsrechtes, in: JuS 1977, 141

Werner, Winfried                  Probleme der Anwendung des § 303
                                   AktG im qualifiziert faktischen GmbH-
                                   Konzern, in Bilanz- und Konzernrecht:
                                   Festschrift zum 65. Geburtstag von Dr.

Dr. H. c. Reinhard Goerdeler, 1.
Auflage, Düsseldorf 1987
(zitiert: *Werner*, in: FS Goerdeler)

Westermann, Harm Peter

Banken als Kreditgeber und
Gesellschafter, in: Festschrift für Pleyer
zum 65. Geburtstag (hrsg. Paul
Hofmann), Köln, 1986
(zitiert: *Westermann*, in: FS Pleyer)

-*ders.* (Hrsg.)

Erman Bürgerliches Gesetzbuch, 11.
Auflage Köln 2004
(zitiert: Erman, BGB)

Wiedemann, Herbert

Gesellschaftsrecht Band I, 1. Auflage,
München 1980
(zitiert: *Wiedemann*, Gesellschaftsrecht
I)

-*ders.*

Die Unternehmensgruppe im
Privatrecht, Tübingen 1988
(zitiert: *Wiedemann*, Die
Unternehmensgruppe im Privatrecht)

-*ders.*

Spätlese zu Autokran - Besprechung der
Entscheidung, in: ZGR 1986, 656

-*ders.*

Das Abfindungsrecht - ein
gesellschaftsrechtlicher
Interessenausgleich, in: ZGR 1978, 477

-*ders.*

Gesellschaftsrechtliche Probleme der
Betriebsaufspaltung, in: ZIP 1986, 1293

-*ders.*

Entwicklungen im
Kapitalgesellschaftsrecht, in: DB 1993,
141

-*ders.*

Reflexionen zur Durchgriffshaftung -
Zugleich Besprechung des Urteils BGH
WM 2002, 1804 - KBV, in: ZGR 2003,
283

| | |
|---|---|
| Wilhelm, Jan | Konzernrecht und allgemeines Haftungsrecht, in: DB 1986, 2113 |
| -ders. | Rechtsform und Haftung bei der juristischen Person, Köln, Berlin, Bonn, München, 1981 (zitiert: *Wilhelm*, Rechtsform und Haftung bei der juristischen Person) |
| -ders. | Zurück zur Durchgriffshaftung - das „KBV"-Urteil des II. Zivilsenates des BGH vom 24.6.2002, in: NJW 2003, 175 |
| Windbichler, Christine | Arbeitsrecht im Konzern, München 1989 (zitiert: *Windbichler*, Arbeitsrecht im Konzern) |
| -dies. | Durchgriffshaftung im horizontalen GmbH & Co. KG-Konzern, in: RdA 2000, 235 |
| Winter, Martin | Mitgliedschaftliche Treuebindungen im GmbH-Recht, München 1988 (zitiert: *Winter*, Mitgliedschaftliche Treuebindungen im GmbH-Recht) |
| Ziegenhain, Hans-Jörg | Der qualifizierte faktische Konzern in der Rechtsprechung des Bundesarbeitsgerichtes zur betrieblichen Altersversorgung, in: ZIP 1994, 1003 |
| Ziegler, Klaus | Verlustausgleich und Haftungsdurchgriff beim qualifiziert faktischen GmbH-Konzern, in: WM 1989, 1041 |

*-ders.*

Kapitalersetzende Gebrauchs-
überlassungsverhältnisse und
Konzernhaftung bei der GmbH , unter
besonderer Berücksichtigungder
Betriebsaufspaltung, 1. Auflage, Baden-
Baden 1989
*(zitiert: Ziegler*, Kapitalersetzende
Gebrauchsüberlassungsverhältnisse und
Konzernhaftung bei der GmbH)

Zöllner, Wolfgang

Inhalt und Wirkung von
Beherrschungsverträgen bei der GmbH,
in: ZGR 1992, 173

*-ders.*

Die Anpassung von Betriebsrenten im
Konzern, in: AG 1994, 285

# Abkürzungsverzeichnis

| | |
|---|---|
| a. A. | andere Ansicht |
| aaO. | am angegebenen Ort |
| Abl. | Amtsblatt der Europäischen Gemeinschaft |
| Abs. | Absatz |
| AcP | Archiv für die civilistische Praxis |
| AG | Aktiengesellschaft |
| AG | Amtsgericht |
| AktG | Aktiengesetz |
| AktienkonzernR | Aktienkonzernrecht |
| Anh. | Anhang |
| AusschußB | Bericht des Ausschusses |
| BAG | Bundesarbeitsgericht |
| BB | Der Betriebs-Berater |
| Bd. | Band |
| Begr. | Begründung |
| BFH | Bundesfinanzhof |
| BGB | Bürgerliches Gesetzbuch |
| BGBl. | Bundesgesetzblatt |
| BGE | Entscheidungen des Schweizer Bundesgerichtes |
| BGH | Bundesgerichtshof |
| BGHZ | Entscheidungen des Bundesgerichtshofes in Zivilsachen |
| BKartA | Bundeskartellamt |
| BT | Bundestag |
| BTDrucks | Bundestags-Drucksache |
| BVerfGE | Entscheidungen des Bundesverfassungsgerichtes |
| bzw. | beziehungsweise |
| cic | culpa in contrahendo |
| d. h. | das heißt |
| DB | Der Betrieb |
| ders. | derselbe |
| DNotZ | Deutsche Notar-Zeitschrift |
| dies. | dieselbe |
| DStR | Deutsche Zeitschrift für Steuerrecht |
| etc. | et cetera |
| EU | Europäische Union |
| EwiR | Entscheidungen zum Wirtschaftsrecht |
| f. | folgende |
| ff. | fort folgende |
| FN | Fußnote |

| | |
|---|---|
| FS | Festschrift |
| FusionskontrollVO | Fusionskontroll-Verordnung |
| GbR | Gesellschaft bürgerlichen Rechts |
| GesellschaftsR | Gesellschaftsrecht |
| GesR | Gesellschaftsrecht |
| GmbHG | GmbH-Gesetz |
| GmbHR | GmbH-Rundschau |
| grdl. | grundlegend |
| GroßKomm | Großkommentar |
| GWB | Gesetz gegen Wettbewerbsbeschränkungen |
| h. L. | herrschende Lehre |
| h. M. | herrschende Meinung |
| Hdb | Handbuch |
| HGB | Handelsgesetzbuch |
| Hrsg. | Herausgeber |
| i. d. R. | in der Regel |
| i. S. | im Sinne |
| i. S. d. | im Sinne der |
| i. V. m. | in Verbindung mit |
| JuS | Juristische Schulung |
| JZ | Juristenzeitung |
| KartellR | Kartellrecht |
| KG | Kommanditgesellschaft |
| KK | Kölner Kommentar |
| KonTraG | Kontrolle und Transparenz Gesetz |
| KonzernR | Konzernrecht |
| LAG | Landesarbeitsgericht |
| LG | Landgericht |
| m. w. N. | mit weiteren Nachweisen oder Nachwort |
| MünchHb. | Münchener Handbuch |
| MitbestG | Mitbestimmungsgesetz |
| NJW | Neue Juristische Wochenschrift |
| NJW-RR | NJW-Rechtsprechungsreport Zivilrecht |
| NZG | Neue Zeitschrift für Gesellschaftsrecht |
| o. ä. | oder ähnlichem |
| o. g. | oben genannt |
| OHG | Offene Handelsgesellschaft |
| OLG | Oberlandesgericht |
| RdA | Recht der Arbeit |
| Rdnr. | Randnummer |
| RegBegr. | Regierungsbegründung |
| RegE | Regierungsentwurf |

| | |
|---|---|
| RegEntw. | Regierungsentwurf |
| RG | Reichsgericht |
| RGZ | Entscheidungen des Reichsgerichtes in Zivilsachen |
| Rz. | Randziffer |
| S. | Seite oder Satz |
| s. o. | siehe oben |
| sog. | sogenannt |
| u. a. | unter anderem |
| u. U. | unter Umständen |
| UmwG | Umwandlungsgesetz |
| VAG | Versicherungsaufsichtsgesetz |
| vergl. | vergleiche |
| VersW | Versicherungswirtschaft |
| VVaG | Versicherungsverein auf Gegenseitigkeit |
| WM | Wertpapiermitteilungen |
| z. B. | zum Beispiel |
| ZfA | Zeitschrift für Arbeitsrecht |
| ZGR | Zeitschrift für Unternehmens- und Gesellschaftsrecht |
| ZHR | Zeitschrift für das gesamte Handelsrecht und Wirtschaftsrecht |
| ZIP | Zeitschrift für Wirtschaftsrecht |
| ZSR | Zeitschrift für Schweizerisches Recht |

Robert Mödl

# Macht, Verantwortlichkeit und Zurechnung im Konzern

**Eine rechtsvergleichende Untersuchung auf der Grundlage des deutschen, spanischen und US-amerikanischen Rechts**

Frankfurt am Main, Berlin, Bern, Bruxelles, New York, Oxford, Wien, 2003.
XLVI, 296 S.
Studien zum vergleichenden und internationalen Recht.
Herausgegeben von Bernd von Hoffmann, Erik Jayme und
Heinz-Peter Mansel. Bd. 85
ISBN 3-631-51737-8 · br. € 56.50*

Der Rechtsvergleich geht von zwei Grundproblemen des Konzerns aus. Eines ist der Interessenkonflikt des kontrollierenden Gesellschafters, der seine Interessen innerhalb und außerhalb der kontrollierten Gesellschaft in Einklang bringen muß. Das zweite ist die Verteilung eines Unternehmens auf mehrere Rechtssubjekte. Aus diesem Blickwinkel werden die gesellschaftsrechtlichen Rahmenbedingungen, Haftungstatbestände und Zurechnungsprobleme in Deutschland, Spanien und den USA jeweils in sich geschlossen dargestellt. Das abschließende Kapitel zieht Folgerungen aus dem Vergleich der Rechtsordnungen und Insolvenzstatistiken der drei Länder. Ergebnis ist vor allem die Lösung konzernrechtlicher Probleme mit Hilfe des allgemeinen Gesellschaftsrechts und die Ablehnung der Durchgriffsmethode.

*Aus dem Inhalt*: Gesellschaftsrechtliche Rahmenbedingungen · Haftung und Zurechnung bei kontrollierten Kapitalgesellschaften in Deutschland, Spanien und den USA · Vergleich und Folgerungen insbesondere für das deutsche Recht

Frankfurt am Main · Berlin · Bern · Bruxelles · New York · Oxford · Wien
Auslieferung: Verlag Peter Lang AG
Moosstr. 1, CH-2542 Pieterlen
Telefax 00 41 (0) 32 / 376 17 27

*inklusive der in Deutschland gültigen Mehrwertsteuer
Preisänderungen vorbehalten
**Homepage http://www.peterlang.de**